纺织服装高等教育"十二五"部委级规划教材

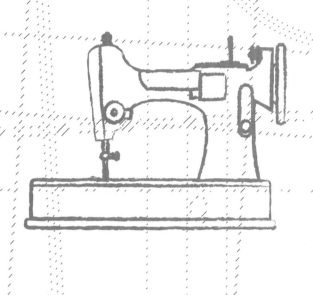

陈东生　郑　玮◎主编

服装生产管理学

东华大学出版社
·上海·

内容提要

本书从现代化服装工业生产出发，以服装生产工艺流程为核心，系统地阐述了有关服装生产管理的基本理论和管理方法。主要内容包括服装生产概述、服装生产物料管理、服装生产过程的组织与管理、服装成本管理、服装生产计划的设计与控制、服装质量管理与检验、服装生产管理的发展趋势。为加深学生对服装生产管理的认识，每章附有习题，有助于学生对内容的掌握。

本书注重理论与实际相结合的原则，内容丰富，图文并茂，实例分析通俗易懂，力求做到深入浅出，以体现服装高等教育实践性的特点。本书可作为服装专业院校的教材使用，也可供服装企业生产和管理人员参考和使用。

图书在版编目(CIP)数据

服装生产管理学 /陈东生,郑玮主编. —上海：东华大学出版社,2015.2

ISBN 978 - 7 - 5669 - 0666 - 3

Ⅰ.①服… Ⅱ.①陈… ②郑… Ⅲ.①服装工业—生产管理 Ⅳ.①F407.866.2

中国版本图书馆 CIP 数据核字(2014)第 273396 号

责任编辑　马文娟　库东方
封面设计　魏依东

服装生产管理学

FUZHUANG SHENGCHAN GUANLIXUE

陈东生　郑　玮　主编

出　　　版：东华大学出版社(地址：上海市延安西路 1882 号　邮政编码：200051)
本 社 网 址：http://www.dhupress.net
天猫旗舰店：http://dhdx.tmall.com
营 销 中 心：021-62193056　62373056　62379558
印　　　刷：上海锦良印刷厂
开　　　本：787 mm×1092 mm　1/16
印　　　张：14.75
字　　　数：370 千字
版　　　次：2015 年 2 月第 1 版
印　　　次：2015 年 2 月第 1 次印刷
书　　　号：ISBN 978 - 7 - 5669 - 0666 - 3/TS·560
定　　　价：38.00 元

前　言

我国服装业以民营企业为主体,虽然在内需市场以及出口创汇中起着举足轻重的作用,可是服装企业数量多、规模小,大多数仍然是基于订单生产,缺乏研发能力,其自身存在许多薄弱之处。我国服装产量是以消耗大量人力和时间换来的,难以适应当今高品质、快节奏的生产经营特点,与发达国家相比更是存在明显差距,国际竞争渐趋弱势。随着科学技术的发展和信息传递的加快,以及金融危机的影响和市场竞争的不断加剧,服装出口市场竞争将更加激烈。另外,不断攀升的劳动力成本使得服装生产利润持续缩小,真正进入了"微利时代"。

随着服装消费市场日益多样化,服装生命周期日渐缩短,生产类型已由大批量、少品种、长周期向小批量、多品种、短周期方向发展,服装企业的生产管理面临着许多新的问题。如何才能更好地应对这些变化,运用先进的理念、科学的方法对服装企业进行管理,使各种生产要素在更高层次上得到优化配置,这对服装企业的生产管理提出了更高的要求,生产管理改善给企业留下巨大的空间。

本书编者在多年教学、科研和企业实践的基础上,研究国内外服装生产领域的有效管理手段,通过调研,从生产过程的不同环节和生产管理的各个方面,系统阐述了服装生产工艺流程和管理的基础知识与应用技术,主要内容包括服装生产概述、服装生产物料管理、服装生产过程的组织与管理、服装成本管理、服装生产计划的设计与控制、服装质量管理与检验、服装生产管理的发展趋势。本书着重介绍了生产组织问题、生产体系的流程与控制问题、流水线的平衡问题、质量与成本控制问题。同时,本教材除提供学习内容外,还提供案例、习题及拓展阅读材料,便于读者学习和理解。

本教材由闽江学院陈东生和郑玮担任主编,负责全书的编写组织和统稿工作,梁素贞、苏添智等参与写作提纲讨论。具体编写分工为:闽江学院梁素贞编写第一、七章;三明职业技术学院郑玮编写第二、三、四、五、六章;最后由陈东生定稿。鉴于编者的经验与学识有限,书中难免出现疏漏和不妥之处,恳请各位专家和读者批评指正。

本教材在编写过程中得到了中国纺织服装教育学会和东华大学出版社的大力支持,在此表示诚挚的感谢。同时在本书的策划和编写过程中参考和引用了相关文献资料,在此谨对文献资料的所有者和提供者表示诚挚的感谢。

编者

2014 年 10 月

教学内容及课时安排

章/课时	课程性质	课程内容
第一章 服装生产管理概述 （4课时）	理论知识	服装生产概述
		服装生产管理体系
第二章 服装生产物料管理 （10课时）	理论与实践	服装生产物料管理概述
		服装生产物料采购管理
		服装生产物料消耗定额确定
		服装生产物料的仓储管理
		服装生产物料的存货管理
第三章 服装生产过程的组织与管理 （12课时）	理论与实践	服装生产过程组织概述
		服装生产类型的划分
		服装生产过程的空间组织
		服装生产过程的时间组织
		服装流水生产线的组织
第四章 服装成本管理 （10课时）	理论与实践	服装成本管理概述
		服装产品的成本分析与计算
		服装标准成本制定与计划成本编制
		服装生产成本的控制
		服装成本的差异分析
第五章 服装生产计划的设计与控制 （12课时）	理论与实践	服装生产能力及生产周期
		服装生产计划的制定
		服装生产计划的实施
		服装生产作业控制
第六章 服装质量管理与检验 （10课时）	理论与实践	质量管理的概念
		标准与服装标准
		服装质量控制
		服装质量检验
第七章 服装生产管理的发展趋势 （4课时）	理论知识	信息化管理与电子商务
		服装生产管理软件的应用

注：本课时安排仅供参考，可根据实际授课需要调整课时。

目录｜CONTENTS

第一章　服装生产管理概述

知识要点

1. 服装生产企业的特点；成衣化服装生产的特点
2. 服装生产管理的概念；服装生产管理的基本要素及职能
3. 服装企业的组织架构

服装业是我国轻工业中一个重要的行业，在国民经济中占有很重要的地位。随着市场经济体制的改革，服装企业的经营管理更加突出生产管理。通过加强服装企业的生产管理，可以提高生产效率，提高产品品质，降低生产成本，减少生产损耗，生产出符合企业经济利益和满足客户需求的产品。

在服装行业的发展过程中，顾客对产品的要求发生了深刻的变化。主要体现在服装消费呈现个性化、多样化和多变化，服装市场竞争日趋激烈，服装市场的空间不断扩大、服装流行周期越来越短等方面。随着科技的迅速发展，服装企业所采用的管理方法和技术也发生了变化，例如：服装 CAD、CAM、FMS 系统等已开始推广和应用。这样，就要求不断提高服装生产管理水平，以此来适应市场变化的需求。

1.1　服装企业及生产特点

1.1.1　服装生产企业的特点

一般来说，服装生产有如下几个特点：

（1）服装生产企业是劳动密集型企业

在有限的厂房面积内，可安排许多劳动力就业。如年产 150 万件衬衫的服装厂可安排 500 人就业；年产 15 万套西服的工厂，也可安排 500 人就业。一般来说，在成衣总生产成本中，人工成本占了相当高的比重，在大多数情况下，人工成本是决定企业竞争能力的一个重要因素。因此，一些投资者将工厂设在能提供廉价劳动力的发展中国家。

（2）投资少、见效快

服装厂建设投资相对其他行业来讲，投资少、见效快，投资回收期短。

（3）产品品种多，更新快

服装产品是一种消费品，随着物质文明和精神文明的倡导，人们的审美、爱好、追求时尚的愿望越来越强，使服装产品的款式、面料、色彩、图案变化万千，流行周期不断缩短，产品品种多样，以适应社会发展的需要。

（4）服装企业生产的产品是技艺结合的半手工产品

除了在生产过程中制定生产技术外，服装生产还要讲究技艺的结合，生产产品所需要的面料、辅料、工人、机械设备等相互之间必须适当配合，才能保质、保量、按时完成既美观、又适体和耐用的服装。

1.1.2　服装的制作方式

由于服装是历史、文化、艺术、科技等方面知识的综合产物，而且不同消费层次对衣着有着不同的要求，所以服装生产通常采用以下几种方式：

（1）成衣化

采用工业化标准方法生产，其特点是能有效地利用人、财、物，进行流水线生产、机械化生产和自动化生产，服装质量稳定，价格合适。

（2）半成衣化

以工业化标准生产为基础，由客户对某些部位提出特殊要求，结合工业化生产的方法，投入工厂生产线完成。

（3）定做

以个人体型为标准，量体裁衣，单件制作。由于按个别客户的体型和尺码单独缝制，穿起来比较合体。

（4）家庭制作

穿着者自己购料，根据自己的体型、款式、要求，在家缝制成服装。随着经济的发展，目前这种方式逐步被定做方式取代。

通常，将前两种方式生产的服装称为"成衣"。成衣，一般按规定的款式和统一的服装号型来缝制。这类服装由于是大批量生产，因此也促进了服装在零售、制造和供销方面的现代化，且生产成本远比定制服装要低，消费者在市场上也可以买到物美价廉的服装。但成衣生产也受很多因素的影响，如服装款式随潮流、季节的变化、经济的增长与衰减、国际贸易的配额限制等因素的影响。一般成衣化工业可以分为两种：

① 集设计、制造和供销为一体的制造商。这类企业一般规模都很大，有很强的竞争力。如雅戈尔、真维斯等。

② 加工类企业，也叫 OEM 企业。

OEM，英文是"Original Equipment Manufacture"的缩写，中文为"原始设备制造商"。什么是 OEM？确切来讲，OEM 就是委托生产，实际上是一种"代工生产"的方式，其含义是品牌生产者不直接生产产品，而是利用自己掌握的"关键的核心技术"，负责设计和开发新产品，控制销售"渠道"，具体的加工任务交给别的企业去做，承接这一加工任务的制造商就被称为 OEM 厂商，其生产的产品就是 OEM 产品。

1.1.3　成衣化服装生产的特点

（1）国外成衣生产状况

据调查，国外的成衣化率普遍比较高，尤其是经济较发达的国家，如美国的成衣化率为99%，德国为 95%，日本为 92%，法国为 72%，意大利为 60%。美国定制服装的价格是成衣化服装的 4 倍，德国为 3 倍，日本为 2 倍。

（2）成衣化率高的国家服装的生产技术的特点

① 具有先进的设备、成熟的工艺、新型面料，且不断采用新技术，适应新产品的生产。

② 服装加工技术向自动化、立体方面发展。如计算机三维款式设计、计算机辅助生产、三维整烫设备等。

③ 注重产品的流行性，用工业化的生产手段进行小批量、高档化服装加工，效益高。

④ 重视服装品牌的发展，有好的商业信誉和企业形象。

⑤ 形成并具有手工高档时装的概念，如意大利、法国等一些国家的高档时装。

⑥ 服装设计、裁剪电脑化，服装 CAD、服装 CAM、服装款式设计的三维系统等已用于实际，可随时进行设计，可在计算机上直接修改，并显示最终产品的试样，供客户选择。

⑦ 缝制设备专业化、高速化，黏合整烫设备自动化，使缝制工艺简化，效率高。

⑧ 服装生产管理科学化。

1.1.4　我国成衣化服装生产

（1）我国成衣化服装生产的演变

① 19 世纪——主要四大服装生产派系：

红帮：专门生产和制作西式服装外衣。

白帮：专门制作和生产西式服装内衣、衬衣和婚礼服。

中式：专门设计和制作中国传统服装，如中山装、唐装、旗袍。

大帮：专业生产和制作军需被服和成衣。

② 20 世纪中叶——脚踏式缝纫机在中国得到推广，服装生产规模与形式不断扩大，但是个体劳动仍然占较大比例。

③ 解放后形成三种体系的服装生产形式：

国家性质的服装厂和服装商店；集体性质的服装厂和服装商店；公私合营性质的服装商店。服装生产仍然跟不上人民生活水平的提高。

④ 改革开放以后——扭转了"买衣难，做衣难"的局面。

⑤ 20 世纪 80 年代末期——已经逐步实现了服装与纺织产业的联合，并向现代化的技术和方向发展。

⑥ 如今，中国已成为全世界最大的服装生产和消费国。

2005 年纺织服装的总产值约占全国总产值的 1/10，并已连续五年出口创汇顺差第一，服装产业一直为我国出口创汇做出了巨大的贡献。同时我国已成为全世界最大的服装生产加工基地，虽然如此，产生的效益并不高，其原因是生产的利润空间较低。

中国服装产业整体发展很不平衡。广东、江苏、浙江、山东、福建、上海等东南沿海省份所生产的产品占据了全国 80％以上的市场份额，而中西部地区的服装产业则还非常的落后。

我国的成衣化率经过二十多年的发展，有了很大提高，我国服装的产量和利润额相对集中，并已形成集团化规模经营。目前，乡镇企业、合资企业和私营企业占全国服装企业的 80％左右，是我国服装生产的主力军。但与发达国家相比，总体水平不高。

（2）我国成衣化服装生产的特点与不足

① 成衣化服装生产的特点：

a. 服装工业已处于变革时代，生产类型由大批量、少品种、长周期向小批量、多品种、短周期方向发展。

　　b. 服装生产采用的面料、辅料多样化,新技术、新材料广泛地应用。

　　c. 重视服装品牌发展,企业向集团化规模经营过渡。

　　d. 生产中机械化、专业化作业程度逐步提高。

　　e. 生产管理主要靠经验,生产工序多,工艺编排较为复杂。

　　f. 逐步建立服装信息网,采集国际服装流行信息。

　　② 成衣化服装生产的不足:

　　从总体来讲,我国服装企业的发展历史比较短,各方面基础比较薄弱,服装生产大体上处于来料加工的状态。我国加入 WTO 后,随着国外服装品牌的和资金的引入,我国服装工业面临着严峻的挑战。目前,国内服装市场仍存在以下不足:

　　a. 交货期不能保证。我国的纺织品和服装,从包装、订船到运输、交货的时间较长,影响外商订货。

　　b. 服装的标准性能不清。在服装上标明服装衣料的成分、洗涤、熨烫、保存方法等,是否褪色等标识不全、不清,我国的服装生产还缺少这些意识。

　　c. 在国际贸易中,绿色壁垒成为服装贸易中的新阻碍,而我国的服装企业对服装绿色环保意识不强。

　　d. 服装质量不稳定,同一批货,由不同地区、不同厂家生产,质量不统一。

　　(3) 我国成衣化服装生产的发展

　　随着机械化、自动化等高新技术在服装工业中的应用,服装生产方式将从传统的劳动密集型逐步转向资本密集型和知识密集型。这就要求我国未来的成衣化服装生产必须向以下几个方向发展:

　　① 建立服装因特网系统。

　　② 广泛应用服装 CAD。

　　③ 裁剪车间综合自动化。

　　④ 灵活生产系统(FMS),如吊挂式系统、自动开袋机、制动绱袖机等。

　　⑤ 提高整烫技术。

1.1.5　服装生产流程简介

　　不同的服装企业有不同的组织结构、生产形态和目标管理,但其生产过程及工序是基本一致的。服装生产大体上由以下八道主要生产单元和环节组成。

　　(1) 服装设计

　　一般来说,大部分大、中型服装厂都由自己的设计师设计服装款式系列。服装企业的服装设计大致分为两类:一类是成衣设计,根据大多数人的号型比例,制定一套有规律性的尺码,进行大规模生产。设计时,不仅要选择面料、辅料,还要了解服装厂的设备和工人的技术。第二类是时装设计,根据市场流行趋势和时装潮流设计各款服装。

　　(2) 纸样设计

　　当服装的设计样品为客户确认后,下一步就是按照客户的要求绘制不同尺码的纸样。将标准纸样进行放大或缩小的绘图,称为"纸样放码",又称"推档"。目前,大型的服装厂多采用电脑来完成纸样的放码工作,在不同尺码纸样的基础上,还要制作生产用纸样,并画出

排料图。

（3）生产准备

生产前的准备工作很多，例如对生产所需的面料、辅料、缝纫线等材料进行必要的检验与测试，材料的预缩和整理，样品、样衣的缝制加工等。

（4）裁剪工艺

一般来说，裁剪是服装生产的第一道工序，其内容是把面料、里料及其他材料按排料、划样要求剪切成衣片，还包括排料、辅料、算料、坯布疵点的借裁、套裁、裁剪、验片、编号、捆扎等。

（5）缝制工艺

缝制是整个服装加工过程中技术性较强，也较为重要的成衣加工工序。它是按不同的款式要求，通过合理的缝合，把各衣片组合成服装的一个工艺处理过程。所以，如何合理地组织缝制工序，选择缝迹、缝型、机器设备和工具等都十分重要。

（6）熨烫工艺

成衣制成后，经过熨烫处理，达到理想的外形，使其造型美观。熨烫一般可分为生产中的熨烫（中烫）和成衣熨烫（大烫）两类。

（7）成衣品质控制

成衣品质控制是使产品质量在整个加工过程中得到保证的一项十分必要的措施，是研究产品在加工过程中产生和可能产生的质量问题，并且制定必要的质量检验标准。

（8）后处理

后处理包括包装、储运等内容，是整个生产过程中的最后一道工序。操作工按包装工艺要求将每一件整烫好的服装整理、折叠好，放在胶袋里，然后按装箱单上的数量分配装箱。有时成衣也会吊装发运，将服装吊装在货架上，送到交货地点。

1.2 服装生产管理体系

1.2.1 服装生产管理的概念

服装生产管理是将服装企业的人力、物力、财力、信息等资源进行计划、组织、协调和控制，是服装生产过程密切相关的各项管理工作的总称。服装生产管理研究的对象包括：

（1）合理地配置各种资源要素

这些资源要素主要包括劳动力、劳动资料、资金、信息、技术等。

（2）高效率地组织生产过程

服装生产过程的分工较细，需确立恰当的分工协作关系，确保生产过程的协调性。

（3）研究和运用现代化科学管理的方法和手段

许多管理原理、方法和手段对服装企业生产起到帮助和推动作用。

1.2.2 服装生产管理的基本要素

服装生产管理是服装企业生产经营活动的重要组成部分，其基本要素对企业管理有很大的影响。服装企业的基本要素有：

（1）人

在服装生产过程中，人是不可缺少的要素，工作态度直接影响工作效率。

（2）物质

服装企业所需要的物质包括材料（如面料、辅料）、机器设备和能源。

（3）技术

包括工艺标准、工艺流程等加工方法。

（4）资金

资金是服装企业生产的重要因素，生产运作的任何一个环节都需投入资金，任何一种产品都需投入成本。

（5）信息

服装的款式千变万化，随着潮流的不断改变，需要大量的市场信息来配合生产，同样生产中的信息也会反馈到市场。

服装企业如果能灵活运用这些基本要素，就会对服装生产的管理起推动作用。

1.2.3　服装生产管理的职能

服装生产管理的职能根据生产活动的内容可划分为计划、组织、指挥和控制，这四项职能基本上反映了管理工作的主要内容。

（1）计划职能

计划是对服装企业的经营活动进行事先筹划和安排的一种管理活动。计划职能是服装企业管理工作的首要职能，服装生产的整个管理过程都必须从计划开始。计划就是为企业管理制定目标，也是为企业管理提供指导方针和确立行动方案。因此，计划职能在管理过程中起主导作用。计划职能包括确立目标、决策和制定计划方案等内容。

（2）组织职能

组织是通过组织结构、权力关系、分工协作、任务结构等的设计和运用，把服装企业经营的各种要素、各个环节结合起来，使其向服装企业目标有效运行的一种活动。服装企业管理的计划确定的目标和方案，需要企业的劳动者共同完成。为使生产效率更高，需要进行适当分工，也就是说，根据工作的要求和劳动者的特点进行部门划分和岗位设计，将适当的人员安排在适当的部门和岗位上，并通过授权，规定各部门、各岗位的职责和权限，用制度规定信息传递的方式和上下左右的相互关系，以形成一个有机的组织结构，使组织正常运转。这些都要靠组织职能的作用来实现。组织职能的主要内容有组织设计，主管人员配备和授权等。

（3）指挥职能

指挥是促使组织成员行动和发挥作用的职能。当一个服装企业成立后，规定了企业目标，设计了企业的组织结构，也规定了企业各部门、各岗位的职责和权限，但这个时候，企业尚未正常运转，就如同一部汽车已经装配好，但尚不能启动一样，需要人去操纵它，指挥它运转和行驶。因此，指挥是每一个管理者的重要职能。指挥职能主要体现在信息沟通、人员激励和领导实施三个方面。

（4）控制职能

控制职能是根据企业目标和计划的要求，对企业生产经营活动的过程和结果进行检查、监督和调节的活动。由于服装企业的规模越来越大，分工和协作关系越来越复杂，企业在执行计划的过程中，容易受到各种因素的干扰，使计划的实施偏离原来的轨道。因此，为了使企业的目标顺利实现，就必须对计划的实施进行控制，以保证各部门的行动符合计划目标的要求。

1.2.4 服装生产管理体系

服装生产管理的范围比较广,它的主要内容有:服装生产的技术准备工作,生产计划的编制,服装生产线的设计与生产任务的分配,员工的工作任务分配与调度,生产过程的信息管理,生产工艺的制定与控制,生产质量的管理与控制,生产成本的管理与控制,生产设备的管理,劳动定额及工资分配的管理,生产安全管理,员工的考核、激励与培训,计算机的应用等。服装生产管理是服装企业经营管理的一个重要系统,这一系统的主要任务是运用各种职能将生产中的各种要素有效地组合,形成一个有机的服装生产管理体系,如图1-1所示。

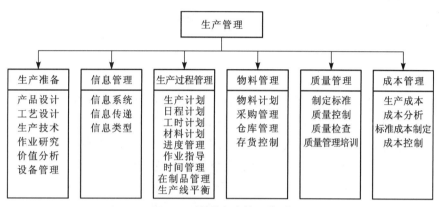

图1-1 服装生产管理体系

1.3 服装企业的组织架构

1.3.1 小型企业的组织架构

(1)规模和生产方式

在我国60人以下的"服装厂"通常叫"小型服装企业",这种类型的服装厂家在我国服装业集群的城市或地区特别多。它们散布在大、中型服装企业的周围或近郊农村,大多数是为大、中型服装企业或服装贸易公司做来料、来样加工,只赚取劳务费,也有自产自销的,产品随市场变化而变化,没有开发和设计能力,全部是仿造,产品都在附近的小商品市场批发和零售。哪种款式、哪种品牌的服装好销,它们就生产哪种款式或哪种品牌的服装。而原材料质量差,工艺粗放,管理十分简单,因为其产品的销售对象是低收入阶层,贫困地区,所以还有一定的发展空间。

(2)组织架构

"小型厂服装企业"因人员少,所以管理层次也少,很多事情都是厂长(即老板)自己干。例如:接单(或决定生产什么产品)、采购、销售、结帐等,往往采取一杆子到底的管理模式,即直线式组织架构(图1-2)。

厂长 → 生产组长 → 工人

图1-2 小型服装企业组织架构

只有两个管理层次,厂长通过三个组长,即裁剪组长(包括打板)一般全组只有2~3人,缝纫组长,管理裁片的发放和成衣的验收,整烫包装组长(兼职)管理后整理,三人实现对全部工人的生产活动进行管理。

（3）优、缺点

① 由于管理人员少，可以降低产品的制造成本。

② 厂长经常接触工人，生产上、生活上出现的问题可以及时解决，不会影响正常的生产秩序。

③ 服装款式和品种变化快而数量少，直线式组织架构应变能力强，能很快适应。

④ "直线式"因简单而粗糙，多数不实行流水作业，而是每个工人整体制作，产品质量无法控制，标准极低，严重影响产品的品质。

⑤ 管理不规范，随意性很大，造成工人不满，很难建立一支稳定的技术工人队伍。

1.3.2　中型企业的组织架构

（1）规模和生产方式

20世纪80年代以前，我国服装工业刚刚形成，规模小、管理方式落后，没有进入市场经济体系。改革开放后，我国服装工业腾飞，产销两旺，服装企业快速膨胀，进入90年代，300～500人的厂家增加很快，千人以上的大型厂也不罕见。以当前的标准来衡量，200人以上、千人以下服装企业都可以称为"中型服装企业"，中型服装企业实行流水生产，从产品开发到成衣销售，分工很细，层次较多，部门齐全，竞争力较强，有较稳定的销售渠道，一般都以接订单，生产出口产品为主，部分厂家内、外销兼顾。所以中型企业的组织架构较为复杂，通常采用直线职能架构（图1-3）。

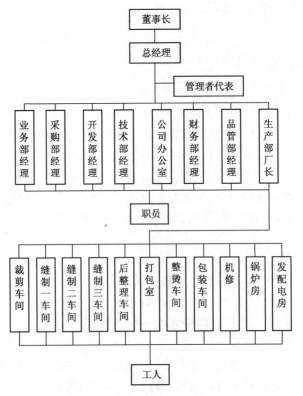

图1-3　中型服装企业组织架构

（2）组织架构

第一层为董事长、总经理、副总经理。

第二层为各职能部门经理和生产厂长。

第三层为生产车间主任。

第四层为生产车间班、组长。

第五层为作业工人。

1.3.3 大型企业的组织架构

千人以上的大型服装生产企业的组织架构,大多数仍以直线职能制为基础。在中型企业的组织架构基础上增设"五师",即总工程师、总经济师、总会计师、总设计师和总工艺师,协助总经理管理本单位的全部生产和经营工作,其组织结构见图1-4。

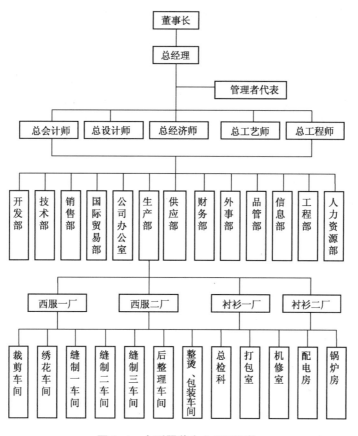

图 1-4 大型服装企业组织架构

思考题

1. 名词解释:服装生产管理。

2. 服装生产企业有什么特点?

3. 服装生产的方式有哪些?各有什么优缺点?

4. 我国成衣化服装生产有什么特点？

5. 服装生产管理的基本要是有哪些？

6. 服装生产管理的职能是什么？

 知识拓展

我国服装工业的新状态

一、新世纪服装的生产模式

1. 品牌服装生产

品牌服装是指具有一定市场认知度的、形象较为完整地并有一定商业信誉的服装产品系统。通俗一点来说，就是以品牌理念经营的服装产品。

服装的品牌首先是代表着服饰的某种属性和风格。它是一种价值和一种资产；它也是一种文化。

例如：印有LV图案的商品，无论是服装、鞋帽、皮包、围巾还是各种配饰，不仅仅表明那是一个国际知名的品牌，更多的，已经成为一种奢侈文化的定位，拥有LV的产品，标志着此消费者是一个正在迅速形成的高端消费群体中的一员。如今，LV的品牌影响力已经跨越产品的界限而成为了一种阶层的象征。路易·威登品牌的成就在于，通过不断创新的设计、有效的管理、技术保证、市场开拓以及人才引进等手段，保证其品牌获得上百年的延续和发展。

（1）品牌成功缘于特殊"DNA"

路易·威登的品牌传奇我们耳熟能详：路易·威登革命性地创制了平顶皮衣箱，并在1854年于巴黎开了第一间店铺，创造了LV图案的第一代，从此后，它一直是LV皮件的象征符号，至今历久不衰。但就像今天一样，他的设计很快便被抄袭，此后，平顶方型衣箱随之成为潮流。从早期的LV产品到如今每年巴黎T台上的不断变幻的衣路易·威登一直长久地屹立于国际精品行业翘楚的地位，业内专家认为，原因在于他们有着自己特殊的品牌"DNA"。

首先，路易·威登高度尊重和珍视自己的品牌。品牌不仅以其创始人路易·威登的名字命名，也继承了他追求品质、精益求精的态度。从路易·威登的第二代传人乔治·威登开始，其后继者都不断地为品牌增加新的内涵。第二代为品牌添加了国际视野和触觉。第三代卡斯顿·威登又为品牌带来了热爱艺术、注重创意和创新的特色。至今，已有6代路易·威登家族的后人为品牌工作过。同时，不仅是家族的后人，连每一位进入到这个家族企业的设计师和其他工作人员也都必须了解路易·威登的历史，真正地从中领悟它特有的"DNA"，并且，在工作和品牌运作中将这种独特的文化发扬光大。

路易·威登的另一个成功秘诀就是力求为尊贵的顾客营造一种"家庭"的感觉。你能想象路易·威登可以为客户提供永久的保养服务吗？路易·威登品牌的产品可以由祖母传给妈妈，妈妈再传给女儿，可以代代相传，无论什么时候你把产品拿来修理养护，专卖店都是责无旁贷地尽心尽力予以帮助。让一家三代能持续地拥有一个品牌的产品，这对于一个品牌生命力的延续意义非常重大。

（2）保证绝对质量

能在150年内持有一个品牌，其每一步的发展都无疑是质量和管理效率的积累。路

服装生产管理学

易·威登的品牌精益求精,其产品在实验室里的检测过程也超乎人们的想象。据说,路易·威登公司位于巴黎的总部富丽堂皇,分外耀眼,与它在这个追寻享乐的世界的地位和成就相辅相成。但是没有人想到就在这座宫殿的一间紧锁房间的地下室里,一只机械手正把一个棕褐色的手包举到离地面半米高的空中,然后将之抛落。这个手包内装有3.5千克的重物,它要在4天之内反复经受上述高空抛掷试验。这间地下室是路易·威登的产品检测室,其实就是其豪华产品接受高科技"刑讯"的场所。实验室里还有一台仪器专门用紫外线对手包进行曝晒,以检验手包拉链的耐用程度,测试过程中手包的拉链要在一定时间内反复被开合5 000次。实验室内甚至还有一个机械仿真的模特手臂,在它的手腕上戴有一个手镯饰品,然后机械臂便开始剧烈地摇晃,这种检测是为了确保手镯上的饰品不会坠落。

从上述实验就可以看出,路易·威登的成就并不是"花架子",其对产品技术的绝对控制,保证了其产品的考究和质量。

一位国际资深品牌顾问指出,对大多数品牌而言,迅速寻找到新的分店、新的分销方式和价格点是一种诱惑。而路易·威登却完全不同,这家百年老店一直延续着其特有的"血脉",也从未放弃过对产品质量的关注,这正是路易·威登长久不衰的关键。

2. 贴牌服装生产

指一家厂家根据另一家厂商的要求,为其生产产品和产品配件,亦称为定牌生产或授权贴牌生产。即可代表外委加工,也可代表转包合同加工。国内习惯称为协作生产。

你身上穿的某件价格不菲的国际品牌服装,也许产地就在中国。因为世界顶尖的十大国际品牌中已经有五个在中国服装企业里授权加工,另外如欧洲、日本以及国内的一些高档品牌也有产品在中国生产。由中国贴牌加工的男装已经更多地摆在了精品柜里,在国际同行的眼中,中国男装早已不是街头的低档货。

(1)高档贴牌加工空间更大

"只要有钱赚的单子都接,碰到一些信誉不好的客户,要担很大的风险,有的货做好以后不来提货,或者有时候货还没生产完,下单的品牌企业就倒闭了。"这曾经是许多中国贴牌加工企业有过的亲身体验,特别是在中国这个靠人情做生意的国家,这种以价格竞争为主的贴牌加工,更容易使企业迷失自我。近年来一些企业把目光转向高档贴牌加工,发现这里的市场空间更大。目前,像报喜鸟、庄吉、乔顿等一批服装企业的贴牌加工费高达30~40欧元/件,而夏梦·意杰的加工费则更高,从30欧元到90欧元/件不等。

乔顿从三年前开始走高档加工路线,不久前通过了英国某著名国际品牌的层层验审,成为其在中国的定点加工企业。乔顿总经理沈应琴认为,高档贴牌加工的空间很大,而且对企业的发展也有很大的益处,特别是一些国际品牌的管理更规范,合作过程中对方注重的不是价格,而是企业的实力,如果在管理、质量上达不到对方的要求,就算价格出得再低,也无法合作。

(2)精加工促进管理精细化

如果生产过程中丢失一枚断针,一般企业的态度是想办法找到这枚断针即可,而国际品牌客商则就此延伸到更多的管理问题,断针是怎么产生的?为什么会丢失?是怎么找到的?企业生产过程中是如何管理断针的? ……乔顿服饰在接受英国服装品牌考察时遇到很多类似于这样的细节,究其源头,管理学家认为企业原来的管理虽然建立了完善的制度体系,但都偏向粗糙,与这样的国际品牌合作,让企业看到自身的不足,意识到在"管理"上还需要做得更精、更细,同时也让管理更规范化、产品更人性化。

目前已经有许多中国服装企业认识到,企业内部的精细化管理还远远不够。庄吉集团总裁吴邦东表示,美国的工人工资要比国内高出许多,但流水线的效率却绝非国内所能比拟,中国加工业的管理还很粗放,这种管理不只表现在生产、工艺、质量上,还包括企业流程控制、人才管理等方面。他认为,目前中国的加工企业缺的不是流程,不是粗线条,而是精细。正如有人说的:目前国内许多企业的流水线,还不能称之为真正的流水线,虽然每道环节上都有流程控制,但在执行过程中却很难保证每个流程都被很好地执行,无法真正做到环环相扣。

3. "外发"加工生产

出口服装厂家,因利润微薄,所以他们都是竭尽全力拼数量,有单就接,常常因无力按时交货,只好找协作单位帮忙,将服装"外发"加工。就这样派生出一种新的小企业,也就是专门接外发服装来加工。他们可以不要开发部,甚至不要技术部,不要裁剪车间,只要买十几台或几十台平缝机,招一些车工,就可以生产了。这些厂的老板大都是一些规模厂的技术人员或者高层生产管理人员,积累了最基本的原始资本,就开始自己创业。因为做外发服装投资少,见效快,风险也不大,所以发展很快。但这种服装企业,工作十分辛苦,利润更加微薄,依赖性更强。

4. 服装出口贸易企业

这类服装企业是专门接国外服装订单的贸易企业,接到订单后,就外发或外包给各种服装制造企业进行加工,然后付给加工费或收购,再卖给国外客户。长期以来,外贸服装一直徘徊在没有品牌和专利优势、没有完善的销售网络、几乎没有附加值的三无状态。它们遭到了欧美等国的关卡、设限与反倾销。

二、新世纪服装的销售模式

20世纪90年代,我国的服装销售模式还是以批发和零售(在百货商场设专柜)为主,进入新世纪以后,销售方式出现了多种方式。

1. 订单销售

订单销售也称期货销售,销售商对制衣商现有的品种和款式下订单签合约,制衣商按交货日期销售发货,货到销售后按约定时间付款。外商则以来样订单为主,供样订货为辅。

2. 加盟销售

加盟商向制衣商提出加盟申请,交纳约定加盟费,然后在加盟商所地在设立品牌专卖店,制衣商按约定形式向加盟商发货,销售后按约定的期限和形式向制衣商结算货款。

3. 代理销售

实际上是批发的一种特定形式。代理商向制衣商申请在某一城、镇独家代理批发某一品牌的代理权,大城市可按区设立代理商,代理商向制衣商缴纳约定数额的资金,代理制衣商在某区域的批发业务。按约定的期限和形式向制衣商上交货款。制衣商按代理商的要货清单不断发货,代理商赚取批发零售价。

4. 国外代理商

随着"中国制造"在国外(特别是发展中国家)的影响越来越大,原来在中国订货的外商,在今年的广州商品交易会上纷纷要求制衣商为其在所在国做制衣商的品牌代理,这一新的形式出现,为我国服装品牌更快更多占领国际市场提供了良好的机会。

第二章　服装生产物料管理

1. 物料管理的内容和职能
2. 物料采购计划的构成要素和采购方式
3. 服装生产物料消耗定额确定
4. 服装生产物料的仓储管理
5. 服装生产物料的存货控制

服装生产企业所用的物料种类繁多,合理的选择和使用物料,及时为生产提供所需的面辅料和机物料,控制物料库存,对稳定服装生产、减低生产经营成本具有重要作用。物料管理是服装企业生产经营中不可或缺的重要环节,物料管理工作主要内容包括物料的采购、检验、收料、发料、存储、入账、盘点,以及呆废料的处理等。

2.1　服装生产物料管理概述

2.1.1　物料管理的概念及物料分类

（1）物料管理的概念

所谓物料,是指用于制造产品或提供服务时所需直接或间接投入物品的统称。由定义可知,物料所涉及的范围相当广泛,除生产制造过程中所需投入的直接物料外,还涉及间接投入的物料。服装生产企业中所指的物料,主要包括生产中所使用的面料、辅料、衬料、生产工具、配件等物料。

物料管理就是指以经济合理的原则对服装企业生产经营活动中所需要的各种物料进行有计划的采购、供应、使用和仓储,使生产活动顺利进行,达到增加企业效益的管理方法。物料管理是从整个企业生产经营的角度来解决物料问题,包括协调不同部门之间物料的配合;提供不同供应商之间以及供应商与企业各部门之间交流的平台;控制物料流动等。物料管理的核心是成本控制,物料的成本越高,可获得的利润就越少,因此,为了提高企业利润,可通过有效的物料管理,降低物料成本,发挥物料的最大效率,适时、适地、适质、适价、适量地配合生产需求供应物料。

（2）物料的分类

物料分类是指将生产企业内的所有物料,系统地进行分门别类的活动。合理的物料分类是物料管理的基础,做好物料分类工作,物料管理势必事半功倍,否则物料管理的功能将难以发挥,物料管理效能势必大打折扣。物料的分类涵盖服装生产企业所需要的全部物料,且要有实用性和弹性,能够配合企业中长期发展的需求。服装生产中所需的物料种类繁多,物料分类可以按物料在生产中的作用进行分类,如图 2-1 所示。

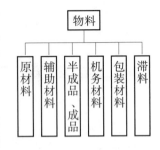

图 2-1 物料分类图

a. 原材料。原材料指产品生产过程中用得最多、在产品上占的比重最大的材料。构成服装产品的主要原材料,如面料、里料、衬料、填充料及缝纫线、拉链、纽扣等辅料。

b. 辅助材料。辅助材料指在生产中起辅助作用,但不能形成产品或半成品的那部分材料,如润滑油、纸张、划粉、胶水、砂纸等。

c. 半成品、成品。服装生产中的半成品、成品如领、袖、裤等。

d. 机务材料。机务材料指用于修理和配套机器设备而备用的配件、备件及动力等。主要包括:

- 电力、蒸汽、油料;
- 刀具、量具等,如剪刀、尺、缝针等;
- 螺丝、皮带、配件;
- 维修消耗品。

e. 包装材料。用于产品包装的材料,如服装塑料内外包装袋、纸盒、纸箱、衣架、胶带、木架等。

f. 滞料。滞料指质量不符合标准,储存不当导致变质,无使用机会,需要专案处理的材料或成品,包括呆废料、不良品、下脚料等。

按物料在生产中的作用进行分类,可以更好地了解材料的耗用状况,便于制定各项物料消耗定额,核算产品的成本和确定流动资金定额等。

2.1.2 物料管理的重要性

物料管理是企业生产经营过程中一项不可或缺的活动,对物料进行科学管理的重要性主要表现在以下几个层面:

(1) 成本的层面

在服装生产的成本构成中,物料成本大约占了 50%,一些高档服装加工中,物料成本的比重可能更高。因此倘若企业要降低成本,确保利润最大化,应从物料成本控制上下功夫,成本管理也就成为物料管理的重要内容之一。

(2) 品质的层面

服装产品的品质是企业生存的根本,如果物料管理跟不上,生产用的各种物料良莠不齐或低劣,产品的品质必然受影响,相反,如果物料管理能确保采购、加工的物料品质优良,则是企业获得优良产品的基本保障。

(3) 时间的层面

准时交货或缩短交货期能增加企业的竞争优势,如何在采购、库存、加工、出货方面跟上生产的要求,成为物料管理的重要课题,也就是说,物料管理能否在交货期上满足客户的要求,适应服装企业生产短周期、快交货的节奏,成为服装企业能否持续繁荣的重要因素。

（4）资金的层面

资金循环得越快越顺畅，表示企业的活力越高。在资金的循环方面，物料管理扮演重要的角色。如图2-2所示，企业生产是先将资金用于购买物料，然后经过加工制造变成半成品或成品，最后通过销售换取资金，资金再经过采购换取物料这样一个资金循环过程。在整个服装生产过程中，物料在绝大部分时间都处于停滞或移动状态，因此，只要有限地降低物料的停滞和运输时间，并将它转化为加工时间，就可以非常明显地提高生产效率和资金周转率。在物料停滞和移动过程中，组织和管理不当就会造成企业资金链紧张或断链，还会影响服装产品的品质。

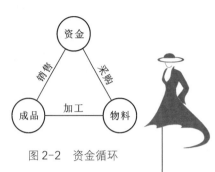

图 2-2　资金循环

2.1.3　物料管理的主要内容

（1）物料管理的过程

图2-3为服装企业物料管理过程。从供应商的选择、物料的采购、运输及交货、物料验收、物料存储、存量控制、物料领用与发放、物料加工、成品检验、成品运输、存货管理等都是物料管理控制的范围。

（2）物料管理的主要工作内容

从物料管理过程可知物料管理的主要工作内容包括如何采购物料以满足企业生产和经营的需要、如何有效控制物料、如何管理库存以有效地支持生产及如何确保物料的品质。具体的工作内容如下：

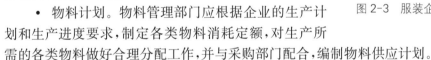

图 2-3　服装企业物料管理过程

- 物料计划。物料管理部门应根据企业的生产计划和生产进度要求，制定各类物料消耗定额，对生产所需的各类物料做好合理分配工作，并与采购部门配合，编制物料供应计划。

- 物料采购。根据已制定的物料供应计划，做好采购、运输、交货、调配等各项工作，包括供应商选择、采购预算、采购方式、采购时机等，提高资金的周转率。

- 仓储管理。包括物料的验收发放、退料、库存盘点、仓位规划、呆废料的预防和处理等日常管理工作。

- 存量控制。根据企业不同的生产阶段，对库存量采用不同的控制方法，包括物料库存基准存量的修订、差异分析和采购控制等。

- 物料搬运。包括选择合适的运输工具、运输包装设计，设计最短的运输距离，提高物料运输安全系数。

- 物料人员管理。根据员工的物料管理工作的实际表现，进行系统的评价和考核。

2.1.4　物料管理的职能

良好的物料管理应该具备五大职能，概括为"五适"。

（1）适时（Right Time）

适时是指最适当的时间。物料不及时购进，会引起企业断货缺料，造成停工待料、增加管理费用、影响企业交货和信誉；而过早到料到货，会导致物料积压，造成资金占用、场地浪费、物料变质。所以依据生产计划要求适时进料，既能使生产、销售顺畅，又可以节约成本，提高市场竞争力。

（2）适质（Right Quality）

适质是指最适当的物料品质。物品的品质应以"适当、可用"为原则，这里所说"最适当"，并非指物料品质最佳，而是指物料要符合规范，以满足要求为原则，并非盲目要求最佳的品质，因为过分追求品质最佳，可能造成采购成本高的情况，甚至造成使用上的困难，徒增浪费，因此要针对具体需求情况作合理的选择。

（3）适量（Right Quantity）

适量是指最适当的物料采购数量和存量。采购进来的物料数量应控制适当，保证存量不短缺的情况下存货成本最低，但采购数量也要满足经济批量（图2-4）的原则。经济批量是指订购成本与存货持有成本总和最小的订购批量。一般来讲，大批量采购，采购价格越便宜，但物品采购量过大会造成物料积压，存货成本增高与资金积压，不符合存货成本最低原则，因此，物料采购要适量，尽量以经济批量采购，降低采购成本，同时保证存货不短缺情况下存量最低。

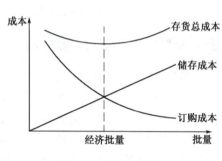

图2-4　经济批量图

（4）适价（Right Cost）

适价是指最适当的价格，用合理的成本采购所需的物料。过高的采购价格，会使得采购成本增加，降低企业利润；反之，过低的采购价格，可能影响物料的品质和供应商的积极性。采购的价格应以不损伤采购的品质、交货期和其他交易条件下最低价格为原则，追求公平、合适的价格。

（5）适地（Right Place）

适地是指最适当的交货地点。交货地点十分重要，交货地点会影响采购成本、交货时间。交货地点与厂址越远，运输费用和搬运费用就越高，验收和沟通协调也不方便，徒增采购成本。因此，交货地点要适当，即在保证质量、低价的前提下，尽量采用就地就近原则，降低采购成本。

2.2　服装生产物料采购管理

2.2.1　物料采购的目的

（1）采购的含义

采购是一种非常常见的经济活动，指采购单位基于各种目的和要求，为满足自身需要，通过交易手段从多个备选对象中选取物品或劳务的一种经济活动。就采购作为一项管理活动而言，采购管理是指在适当的时间、从适当的供应商那里，以适当的价格，在确保适当品质的前提下，购进适当数量的物资或服务的一切管理活动。

与传统的采购不同，现代采购是供应链下的采购，以资源共享、互惠互利为基础的关系代替单纯的交易型、对手型的关系。在供应链机制下，采购者把自己的需求信息及时地传递给供应商,供应商根据产品的消耗情况及时地进行小批量库存补充,保证既能满足消费者需求,又使库存最小。

采购管理有以下几个基本特点:

① 采购需求基于客户订单驱动。在供应链管理模式下,客户需求产生订单,订单驱动生产,生产驱动原材料采购,产品满足客户的需求,这个过程也是价值增值的一个过程。

② 资源共享、合作采购、互惠互利。采购是商流、物流、信息流相结合的过程,采购的双方为了获得更大的经济效益,在采购过程中相互配合,提高采购效率,最大限度地降低成本,同时在合作中建立长期稳定的合作关系。采购的过程同时也是一个信息交换的过程,其他有关部门将相关信息反馈给采购部门,采购部门进行相应的决策,供应商则根据客户需求状况变化,及时调整生产计划,主动跟踪用户需求。采购部门与其他相关部门,会同供应商,相互配合、互惠互利,形成战略联盟关系。

③ 采购以控制成本为宗旨。从经济的角度讲,任何一种经济行为都要遵循经济规律,讲求利益最大化,以最小的成本获取最大的经济效益,因此,降低采购成本是整个采购活动的关键。企业在实施采购活动中,努力做好成本核算,形成一套采购价格分析体系,对所采购的物料成本构成进行分析,充分估计供应商及竞争对手的产品和服务成本,以便在采购中占据优势,以达到降低采购成本的目的。

(2)物料采购的目的

① 向企业提供稳定的物资保障和服务。采购的首要职能就是要实现对整个企业的物资供应,以保障企业生产和生活的正常进行。企业生产所需要的原材料、零配件、机器设备和工具,都需要有计划地安排好采购,只有这样才能保障企业生产运作。保障供应不只是指物资的品种数量,还应当包括物资的质量。所采购物资的质量,直接决定企业的产品质量和对产品消费者的服务质量,从而关系着企业在市场上的竞争力和生命力。

② 选择合适的供应商,建立稳定的供应链。选择供应商是采购管理工作中最重要的工作,供应商供料顺利,品质稳定,相互间的协调配合,对物料管理和产销顺畅影响很大。市场竞争越来越激烈,企业为了最有效率地进行生产和销售,需要有一大批供应商的鼎力相助,相互之间良好的协调配合。采购的目的既要同现有的供应商保持有效联系,还要发展其他供应源,以便代替现有供应源或满足紧急情况下的供应需求,建立一个完整的供应链系统,确保供应的连续性。

③ 进行有效率和明智的采购,降低采购成本。在服装生产的成本构成中,物料成本大多占50%以上,所以服装企业在生产经营中要有效控制采购成本,减少支出,达到降低采购成本的目的。如图2-5所示,企业可以通过合理选择采购模式、选择供应商、系统改进和提高员工效益等方法来降低采购成本。

④ 同其他部门保持良好的战略合作关系,提供必要的资源市场信息和服务。在企业中,只有采购部门经常与资源市场打交道,同时也是企业和资源市场的信息接口。所以,采购除了保障物资供应、建立起友好的供应商关系之外,还要随时掌握资源市场信息,为企业的经营决策提供及时有力的支持。市场竞争十分激烈的市场经济模式下,商战实际上就是信息战,谁抢先掌握市场信息,及时进行经营决策,谁就能够抓住商机,抢占竞争的优势地位,获得发展机遇。所以采购部门应当随时掌握资源市场的信息,为企业产品改进、采购改进、开发新产品、开发新的供应商提供决策支持。

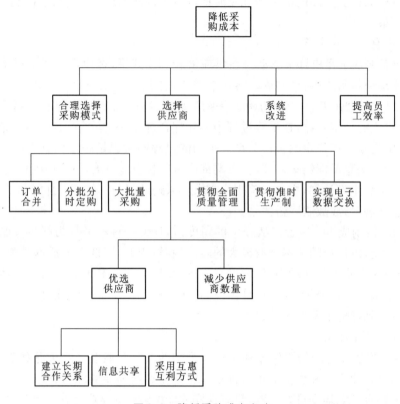

图 2-5　降低采购成本方法

2.2.2　物料采购计划的构成要素

采购计划是企业年度计划的一个重要组成部分,是物料管理人员根据市场供求情况、企业的生产经营能力和物料消耗规律,对计划期内物料的采购活动所做的预见性安排和部署。

物料采购计划的构成包括以下七大要素:

（1）物料采购对象

注明所需采购物料的名称、规格、单位、单价等。

（2）物料采购数量

采购数量是采购计划的重点,采购数量是因企业生产计划而产生的,企业根据年度销售计划、年度生产计划、工作进度安排制定季度、月度所需物料计划。物料需求数量包括物料毛需求、净需求、订单下达日期及数量计划。

（3）库存数量

采购部制定物料采购计划时,一点要根据生产需求量、消耗定额、结合实际库存量编制"物料采购总计划"。库存数量越高,会占用越多资金,造成浪费,影响资金周转,因此,制定采购计划时,一定要设法降低库存数量。

（4）质量要求

制定采购计划时,对物料品质的设定要适当,包括物料的用途、各方面的特性要明确,同时采购人员应深入了解生产计划和工艺常识,配合产品质量认证,所制定的采购计划才会准确,以免对所购物料品质产生偏差。

（5）采购时间

采购时间制定要准确,明确订单下达日期和交货期。采购不及时,会造成停工待料,影响企业生产销售和信誉;而过早购入,会造成物料积压,占用仓库,影响资金周转,物料也容易变质。所以采购计划时间要适时,以最佳成本为原则。

（6）采购价格

采购价格不是要最低,是要合适,不以牺牲品质、交货期和其他交易条件为代价。制定计划前,采购人员应进行准确、有效的市场的调查,研究市场供需情况和供应商的分布,掌握市场行情及其变化趋势,以指导定价。

（7）采购地点

尽量选择运输路线短、交通便利的地点,降低采购成本。

上述各项要素,企业在制定采购计划时要通盘考虑,以控制采购成本为原则,市场营销部、生产部等相关部门给予配合,参照相关历史数据,定出合理的采购计划。

2.2.3　物料采购的程序

采购是企业物料管理的重要组成部分,也是企业产品增值的起点。合理设计物料采购程序,是降低采购成本和质量水平提高的必由之路。对于企业采购来讲,不同企业之间的采购会略有差异,但大体上来讲都有一个共同的模式,一个完整的采购流程大致包括以下几个程序,即从收到"请购申请"开始,主要涉及到物料采购计划的提出、审核、制定采购计划、审批、选择采购模式、供应商确认、签订合同和订单跟催等几大环节(图2-6)。

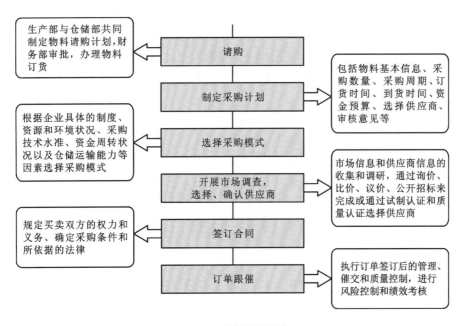

图 2-6　物料采购程序

（1）请购

生产部根据产品订单安排生产计划，提出未来一段时间生产物料需求计划，提前通知仓储部，仓储部按照"先进先出"原则，扣除现有库存物料，计算出请购物料品种和数量，正式提交请购单，请购单还需采购部和财务部确认方可生效。采购部根据请购单估算出资金需要，预计付款时间，财务部根据企业资金流转状况进行审批后交采购部备档，采购部开始着手办理物料订货。

（2）制定采购计划

采购部门对收到的采购请求进行审核，然后根据年度采购计划、季度采购计划、月度采购计划，以及月度采购计划完成量、采购资金使用状况、库存等指标制定采购计划。采购计划要详实，包括物料基本信息（名称、规格、单位、单价等）、采购数量、采购周期、订货时间、到货时间、资金预算、选择供应商、审核意见等相关内容。

（3）选择采购模式

采购模式的不同也就同时决定了采购过程所需要的时间及该过程的复杂程度。当采购计划确定以后，采购模式的选择就显得格外重要。它决定着企业能否有效地组织物料资源，控制采购成本，保证其正常的生产和经营，获得较大的效益。在采购实践中，应根据企业具体的制度、资源和环境状况、采购技术水准、资金周转状况以及仓储运输能力等因素选择合适的采购模式。

（4）开展市场调查，选择、确认供应商

采购就是要尽可能地选择最好的供应商。通过市场调查，包括市场信息和供应商信息的收集和调研，收集潜在供应商信息，调查供应商的实力、产品质量、服务水平、履约能力、运输能力等。如果采购项目相当简单或者比较标准，并且有足够多的供应商，那么可以通过询价、比价、议价、公开招标来完成。如果这些条件不存在，且面辅料批量较大，那么就有必要进行较为精细的评估，通过试制认证和质量认证，最后确认供应商。

（5）签订合同

供应商确定后，采购部门根据材料到位计划，与供应商反复谈判和磋商，制定详细的采购内容：

• 规定买卖双方的权利和义务，明确双方的责任。这是构成合同的主要内容，主要由合同条款规定。

• 注明详实的采购内容。包括价格、质量、交货期、履行方式、包装运输、服务、付款方法等。

• 说明所依据的法律。合同是采购部门与供应商达成的受法律约束的协议，签订合同能够更好地规避风险，对采购过程进行有效控制，提高供应商的履约水平。

（6）订单跟催

签订采购合同之后，就要履行合同，执行订单签订后的管理，进行订单跟催。订单跟催包括材料到位催交、质量跟踪、材料验收及付款流程及对采购的有关人员、采购资金、采购事务活动的监控。

• 催交。合同签订之后首要任务就是催交。采购员至少提前一周追踪供应商的材料生产完成时间，确保生产进度准确无误，如果出现逾期情况，必须及时反馈给计划员。根据采购到位计划时间，追踪材料检验员的外观检验和理化性能检验进度，确保材料的交期和质量。

　　● 质量跟踪。面料跟单员应严格按照公司材料内控标准保证面料质量,前往现场追踪材料生产的各个关键环节,把握好可预见性的质量问题发生,及时向供方提出,提前将样品送回公司进行有关检验,以缩短交期。在制品环节如无法确认时,及时与采购员进行沟通,提出解决方案,上报项目经理,不得擅自做主,以避免后期纠纷。

　　● 到料。采购员对进入待检区的材料,开具《进仓通知单》,通知待检区收料。

　　● 付款。协同项目经理完成对账与付款手续,跟踪税票。

　　● 评估考核。采购部根据下单准确率、跟催及时率、采购到位及时率、材料质量合格率、材料成本控制程度,对采购活动进行绩效考核和总结评估,找出存在的问题,提出改进方法,提高整体采购管理水平。

　　以上只是大致的采购流程,不同类型的企业在采购时有不同的特点,因而具体的步骤和内容会有所不同。

2.2.4　采购方式

（1）采购方式分类

　　基于采购活动的复杂性,可以依据不同的标准对它进行科学的分类,企业可以根据自身的需要和采购的特点,选择恰当的采购方式和方法,降低采购成本,确保物资的有效供应。采购方式分类见表2-1。

表2-1　采购方式分类一览表

分类标准	类型	释　义
按采购地区分类	国外采购	指采购部门向国外供应商采购物料。一般有两种,一是直接向国外供应商接洽采购;二是通过本地代理商间接采购。国外采购选择范围广,可采购到品质精良的原材料,但运输路途远,易造成采购效率低下,一旦遇到纠纷,索赔困难
	国内采购	指采购部门向国内供应商采购物料。国内采购交易简单、容易沟通,运输方便,售后服务可及时到位
按采购制度分类	集中采购	生产中所需物资的采购任务统一由一个部门负责,其他部门(包括分厂、分公司)无采购职权。集中采购有利于对采购工作实施有效控制,进行统筹安排,降低采购费用,综合调配物资,防止采购过剩。缺点是采购流程过长,时效性差,难以适应零星、紧急性的采购
	分散采购	是指将采购权分散到各分厂,各分厂独立进行采购。分散采购有利于基层采购的自主权,手续简单、直接快速,使基层工作富有弹性和成效。缺点是不利于企业统一核算,监控效果较差
	小额采购	物料需求规模小的采购。小额采购要注意寻找相对固定的供应商,才能降低采购成本;同时可以实行集中采购,将较小批量整合成较大批量,争取价格优惠
	批量采购	指规模较大的采购。批量采购具有价格优势,采购方式介于小额采购和大额采购之间,应根据情况灵活选择
	大额采购	指大规模采购。大额采购较为复杂,应实行战略采购策略,分时、分批,适时、适量、适价购进物料,降低采购成本
按采购定价的方式分类	招标采购	企业采购部门将物料采购所有条件详细列出,刊登公告,投标供应商按公告条件,在规定的时间内,缴纳投标押金参加投标,要求至少三家以上供应商参与投标,方可开标,原则上以最低价中标

分类标准	类型	释　义
按采购定价的方式分类	询价采购	询价采购也就是货比三家,是指采购组织选取可靠的供应商(通常不少于三家)发出询价单让他们报价,然后在报价的基础上综合比较各项指标,确定中标供应商的一种采购方式。询价采购相对招标采购来说要快得多,可以根据多种采购内容和需求,灵活组织采购
	议价采购	议价采购是采购员与个别供应商面对面讨价还价,不公开竞标或不当众竞标,议定价格的一种采购方式
	比价采购	比价是买家邀请供应商提供报价,从中加以比较,商议的采购方式
按采购进行的方式分类	直接采购	采购部门直接向供应商进行的采购
	间接采购	采购部门通过中间商(批发商、代理商等)采购物料。间接采购较适合中小企业零星购买
	委托采购	采购部门委托代理商或贸易公司向供应商采购
	联合采购	联合采购指小企业为取得规模采购优势,联合其他企业合作采购
	电子采购	电子采购是利用计算机,通过网络支持完成采购任务的一种方式,也称网上采购。电子采购所有的业务都在网上进行,费用低、速度快,采购流程简单

服装生产管理学

2.2.5　采购的定价方法

（1）影响物料采购价格的因素

物料采购价格受多方面因素影响,具体情形如下:

① 物料生产的成本结构。服装物料生产的成本结构受服装面辅料生产的原材料价格、劳动力价格、服装面辅料的技术要求、生产技术水平等因素的影响。

② 市场供需关系。市场供需关系的改变是物料价格波动的外在因素。如果供大于求,价格下降;求大于供,价格上涨;旺季,价格上涨;淡季,价格回落。

③ 订购数量。小额采购,价格偏高;大额采购,价格可以有较高的折扣和优惠。

④ 质量要求。物料质量要求较高,面辅料的检验过分严格,价格也相应提升;相反,物料质量要求不高,面辅料的检验宽松,价格也相应降低。

⑤ 交易条件。物料价格还受交易条件的影响,如物料交货期、运输、包装、售后服务等。若交货期短、运输成本高,包装严格,提供良好的售后服务,价格较高。

⑥ 其他条件。其他条件如受经济环境,社会、政治因素及生产技术水平等外部因素影响,价格也会相应波动。

（2）采购定价方法

采购的定价方法有招标、询价、比价、议价、电子采购定价等多种方法,具体要根据企业的性质、规模、采购数量、要求及市场供需状况而定。

① 招标定价。招标定价是买家通过一定范围内(报刊、网络信息、媒体等)公开购买信息,详细列出拟采购的物料条件(物料名称、数量、规格、品质要求、交货期、付款方式、投标资格等),投标供应商按公告条件,在规定的时间内,缴纳投标押金、提出报价,参与投标。招标定价要求至少三家以上供应商参与投标,方可开标。标书设计要先进合理,原则上以标书设计合理、报价最低者中标。

② 询价。询价是指采购者选取若干个(通常不少于三家)可靠的供应商,出询价函,让供应商报价,然后在报价的基础上综合比较各项指标,确定中标供应商的一种采购方式。询

价采购相对招标采购来说要快得多,工作量也小,可以根据多种采购内容和需求,灵活组织采购。询价适用于采购数量少、价值低或急需物料的采购。

③ 议价。议价是采购员与个别供应商以商议方式,面对面讨价还价,不公开竞标或不当众竞标,议定价格的一种采购方式。议价采购节约时间和费用,与供应商关系稳定,但价格偏高,主要适用于专利产品或特定条件物料,需求量大、质量稳定、定期供应、供应商很少、没有竞争者的采购。

④ 比价。比价是买家邀请供应商提供报价,从中加以比较,商议的采购方式。适用于供应商数量少,没有竞争的采购场合。询价、议价、比价很少单独使用,通常结合使用。

⑤ 电子采购。电子采购是利用计算机,通过网络支持完成采购任务的一种方式,也称网上采购。电子采购具有费用低、速度快、采购流程简单、选择范围广等特点,成为最具有发展潜力的一种采购方式。

无论选择哪种定价方式,采购部都要进行充分的市场调查,收集采购资料,通过价格评估,确定采购低价,选择采购方式。

2.2.6 物料供应商的选择

(1) 选择供应商的重要性

供应商的选择对服装企业物料采购工作来说非常重要。供应商供料是否顺畅、质量是否符合生产要求、交期是否及时,对服装企业生产和销售是否顺畅影响很大。供应商的选择不是惟一的,应该有多种替代方案,有时最优的供应商未必是最好的选择。企业应该根据自身的实际状况和特点,选择最适合自己的供应商,与供应商搞好关系,建立相对稳定的合作关系,有助于服装企业的产销顺利,为企业竞争优势的建立提供有力的支持,确保企业利益最大化。

(2) 选择供应商的方法

供应商的选择是一项复杂、涉及面较广的工作。对供应商的选择应从市场竞争分析入手,对市场进行准确详实的调查,了解供求关系,收集供应商的资料,对供应商进行正确的评估和考核,最终做出选择。供应商的选择应考虑如下几个主要方面。

① 供应商的基本情况。供应商的基本情况包括厂名、厂址、注册资金、规模、人员、设备、主要产品、生产能力和市场占有率等。供应商的基本情况可以通过供应商调查表获得,见表2-2。

表 2-2 供应商调查表

	企业名称		法人代表	
	国税登记号码		地税登记号码	
	商品类别			
	联系地址		联系电话	
	传真		E-mail	
强项材料／产品产能	品种/规格	正常日产量/单位		年接单生产能力/单位

	品种/规格	最低起订量(数量/单位)	生产周期(最短/最长)	最低续单数量/最快交货日期
接受订单量				

客户群：

上游核心供应环节：

合作意向及要求：

通过分析这些基本的信息，可以估计其综合实力。

② 产品质量。产品质量是选择供应商首要考虑的因素，主要考察面料质量的稳定性和质量控制能力。质量太低，不能满足企业生产要求，质量太高，远超过生产要求的质量，对于企业是一种浪费，有时还不利于工艺加工，徒增企业成本。因此，应选择能提供与企业质量要求相符、稳定的面料供应商。

③ 价格。供应商提供的价格是选择供应商的一个重要方面，企业都希望所采购的物料物优价廉。但是价格最低的供应商不一定就是最合适的，价格低有可能在产品质量、交货时间上达不到要求，或者由于地理位置过远而使运输费用增加。所以，采购人员应进行充分的市场调查，分析物料的生产成本，比较价格差异，从而选择出能提供物料性价比最佳的供应商。

④ 履约能力：

交付时间。主要考察供应商能否按时交货及交货数量的稳定性，准时交货是企业生产延续性的保障。

技术水平。生产工艺先进、技术水平高，决定了供应商能否不断改进产品，能否长远发展。

生产能力。生产能力是供应商能为企业生产提供的物料数量保障，也是综合实力的一个重要体现。

财务状况。考察供应商的资产负债表、资金周转率等。财务指标是评估供应商的重要指标，选取相关财务指标，可以避免选取财务状况不稳定的供应商的风险。

⑤ 服务水平。供应商的整体服务水平，包括主动与买家联系、及时反馈信息、及时处理意外事件、客户投诉少等。尤其是占成本比重大的面料采购，一定要选择能提供配套服良好的供应商。

⑥ 地理位置。选择地理位置是从运输、联络方便考虑。供应商地理位置与买家接收地近,可以降低采购成本。

⑦ 信誉。选择供应商时,要选择信誉较好、经营稳定、内部管理制度好的供应商,确保企业不会造成不必要的损失。

2.3 服装生产物料消耗定额确定

2.3.1 物料消耗的构成

服装生产物料消耗的构成是指企业从取得物料(如面料、辅料、配件等)开始,到制成成品为止的整个过程中物料的消耗去向。服装企业中的物料消耗一般由产品的工艺消耗、工艺性损耗和非工艺性损耗三部分构成。

(1)产品的工艺消耗

产品的工艺消耗指产品的有效消耗,是服装加工成成品的面料、辅料、配件等原材料的净耗量。

(2)工艺性损耗

工艺性损耗指服装加工过程中无法回避和克服的物料消耗,如由于排版、铺布、裁剪等操作所产生原材料的消耗,如裁剪后剩余的边角料、碎料等,同时这部分消耗又无法转移到产品上。

(3)非工艺性损耗

非工艺性损耗指服装加工过程中产生的次品、废品,以及在运输、生产、保管、装卸等非正常条件下所造成的物料变质、损坏、丢失等无效损耗。

2.3.2 物料消耗定额的种类

(1)服装物料消耗定额的概念和重要性

① 服装物料消耗定额的概念:任何产品的制造都是由物料消耗制成,尤其制衣企业,物料成本在服装加工成本中占有较大的比重,所以控制物料消耗是控制成本的重要方面,而制定物料消耗定额又是物料消耗控制的重要手段。

那么什么是物料消耗定额呢?

物料消耗定额是指在一定的生产技术条件和组织管理下,完成单位服装产品加工或完成某项服装生产加工任务所允许消耗的物料数量标准。

② 制定物料消耗定额的意义

制定科学、规范、合理的物料定额,是企业编制物料采购计划的基础,是企业物料组织、物料控制、资金预算的依据,可以为企业绩效考核提供主要参考数据。制定物料定额,目的是更加合理地使用物料,减少物料工艺性损耗,最大限度降低非工艺性损耗,杜绝可避免的、不必要的浪费。

(2)物料消耗定额的种类

按服装物料消耗定额用途不同可分为工艺消耗定额和物料供应定额。

① 工艺消耗定额。工艺消耗定额由产品的工艺消耗和工艺性损耗两部分组成,即服

装加工成成品的有效消耗和服装加工过程中无法回避和克服的损耗量。工艺消耗的有效消耗构成了产品的实体,是物料直接转移到产品上或变形后转移到产品上;工艺性损耗无法转移到产品上。工艺消耗定额主要用于控制生产,是对车间、班组发料和考核的依据。

② 物料供应定额。物料供应定额是由工艺消耗定额加上一定比例的各种非工艺消耗构成,是确定采购数量和车间领料数量的依据。企业在一定的生产技术和设备条件下,因为人为的、技术的或管理的诸多原因,非工艺消耗总是客观存在。如面料本身的收缩;服装加工过程中产生的次品、废品;保管过程中面料的变质;运输、生产、装卸等非正常条件下物料的损坏、丢失等损耗。企业要保证正常生产,在物料供应方面,有必要把非工艺消耗适当考虑进去。

(3) 物料供应消耗定额的制定

物料供应定额可由工艺消耗定额换算:

$$物料供应定额 = 工艺消耗定额 + 非工艺消耗定额$$
$$= 工艺消耗定额 \times (1 + 物料供应系数)$$

其中物料供应系数为单位产品非工艺消耗与工艺消耗定额之比,单位产品非工艺性消耗可根据统计资料确定。物料消耗定额不但是控制生产中物料消耗和采购的依据,也是计算产品成本的重要资料,正确制订物料消耗定额并严格按定额控制消耗,是企业降低物料消耗的重要手段。

2.3.3 制定物料消耗定额的基本方法

(1) 经验估算法

经验估算法是根据生产技术人员的实际经验,并参考有关技术文件和产品实物,以及企业生产技术条件变化等制定物料消耗定额的一种方法。经验估算是长期实践的经验总结,技术人员必须对产品设计、工艺技术娴熟了解。这种方法最为简单易行,工作量较小,具有较强的可操作性和实用性,但受估计人员的主观影响较大,准确性相对较低。经验估算法一般用于档次低、批量小的服装生产,价格昂贵的面料不宜采用经验估算法。

(2) 实际核查法

实际核查法也就是实验测试的方法,是通过对作业现场实际调查掌握实际耗用量,然后根据实际耗用量计算工艺性消耗,从而最终确定物料消耗定额。采用这一方法,必须对各道工序的工艺制作和生产状况十分了解,实际核查中,操作人员也要培训,同时要尽量采用先进的仪器设备,一般必要时才采用。

(3) 技术计算法

技术计算法是根据服装生产工艺技术文件,通过科学分析和技术计算得出消耗数量,然后加上一定的损耗,最后确定出物料消耗定额的方法。如可以通过计算机自动排料系统进行排料,再经过适当调整,得出产品的消耗定额及布料的利用率,这种方法比较客观准确,使用时应结合实际进行适当的修正。

(4) 统计分析法

统计分析法是对以往各种生产物料耗用数据进行分析、比较和综合计算,结合计划期内生产、技术、组织管理条件的变化因素,从而对物料消耗进行推理演算来确定物料消耗定额的一种方法。这种方法要求具备物料消耗的以往统计资料,由于统计资料反映的是以往生产条件下的的实际消耗,包括非工艺性消耗,一旦生产条件变化,这种计算方法就会带来较大的误差,缺乏先进性。但这种方法的优点是简单易行,一般服装档次不高,成批生产中较多采用。

以上几种方法,无论采用哪种,都应该根据生产车间的管理水平、操作工的熟练程度、服装制作工艺的复杂程度、设备配备情况等变化,注意切合实际,使物料定额制定准确合理。

2.3.4 影响物料消耗定额的因素

影响物料消耗定额的因素(图 2-7)主要有以下几种:

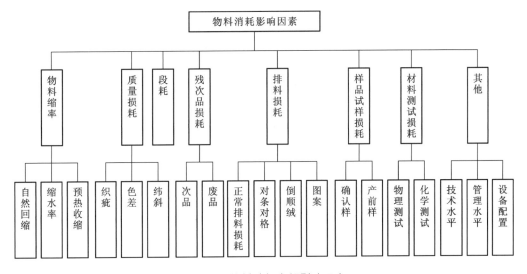

图 2-7 物料消耗定额影响因素

（1）物料缩率

服装材料在制造过程中,经过织造、染色、后整理等处理后,由于受到强烈的机械张力,导致织物内部留存各种应力,产生织物变形,经织物在拆包、抖散下一般会自然回缩,或者织物在水洗或整烫遇热下,织物会产生不同程度的收缩。这些都会造成物料在数量上的缺损,这些损耗必须在用料标准的基础上根据面料缩率加放。

（2）质量损耗

面料在制造过程中会产生织疵、色差、纬斜等质量问题,物料消耗定额必须考虑这一因素。物料质量等级越低,疵点就越多,物料消耗定额就要考虑多加放些;相反,品质越高,物料消耗定额考虑加放的越少。

（3）段耗

段耗是裁剪车间铺料人员在铺料过程中断料所产生的损耗。断耗有以下几个原因产生:

① 一匹布头尾两端因织造整理过程中产生变形或做记号,不能使用,需要剔除的损耗

部分,头尾各 10 cm 左右。

② 在每铺一层而头尾断料时,断料不齐而产生的损耗部分,约 1~3 cm。

③ 不够铺一层产生的余料,铺料时可以通过衔接,使余料减少;也可以用于裁单件裁片或换片使用,以减少损耗。

④ 面料有较大疵点,无法避开,需将面料断开剔除而增加的损耗。

（4）残次品

在服装加工过程中,由于产品的加工难度、工人技术熟练程度、工序加工中出现事故、漏检等原因,使服装产品造成次品、废品等损失,这种情况也应该在制定物料定额中加以适当考虑。

（5）排料损耗

排料方法的不同,裁剪后剩余的边角料、碎料量也不同,尤其是有图案、条格面料或有绒毛类织物。条格面料要考虑对条、对格;倒顺绒织物要考虑倒顺绒方向、有图案面料要考虑方向,排料时不能颠倒、交叉,所以,这些特殊面料在制定物料消耗定额时就要依情况考虑多加放些。

（6）样品试制

样品试制如确认样、产前样等样品试制耗料。

（7）材料测试

物料在生产前一般都要进行性能检验,根据情况做一些物理、化学测试,材料测试损耗的量也是物料消耗定额制定时要考虑的。

（8）其他

其他因素如工艺技术水平、设备配备、组织管理等也会影响到物料消耗定额。工艺技术水平高、设备先进、管理到位,物料利用率相应提高,物料损耗自然可考虑少些。

以上各类因素的损耗,应该在定额用料的基础上估算,并根据产品的具体情况采用不同的估算方法。

2.4　服装生产物料的仓储管理

2.4.1　仓储管理的职能

（1）仓储管理的概念

仓储管理简单来说就是对仓库及仓库内储存的物质进行管理的活动,是仓储管理机构利用所具有的仓储资源,为企业生产和销售提供高效的仓储服务所进行的计划、组织、控制和协调的过程。

仓储管理不仅仅是保存货物,同时,必须及时提供生产所需的各种原料及有关的零配件和工具等。仓储管理的核心就是效率管理,具体表现在高效的仓库利用率、货物周转率、进出库时间的控制及提供良好的服务等,体现"快进、快出、安全、经济"的仓储管理原则。如果仓储管理不善,会导致生产停顿,产生巨大的物料、人力和财力损失。

（2）仓储管理的职能

服装生产仓储管理一般包括物料的检验、入库、存储、发放、物料盘点及废料处理等内

容,具体职能如下:

① 物料入库验收。物料入库验收是仓储工作的起点,物料入库验收工作,主要包括数量验收、质量验收和包装验收。物料入库验收合格,即办理入库手续。

② 物料的整理、分类与编号。对不同类别的仓库进行物料的整理、分类和编号。

③ 物料储存。即原材料、零部件、半成品与成品等保管及物料进出管理。物料入库以后,就要对物料承担起保管养护的责任。物料储存应采取科学有效的质量管理措施,保持物料原有的使用价值,防止短少、丢失、霉变,同时注意消防安全,确保物料安全储存。

④ 物料盘点。即定期和不定期对物料进行清点,以便掌握物料库存数量。

⑤ 物料发放。物料发放也叫物料出库或发货业务,是物料仓储作业的最后环节,主要是根据出库凭证,确保物料及时、准确、完好地发放出去。

2.4.2 物料验收入库与发放

（1）物料入库验收

物资验收入库是指对进厂的物资在入库前按照验收程序和手续进行凭证核对、数量复核和质量检验等工作。当物料送到仓库,不能直接入库,要先进入待检区,并开具系统《进仓通知单》,通知待检区收料。收料人员首先要清点送来的物料种类和数量,对供货单位提供的验收凭证及附于布匹之上的标签进行检查,核对厂名、品名、合格证/检验印、等级和基本物理特性(幅宽、批长、批量)等是否与入库通知单、订货合同等相符。对技术含量指标有控制的面料要送实验室或外部检测机构进行检测,以防指标不达标而遭遇服装成品退货。如果发现凭证不齐、不符、损毁、错发或物料指标不合格等都要做好记录,酌情处理或退货。验收后,仓管人员要及时填写一式三联的入库单,经签字后分别送采购部、财务部和仓储部各留存一份,填单时要逐项核对,避免串号、遗漏和重复,确保账物相符,以便财务对账、付款和入账。

由于受仓储条件和人员限制,或批量大,短时间内难以验收,可采用抽检方法,物料抽检的比例首先考虑以合同规定为准,如果合同没有规定,可以根据工厂的实际情况、规模、人员、商品的价值、商品的性质、供应商的信誉、气候条件、储存时间等因素考虑,若发现物料霉变或短缺、残损等情况,应扩大验收比例,甚至全检。一般规模大的品牌服装生产企业,会对主要原辅料(如面料、里料、衬布、拉链、针织罗纹)实行全检。

物料检验合格之后,应立即根据《进仓通知单》办理入库手续,具体包括合理安排货位、搬运、堆码、登帐、建卡、建档等,以便货物管理。货物安排堆放要以安全、通风、便于查找、方便取用、节约占地为原则。仓储部门要安排专职人员登记物料入库明细,将物料的订单号、数量、单价、金额等录入到进销存系统中,保证仓储物料明细余额与库存的物料实物余额相符。

（2）面料复核与检验

服装企业对面料的复核与检验一般是参照国家标准规定的检验内容和方法,以及服装企业实际情况来确定,具体项目主要包括数量复核、门幅复核、疵点检验、纬斜检验、色差检验、缩水率测试、色牢度测试、撕裂强度测试、起毛起球测试等。具体内容参见表2-3服装面料检验常规项目与标准。

表 2-3 面料进货常规检验项目与标准

序号	项目	检验方法	检验标准	缺陷判定		
				轻缺陷	重缺陷	严重缺陷
1	供方资料	目视布料标卡	1. 厂名、品名 2. 合格证/检验印、等级 3. 基本物理特性：幅宽、批长、批重	有吊牌（合格证），内容填写不全	无合格证/检验印、等级和物理性能规定	无厂名、品名、幅宽、批长、批重
2	面料肌理	根据采购布提供大样目测，用手触摸比较手感的软、硬、光滑、粗糙、细腻等	与大样无明显差异	手感软、硬、光滑、粗糙、细腻、稍劣于大样的肌理效果	明显劣于大样的肌理效果	严重劣于大样的肌理效果
3	纱线	目视布料或采用放大镜查看	纱线牢固，不散不乱，纹理自然，捻数适中，无粗纱	—	—	—
4	抽纱	目视	无抽纱	1~1.5	1.5~2.5	<2.5
5	破洞	目视	不允许	每5米破洞<0.5 cm	每3~4米破洞<1 cm或每5米破洞<1.5 cm	每5米破洞多处
6	污渍	目视	不允许有油、锈、污渍	油、锈、污渍<0.5~1 cm	油、锈、污渍<1~1.5 cm	油、锈、污渍<1.5 cm或每5 m内多处污渍
7	色差	目视或用灰度色卡测量	布边两端、布中，断色色差>4.5	布边两端、布中，断色色差>4~4.5,面积占检验批的1~2%	布边两端、布中，断色及渐变色差>4,面积占检验批的3~4%	布边两端、布中，断色及渐变色差>4,面积占检验批的5%以上
8	幅宽	软尺测量	垂直布边测量	幅宽>1.5 cm	幅宽>2 cm	幅宽>4 cm
9	经、纬斜	目视、尺量	布幅150 cm左右,条格面料经向不许斜,纬斜<3 cm;条格面料2%;非条格面料3%	布幅150 cm左右, (1) 3 cm<条格纬斜<4 cm (2) 4 cm<非条格纬斜 5 cm	布幅150 cm左右, (1) 4 cm<条格纬斜<5 cm (2) 5 cm<条格纬斜<6 cm	布幅150 cm左右, (1) 5 cm<条格纬斜<6 cm (2) 6 cm<非条格纬斜
10	克重	克重机切下面料后,用天平称出克数,抽检5次	待检面料每批距布端3 m处取样一个,允许误差<±10 g	±10 g	±15 g	±20 g
11	撕裂	取20 cm*20 cm(经向),面料以针距13 cm/3 cm,缝位1 cm处车合10~15 cm横拉不裂,伸长不明显	1. 用手撕裂伸长明显 2. 送检测机构检测	用手撕裂,轻微伸长	用手撕裂,伸长明显	用手撕裂,伸长

030

服装生产管理学

序号	项目	检验方法	检验标准	缺陷判定		
				轻缺陷	重缺陷	严重缺陷
12	缩水率	依据采购单提供缩水率，取 50 cm * 50 cm，经纬向各作平均 3 点记号，在水温＞40℃，加适量洗衣粉，浸泡搓洗 30 min 后，晒干	允许误差超过标准缩率±1%	±1%	±1.5%	±2%
13	色牢度	在水温＞40℃，加适量洗衣粉或皂片，按比例① 样布：水＝1∶50 浸泡搓洗 30 min；② 样布和白棉布：水＝1∶50 浸泡搅拌 30 min，晾干，晒干	以 GB 250 灰度色卡为评估标准，对样布＞4.5 级	对样布＞4 级	对样布＞3.5 级	对样布＞3 级
14	起毛、起球	1. 在白棉布上重力干摩擦 15～20 次 2. 送"检测机构检测"	起毛、起球可分为 1～5 级，5 级最好，1 级最差，要求＞3.5 级	轻微起毛 3～4 级	明显起毛，起球 3 级	严重起球 2 级
15	无脱胶	1. 用手有规则搓擦 15 次 2. 汽熨斗无垫物或包布，进行汽熨来回四、五次	不同批、色各缸 1 支距布 2 m 外采样，手搓或熨烫后，不允许脱胶（皮）的现象	轻微起泡	明显起泡	脱胶
16	无起泡、无脱胶	在水温＞40℃，加适量洗衣粉，浸泡搓洗 30 min 后，晒干	批、次每缸各 1 支距布端 2 m 处，浸泡搓洗晾晒后，不允许脱层起泡	轻微起泡	明显起泡	脱层
17	成分	送"检测机构检测"	允许误差±3%	±3%	±5%	±7%

① 面料的规格数量复核与检验。

a. 数量复核：

• 卷筒包装的面料匹长。面料匹长可以在验布机（图 2-8）上复核，验布机上的码表可以直接显示面料长度。

• 折叠包装的面料匹长。测量折叠包装的面料匹长，应先测量折叠长度是否正确，得出每层折叠长度平均值，再数出折叠层数，加上不足一层的余端。

匹长 ＝ 每层层折叠长度平均值×折叠数＋余端长度

一般面料的匹长标准应不低于 27.4 cm（30 码），但有时面料生产厂家为了满足最小匹长，对一些疵点不开剪，仅在布边挂一色线作为标记，即所谓"假开剪"。为避免"假开剪"造成损失，服装企业可以向面料厂商提出一个"假开剪"标准，一般要求 27.4 cm(30 码)以内不允许"假开剪"，27.4~54.8 cm(30 码~60 码)内不超过一个"假开剪"，54.8 cm(60 码)以上不超过三个"假开剪"。

- 按重量计算的面料。有一些按重量计算的物料，如针织类面料，应过秤复核，按面料的平方米重量(g/m²)计算。

图 2-8　验布机实物图

b. 门幅复核：

最常用的幅宽测量方法是测量布边之间的距离，但在服装生产中，有撑针眼的布边是不能用的，所以也可以测量两侧边撑针眼间的有效距离。在检验面料幅宽时，每匹布应测量三次，位置在布头、中间、布尾，且布头、布尾都应距离布端 1 m。如检验发现匹与匹之间差距较大，要按实际门幅计算，并在每匹布上都注明幅宽和长度，整理分档后列出清单，为排料提供依据。

c. 疵点检验：

疵点指布匹在织造、印染固色及后整理加工过程中产生的各种缺陷。根据面料包装的不同，疵点分为两种检验方法：

- 在验布机上进行验料。一般应用于圆筒卷料包装和双幅材料。其工作过程是：布料通过送布轴和导布轮的传送，在毛玻璃的斜台面上慢慢通过。在毛玻璃的台面下装有日光灯，利用柔和的灯光透过布面，使其充分暴露疵点。验布者如发现污渍、断纱、跳花、漏针、破洞、稀路、错花等疵点，随即做出记号，以便铺料划样时合理安排。

- 在台板上检验。一般应用于折叠型包装的材料。检验时应将布匹平放在检验台上，光线要柔和稳定，具有良好的自然采光和人工照明，一般应设在朝北的窗口。检验者从上至下，逐层查看，发现疵点随即做出记号。

检验的标准可按照企业标准或同类产品的部级标准和国家标准，并根据服装疵点允许范围和要求进行检验。

d. 色差检验：

检验同一匹布的前后色差、左右色差，以及匹与匹之间的色差(俗称缸差)。一般评点色差用灰色样卡比对,检验色差时,将面料左右两边的颜色相对比,同时也和门幅中间的颜色相对比。每相隔 10 m 进行一次这样的对比,整匹布验完后还要进行布的头、中、尾、三段的色差比较。同一批布一般是不允许色差,不同批布色差较大,生产中必须分色。

f. 纬斜与纬弯检验:

纬斜和纬弯是因为纬纱与经纱不成垂直状态而影响外观质量的缺陷,是面料在织造、印染固色及后整理加工过程中所受外力不均而产生。纬斜指纬纱呈直线状歪斜;纬弯是指纬纱成弧状歪斜,它的形式有弓形纬弯、侧向弓形纬弯和波形纬弯等。纬斜、纬弯都会造成布面的条格、纹样等歪斜变形。纬斜和纬弯可按服装疵点允许范围要求进行检验。

以上各项检验均可以在验布机上进行。

② 缩率测试。面料在织造过程中,各道工序由于受到强烈的机械张力作用,导致织物产生一定的伸长变形,再受到湿、热等外部因素作用下,织物会出现不同程度的收缩,其收缩值的大小用收缩率表示。

• 缩水率。织物浸水后产生的收缩称为缩水,织物缩水后的收缩率就是缩水率。缩水率是织物特性的重要指标,多数情况下,服装生产不进行浸水预缩,因此,要对缩水率提出严格要求。

• 自然收缩率。裁剪前将织物拆包、抖散,在无堆压及无张力的自然状态下,存放一段时间,一般应在 24 h 以上,使面料、辅料等自然回缩,消除张力。

• 干热收缩率。干热收缩指织物在给热作用下,如电熨斗直接加热或利用加热空气及辐射进行间接加热,织物会产生一定的收缩。如遇到一些在温度作用下收缩较大的面料,要进行干热收缩测试,以便生产中决定是否要预缩处理。

• 湿热收缩率。织物在蒸汽给湿和给热的作用下,织物会产生一定的收缩。如果整烫条件是蒸汽熨烫,则可以测试气蒸收缩率,以便生产中决定是否要预缩处理。

③ 色牢度测试。色牢度指织物在加工或使用过程中,经受外部因素(挤压、摩擦、水洗、雨淋、曝晒等)作用下的褪色程度,也是织物的一项重要指标,是测试面料性能的一项常规指标。

④ 断裂强度测试。织物的断裂强度包括织物的拉伸断裂强度、撕裂强度和顶裂强度等。织物的断裂强度反映织物在受外力拉伸时的牢固性。

⑤ 其他。其他测试项目如织物的耐磨性、吸湿性、刚弯性、悬垂性、起毛起球性能和阻燃性等。

物料测试项目的选择不能一概而论,具体要依据面料类别、档次、产品的服用功能及企业的实际条件而定。

(3) 物料发放

使用部门凭领料单(调拨单)方可到仓库领料,仓库发料时应注意:

① 备料组长根据《物料需求单》提前进行扣库,根据扣库结果,向计划员递交《材料欠缺反馈单》,并确保来料即配。根据配料仓库的实际情况,确认配料到位计划和发料计划,并反馈给物控员。

② 备料员根据《材料领用单》按时按量核对备齐材料,并通知备料组长复核。备料组长

根据《计划领用单》复核发料明细,并通知物控员及时发料,并及时输单。物控员严格执行计划,按时按量限额发料,未验收及有问题的物料不得发放出货。

③ 如果由于仓库原因修改配料到位计划和发料计划,备料组长则至少提前两天通知物控员,经确认后方可变更。

④ 遵循"先进先出"的发料原则。在保证产品质量的前提下,实行"先进先出"的发料原则,防止物资久存变质,尤其是对易变质、霉变的物料,应加快周转。

⑤ 实行补料审核制度。凡因面料质量问题或产生次品、废品需要换料以及超定额要求补料时,必须经过审核批准,方可发料。

⑥ 发料后剩余的材料要在2天内办理余料退库手续,服装加工完工后,要在规定时间内,及时办理退料手续,完成材料退领单和退回仓储库手续。

2.4.3 物料盘点

(1) 物料盘点的含义及目的

物料盘点指定期或不定期地对仓库现存物料的实物进行核查,掌握库存物料的实际情况,做到账、卡、物相符,确保材料进出准确性。通过物料盘点,可以切实掌握物料的进出,使物料的现数量、规格、品种得到真实反映,为计算成本及损失提供不可或缺的数据,对于指导企业库存、生产、销售乃至企业的一系列投资决策具有重要意义。物料盘点主要达到下列目的:

① 确切掌握库存量,保证仓储物料账、卡、物相符。

② 掌握货物收发情况,检查是否严格按先进先出原则发放物料。

③ 掌握物料损耗情况,挖掘并清除变质、损坏物料。

④ 了解梳理货物存放位置,整理环境、清除死角,提高仓位利用率。

⑤ 检查安全设施,排查安全隐患,加强管理,防微杜渐。

(2) 物料盘点的方法

物料的盘点分定期全面盘点和不定期抽查盘点。一般一年至少要进行一至两次定期全面盘点,每周不定期抽查盘点一次。盘点次数自然是越多次越好,但盘点需要消耗人力、物力、财力,一般企业需根据自身条件及面料的档次,酌情增加次数。

常用的物料盘点的方法有账面盘点法和实地盘点法。

① 账面盘点法。账面盘点法是将每天出入库物料的品种、数量、规格、单价等信息录入到仓储信息管理系统或登记在账簿上,并进行核对,逐日累计或递减,得出库存量及库存金额。

② 实地盘点法。实地盘点法就是在仓库实地清点调查各种物料的库存数,再根据各自的单价,计算出实际库存金额。

盘点要耐心细致,避免误盘、漏盘、错盘,给企业造成损失。要得出准确的库存情况,确保盘点无误,最好的办法就是将账面盘点法与实地盘点法的数据相对照,盘点结果要一致,一旦发生实际库存数量与账面结存数量不符的情况,要立即追查原因,妥当处理。若实际库存数量大于账面结存数量,应调整账册,按收料入库程序使之入账;若实际库存量小于账面结存数量,应设法调查原因做出弥补,调整账面数据。

2.5 服装生产物料的存货控制

2.5.1 存货控制的目的和范围

所谓存货控制,是指通过对企业生产过程的各个环节所需物料进行预测分析,通过适量采购和存量控制,在保障物料供应的前提下,以最低的存货成本,实现对企业生产经营最佳或经济合理的供应。存货控制是以控制库存为目的的方法、手段和技术的集合,是整个企业生产管理的重要组成部分。

(1)存货控制的目的

存货控制水平对服装生产企业具有双重的影响:一是影响企业的成本;二是影响企业生产和销售的服务水平。存货控制的好坏并不能产生利润,但可以通过减少存货成本的方法,来达到开源节流的目的,使企业利润优化。存货控制的主要目的如下:

① 对存货量进行有效控制,维持在合理的范围,保障生产顺畅。

② 平衡采购和库存成本,降低采购费用。

③ 依照生产需求及市场供需状况变化,选择最适当的时间订购物料,保证生产供应。

④ 控制物料进货的频次和物料存货时间,保持生产稳定,提高物料周转速度,减少资金占用。

存货控制的核心就是对存货量的控制,主要任务是合理地确定企业物料的存储量、订货量和订货次数,使之既能满足生产需求,又能使存储、采购的总费用最少,达到以最少的费用支出维持对生产的需求。

(2)存货控制的范围

① 原材料。原材料指构成产品主要实体的物质,是重点存货储备和控制对象。如服装加工用的面料、里料、行棉、衬料等。

② 零配件。零配件指构成产品的一部分部件,如拉链、商标、织带、纽扣等零配件。

③ 生产工具。生产工具有助于产品的形成,但不会构成产品的一部分物质,即生产中需要的设备和器具,如各种缝纫设备,整烫设备、刀具、量具、机针等。

④ 在制品。在制品指正处在加工、制造状态中的半成品或零部件。

⑤ 产成品。生产过程结束,可以投入销售的服装产品。

⑥ 包装材料。用于包装的一切材料。

2.5.2 存货控制的基本内容

存货控制主要就是对仓库里储存的物料数量进行管理和控制,如存货的品种、数量、存放时间、存放地点、何时补货等工作,具体内容如下:

(1)合理控制存货量

合理的存货量主要体现在库存能够与生产和销售协调配合,存货既不能断链,又不能积压。影响存货量主要考虑四个因素,即物料的消耗速率、物料保持原有特性的时间、储存空间和物料采购的交货时间。由于物料从发出订货到交货需要一定的时间,所以物料采购时应设置订货提前期。订货提前期即从发出订货至到货的时间间隔。

物料的消耗速率,可以用单位时间内物料需求量来表示,物料消耗速率越快,库存的数量就要越多,但同时要兼顾考虑物料的特性,如果是易受潮变质的物料,库存量就应适当减少,避免浪费。同样,订货提前期越长,库存数量也要越多,此外,工厂还要有足够的空间来容纳所需的库存量。

① 安全库存量。安全库存量指防止因为订货提前期(T)内物料需求增长或者延误到货,物料没有在提前期内到货引起缺货而设置的储备量。安全库存的增加会使缺货的概率减少,但是,安全库存的增加又会引起仓储成本的上升,理想的安全库存应该使缺货成本和保管成本之和最小。

② 订货点。订货点指库存低于某个水平时,就要向供应商发出订货指令,而发出订货指令时的存货数量称为订货点。订货点应该合理设置,太高,造成库存过量,库存费用上升,成本增加;订货点太低,有可能在提前期内造成缺货甚至断货,导致生产停滞带料。

如果物料需求速率和订货提前期都比较稳定,则

$$订货点 = 物料需求速率 \times 订货提前期$$

如果物料需求速率和订货提前期不稳定,有变化,那么需要设置安全库存量,则

$$订货点 = (物料平均需求速率 \times 最大订货提前期) + 安全库存量$$

（2）合理确定存货地点

合理设置存货地点是非常重要的,可以提高物流效率,降低成本仓储和运输成本。设置存货地点主要考虑要便于集货、保管、查找、搬运、运输。

（3）合理控制存货时间

存货时间合理化也是存货控制的重要方面,包括物料在仓库内停留的时间长短,何时采购物料、物料采购的时间间隔等。订购时间过早,库存量会过高,增加库存成本,订购时间太迟,库存得不到及时补充,生产面临停工待料,造成生产中断。

（4）合理控制存货结构

随着服装生产向多品种、小批量、多批次、快交货的发展趋势,服装生产周期变短,对存货控制面临更高的挑战,存货结构要适应市场需求和生产计划变动,合理搭配库存物料的品种、规格、数量等配比关系,以保证生产物料供应,不能断链。

2.5.3 存货控制的两种极端情形

对于存货管理,如果采购、生产和资金周转三者不能协调配合,会出现两种极端的存货控制状况,即存货过多情形和存货过少情形。

（1）存货过多情形

一次订购过多的物料,会造成存货过多。存货不是越多越好,如果存货过多,会造成以下问题:

① 增加库存成本。存货过多,多余的存货需要额外占用存储空间,加大保管人员工作量,相应的增加库存成本。

② 增加企业生产成本。物料储存多,会占用企业大量流动资金,造成物料的无形损耗,不利于资金循环,加重企业负担,影响资金的合理配置和优化。

③ 物料存在变质可能。物料放置在物料仓内时间较长,存放久了可能发霉变质或损

坏,甚至完全不能使用。

④ 物料过时风险。服装市场变化很快,物料随着时装潮流的变化会很快过时,因而过时的物料可能会跌价或变得完全没有使用价值。

(2)存货过少情形

存货也不是越少越好,存货过少也不利于生产,它存在以下不足:

① 影响生产进度。物料存量不足,造成服装加工原材料和其他物料供应不足,影响生产的正常进度,甚至导致生产的中断,从而扰乱生产进度,严重者使工厂不能按期交货,造成订单被取消或面临客户索赔。

② 增加采购成本。物料存量太少,使物料订货间隔期缩短,造成订货次数增加,使采购成本上升,影响生产过程的均衡。

③ 增加生产成本,降低企业利润。生产因物料存量不足而停产,导致产量降低,但工人的工资、厂房的租金等各项费用仍要照付,因而导致产品的生产成本上升,企业利润下降。

由此可见,物料存货过多或过少两种极端情形都不利于生产,做好存量控制,是物料存货管理的首要任务,对于实现企业经营目标,提高效益具有重要意义。

2.5.4 存货控制方法

(1)ABC库存分类管理法

ABC分类法,是由意大利经济学家维尔弗雷多·帕累托首创的,又称帕累托分类法,1951年,管理学家戴克首先将它用于库存管理,之后,ABC分类法被不断应用于各个领域的管理。ABC分类法的核心是在众多因素中分清主次,识别出少数的但对事物起决定作用的主要因素和数量多但对事物影响极小的次要因素,从而区别管理的一种方法。

ABC分类法应用到到服装物料库存管理中,就是将库存物料按价格、资金占比、重要程度分为重要的A类、一般重要的B类和不重要的C类三个等级,针对不同等级采取不同的管理和控制方法。如将较重要的、较难采购的占全部存货数量20%,而资金占用额占成本的70%的物料划分为A类物料;将占全部存货数量30%,资金占用额占成本的20%的物料划分为B类物料;而占全部存货数量50%,资金占用额仅占成本的10%的物料划分为C类物料。根据这些数据即可绘制出物料库存的ABC分类图,如图2-9所示。

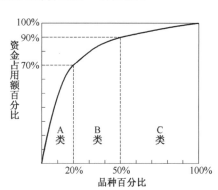

图2-9 物料库存的ABC分类图

① A类物料。品种较少、价格较高,且多为关键、常用物料,要进行库存严格控制,实行重点管理。企业必须严格控制这类物料的计划与采购,进行定期与不定期地盘点,经常检查其使用状况、库存储备量及品质维护状况,加强物料入库、出库管理。在保证物料供应的前提下,应尽可能地减少库存,加快库存周转率。

② B类物料。实行一般控制,进行正常的例行管理和控制,定期进行盘点,订购量与库存量可根据历史数据和经验判定,在力所能及的范围内,适度减少库存。

③ C类物料。由于资金占用不多,但品种繁多,可采用比较粗放的定量控制方法进行管理,采用较大的订货批量或经济批量进行订货。

具体如何对存货进行 ABC 分类,一般没有固定的基准,应根据企业自身的存货情况进行细致的统计分析,找出合适的分类方法。

（2）物料需求计划法（MRP）

物料需求计划（Material Requirement Planning，MRP）是指在服装生产中对构成产品的各种物料的需求量与需求时间所做的计划。一个企业生产过程所需要的物料可以按照其间的关系分为独立性需求和相关性需求两种类型。MRP（物料需求计划）是独立性需求库存管理方法在解决相关性需求问题时存在局限性而产生的。独立性需求的需求量及订货时间依赖于销售和市场研究部门的反馈数据,存在许多不确定因素,而相关需求则依附于某一独立需求,MRP 的工作原理是满足相关性需求。

MRP 的制定不是基于过去的统计数据,而是基于未来的需求。MRP 制定所需的关键要素有三点:

① 主生产计划。从最终产品的生产计划导出相关物料的需求品种、需求量和需求时间。

② 订货时间。根据物料的需求时间和订货周期来确定其开始订货的时间,是由主生产计划导出相关物料的需求量、需求时间以及订货时间。

③ 存货状况。包括库存中有还有哪些物料、存货量有多少、还缺什么物料、缺多少物料,以便制定采购计划时相应扣减。

MRP 广泛适用于各种类型的企业,尤其适用于多品种中小批量的服装加工型生产企业的生产运营。对于生产系统复杂、结构多变,生产提前期难以确定的企业,应用 MRP 往往难以获得满意的效果。

（3）定量库存控制法

定量库存控制法就是订货点和订货量都是固定量的存货管理系统。如图 2-10 所示,当现有库存量降到订货点（ROP）及以下时,就向供货商发出订货,每次订货量均为一个固定的量 Q,经过一段时间,即提前期（T）,所发出的订货送达,存货量增加 Q。

定量库存控制法关键是要看当前存货是否降到订货点（ROP）,所以需要随时检查库存量,这样,增加了管理工作量,对于物料种类繁多,且订货费用较高的物料管理不太经济,一般适用于重要的 A 类物料管理或成本受批量影响较大的物料采购。为了减少工作量,可采用双仓管理,即将同一物料分放两仓,待一仓使用完后,就要发出订货,订货期间使用另一仓物料,直到到货,再将物料分成两仓存放。

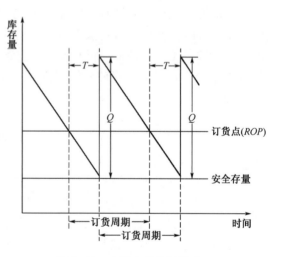

图 2-10　定量存货控制模式

（4）定期库存控制法

定期库存控制法就是每经过一个固定的时间间隔（t）,就发出一次订货,将现有库存补充到一个最高水平（S）。不同物料的最高水平（S）水平可以不同。经过固定时间间隔（t）之后,发出订货,这时现存量降到L_1,订货量$S-L_1$,经过一段时间(提前期T)物料到货,库存量增加$S-L_1$,再经过一个固定的时间间隔(t)之后,又发出订货,这时现存量降到L_2,订货量$S-L_2$,经过一段时间(T)物料到货,库存量增加$S-L_2$,如此循环。具体过程如图2-11所示。

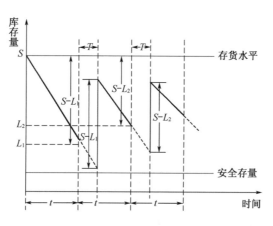

图2-11　定期存货控制模式

定期库存控制法可以弥补定量库存控制法的不足,不需要随时检查库存量,过了固定的时间间隔,就可以发出订货,简化了管理。但缺点是不论库存水平降到多少,都要发出订货,当现存量还较高时,订货量很少,造成订货费用浪费。

定期库存控制法与定量库存控制法的不同如表2-4所示。

表2-4　定期库存控制法与定量库存控制法比较

库存方法	订货数量	订货周期	库存盘点
定量库存控制法	固定	不固定(按需确定)	经常盘点
定期库存控制法	不固定	固定	定期盘点

（5）零库存法

所谓零库存,是指物料(包括原材料、半成品和产成品等)在采购、生产、销售、配送等一个或几个经营环节中,不以仓库存储的形式存在,而均是处于周转的状态。零库存管理又叫准时生产方式(just in time,JIT),是日本丰田公司在20世纪60年代实行的一种生产方式。作为产生于日本的先进管理方式,不仅在日本,美国、欧洲也有广泛应用。零库存并不是等于不要储备和没有储备,而是通过实施特定的库存控制策略,实现库存量的最小化。即不保存经常性库存,它是在物资有充分社会储备保证的前提下,所采取的一种特殊供给方式。

零库存的基本思想可概括为,将必要的物料在必要的时间以必要的数量发放到生产线上,核心是最求一种无库存,或使库存达到最小的一种先进库存管理方式。企业的一切物料是按订单信息要求而进行采购、配送的,仓库不再是传统意义上的储存物资的仓库,而是物资流通过程中的一个"枢纽",因此从根本上消除了呆滞物料。

零库存系统在现实生活中显示出了强大的生命力和广阔的发展前景。它降低了采购成本、缺货成本,消除浪费,提高了企业的应变能力,同时也使供货方获得了稳定的销售渠道,有利于各项计划的制定、执行和实现。

思考题

1. 物料管理的主要工作内容是什么？物料管理有哪些职能？
2. 物料采购计划的构成要素有哪些？物料采购的方式有哪几种？
3. 物料采购的定价方法有哪些？如何选择供应商？
4. 影响物料消耗定额的因素是什么？试述制定物料消耗定额的基本方法。
5. 如何进行物料验收入库与发放？
6. 存货控制应避免哪两种极端情形？
7. 建立小组，设计调查问卷，对若干家服装生产企业进行实地调查、访谈，了解服装生产企业仓储管理现状及存货控制运作方式，并对企业的仓储管理状况提出建议。

 知识拓展

美特斯·邦威服饰：双管齐下去存货化的两个驱动力

可以说，快时尚理念、重资本运作模式是美特斯·邦威服饰去存货化的两大重要推动力，一个加速存货贬值，另一个放大存货贬值给企业带来的影响。在去存货化的道路上，美特斯·邦威服饰可以说动力十足，远大于传统服装巨头。

在服装行业，库存是始终悬在各大企业头上的一把锋利的双刃剑。一方面，如果库存较低，就会出现断货，减少利润，失去加盟商的信任；另一方面，如果库存较高，一旦消化不掉，每天都会贬值，并占用大量的资源，增加运营风险，影响企业的持续健康经营。

美特斯·邦威服饰一度受高库存水平的困扰，以至于在 2012 年会上，每个高层管理者都被要求针对如何消化存货进行轮流发言、检讨、反思、献计献策。经过一段时间的努力，美特斯·邦威服饰的库存从历史最高点，回落到行业平均水平。美特斯·邦威服饰之所以如此重视消化库存，是有原因的。美特斯·邦威服饰一直被认为是 ZARA 在中国最忠实的学生，高举快时尚旗帜，以快取胜，快速的产品设计、快速的货品投放、快速的客户反应等，公司的各个环节都需要具备极为迅速的反应能力。

快时尚旗帜意味着，存货一旦积压，就会迅速从顾客眼球中消失，顾客不再愿意为此买单。另外，和传统服饰相比，快时尚的存货贬值速度更快，如果短时间内销售不完，跳水销售不可避免，造成公司资产蒸发。在库存最高点的 2011 年一季度，美特斯·邦威服饰库存和资产的比例达到 35.3%，而同期的杉杉服装，只有 8.8%。如果不能及时消化库存，按照平均 55% 的折扣计算，30 亿的库存，将直接损失 16.5 亿，而这将是 90 亿总资产的 18%！这样的损失，对美特斯·邦威服饰的行业地位无疑是个巨大的冲击。事实上，在这种运营模式下，较低的库存水平是盈利的基础。在库存历史最高点的 2011 年一季度，每股净资产和每股收益均处在历史较低水平，分别为 3.53 元和 0.2 元；之后，美特斯·邦威服饰开始消化库存，每股净资产、每股收益均持续上升，截至去年四季度，分布达到 4.11 元、1.2 元。

为消化存货，美特斯·邦威服饰双管齐下，一方面，通过加强终端的控制力度、建立高效的物流体系以降低新库存的产生；另一方面，丰富销售渠道、提高折扣比例，加强对现有存货的消化力度。为控制新的存货的产生，美特斯·邦威服饰从 2010 年以来，以五倍于加盟店

服装生产管理学

的成本,在一线城市建立直营店、折扣店,逐步加大对销售终端的控制力度,截至2012年一季度,基本已经在全部的一线城市实现了直营,直营店销售收入也达到总收入的45%。美特斯·邦威服饰期望获得更多的一手信息,强化终端市场需求的科学预测,减少新库存。

然而,美特斯·邦威服饰从加盟店走向直营店的模式,宣告以前"轻资本化"模式的结束,"重资本化"模式的到来。"重资本化"的模式,意味着较高的运营成本,房租、电费、人工费、促销费等等,这要求美特斯·邦威服饰具有较为安全的现金流水平,以支付各种经营开支。持续的、较为安全的现金流水平,意味着美特斯·邦威服饰必须缩短资产运转周期,提高资产变现能力,换句话说,就是要美特斯·邦威服饰全力消化库存,确保具备较低的库存水平。

尽管美特斯·邦威服饰在去存货化的路上迈出了成功的一步,但从长期来看,要想保持这种去存货化的势头,美特斯·邦威服饰尚需加强市场调研力度,向ZARA、H&M等国际巨头看齐,时刻掌握目标客户群的消费偏好,以减少由于市场需求把握不准确造成的库存,同时,要加强对加盟店的管理,建立系统的加盟店激励模式,为锁定市场终端、抢占市场制高点创造条件。

(引自中国品牌服装网 www.china-ef.com)

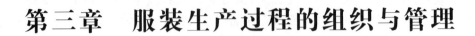

第三章 服装生产过程的组织与管理

知识要点

1. 服装生产类型的划分
2. 工序分析的方法
3. 服装生产的缝合方式
4. 缝纫车间的生产系统
5. 产品生产时间的构成
6. 标准作业时间的确定
7. 产品在工序间的移动方式
8. 服装流水生产线的组织

任何产品的生产都需要经过一定的生产过程。所谓生产过程,是指从原材料投入开始,经过一系列的加工,直到成品生产出来的全部过程。服装生产过程,主要体现在作业人员运用服装缝纫设备和各种相关工具,直接或间接作用于面料或辅料等加工对象,通过设计、选料、裁剪、缝纫、后整理等一系列劳动,形成服装产品的全过程。

对生产过程进行组织与管理就是将服装加工整个过程中的各个要素进行科学的组合与安排,形成一个富有弹性而协调平衡的生产加工体系,使产品在生产过程中实现工艺路线最短,加工时间和资源耗费最少,并能生产出令客户满意的产品,从而促进生产效率的提高和生产力的发展。

3.1 服装生产过程组织概述

3.1.1 服装主要生产过程的组成

(1)生产过程组成

服装生产过程按工艺加工的性质,可分为若干相互联系的生产阶段,主要有物料准备、款式设计、裁剪、缝纫、整烫、包装几个阶段。不同的服装企业有不同的组织结构、生产形式和管理目标,但其生产过程基本一致,按照生产过程各个阶段所承担的任务不同,可将生产过程分为四个阶段。

① 生产技术准备过程。生产技术准备过程指产品在投入生产前所进行的各种技术准备工作,如产品设计、工艺设计、工艺准备的设计与制作、标准化工作、材料定额与工时定额的制定及修订、劳动组织和设备布置、人员培训等工作。

② 基本生产过程。基本生产过程指对构成产品实体的劳动对象直接进行加工的过程，如西服生产中缝制、整烫、后整理等过程，基本生产过程是企业整个生产过程中最主要的环节。

③ 辅助生产过程。辅助生产过程指为保证基本生产过程正常进行所必需的各种辅助性生产活动的过程，如企业自己进行的电力、蒸汽等动力供应，夹具、模具、刀具制造，设备、厂房的维修和备件的生产等。

④ 生产服务过程。生产服务过程指为保证基本生产和辅助生产顺利进行而提供的各种服务性工作，如原材料供应、运输、保管、配套、检验，以及产品包装、发运等。

生产过程的各个组成部分，既有区别又有联系，主体是基本生产过程，其他过程都是为基本生产过程服务的。需要特别强调的是，随着市场竞争的不断变化，现在的企业在组织生产过程中，并不一定要求由本企业承担所有的生产过程，对于辅助生产过程或生产服务过程，可以采取外包或外协的方式，与其他企业结成战略联盟关系，充分利用企业的外部资源完善自己并不擅长的业务过程，而将本企业的资源集中起来以增强核心业务的竞争力，如可以将仓储、运输等业务外包给第三方物流企业。

（2）服装生产流程

服装生产流程大体可分为以下七个主要生产单元和环节构成，完整的服装生产流程图如图3-1所示。

① 承接订单。服装企业承接订单有两种方式，一种是直接根据客户的订单和要求进行生产，即先订货后组织生产，产品和服务按客户的特殊要求设计；另一种是依据市场调查和预测，自行进行产品设计、开发，制作样衣，通过新产品发布向客户推荐，开辟订单渠道，承接订单。

② 投产准备。承接订单后，在投产前需进行大量的准备工作，包括制作确认样、制定物料需求计划、物料采购、大货样板制作、制定各类技术文件和下发生产通知等，涉及采购、仓管、技术、生产、业务等多个部门，各部门需通力合作，科学合理地安排生产。

③ 裁剪。裁剪是服装投产后的第一道工序，任务是将各种面、辅料裁剪成生产所需的裁片。裁剪主要环节包括编制裁床方案、排料、拉布、开裁、编号、分包捆扎、验片、换片、压衬、修片、订布条、配包、发料。

④ 缝制。缝制是将裁剪好的裁片组合成整件成衣的过程，缝制作业按流程进行，如何合理地编制工序流程，科学组织和安排流水线，是提高生产效率的重要保证。

⑤ 熨烫。成员制成后，一般需要进行熨烫处理，使服装平整挺括，达到理想的外形。熨烫一般可分为中间熨烫和成品熨烫两类。

⑥ 质量控制。质量控制贯穿服装加工的整个过程，包括物料质量检测、样板复核、裁片质量检验、工艺质量控制和成衣质量控制等。做好质量控制是使服装产品在整个加工过程中得到质量保证的重要措施。

⑦ 后整理。服装后整理是服装生产的最后加工阶段，经过后整理的服装其外观造型、服用性能都大大提高。后整理的环节主要包括锁扣眼、钉扣子、打套结、剪线头、除污渍、整烫、终检、包装、储运等。

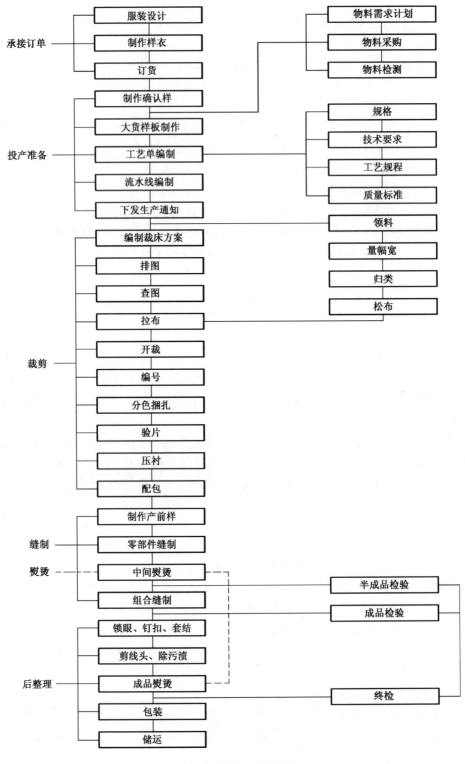

图 3-1　服装生产流程图

3.1.2 生产过程组成

科学、合理地组织生产过程,使生产过程始终处于最佳状态,是保证企业获得良好经济效益的重要前提之一。合理组织生产过程,是指把生产过程从空间上和时间上很好地结合起来,使产品以最短的路线、最佳的工艺流程设置、最快的速度通过生产过程的各个阶段,并且使企业的人力、物力和财力得到充分利用,达到优质、高效、低耗的目标。合理组织生产过程原则应遵循以下原则。

(1)生产过程连续性

生产过程的连续性,是指产品在生产过程的各个阶段、各道工序的加工活动,在时间上紧密衔接,连续不断,不发生或少发生不必要的停顿、中断和等待等现象。保持生产过程的连续性,可以缩短生产周期,减少在制品占用数量,加速流动资金周转,可以更好地利用人力、物质、设备和生产场地面积,减少产品在等待时可能发生的损失,有利于改善和提高产品质量。

生产过程的连续性同车间的布置、生产技术和管理水平有关。产品工艺制作流程布置合理,符合工艺流向,没有迂回和往返运输,或采用先进的生产技术与设备,生产过程的机械化、自动化水平高,就比较容易实现生产过程的连续性。在一定的生产技术水平条件下,生产过程的连续性还与生产管理水平有关。如采用先进的生产组织形式,提高生产管理水平,做好生产技术准备工作和生产服务工作,都能提高生产过程的连续性。

(2)生产过程比例性

比例性又称协调性,是指生产过程的各工艺阶段之间、工序之间在生产能力与人员配置上均保持一定的比例关系。保持生产过程的比例性,有利于企业生产顺利进行,使企业的设备、生产面积、人力和资金可以得到充分利用。

要实现生产过程的比例性,首先在工厂设计或生产系统设计时,就要合理规定生产过程的各个环节、各种设备、各工种工人在数量和生产能力上的比例关系;其次,在日常的生产组织与管理工作中,要加强计划管理,做好生产能力的综合平衡工作。生产过程的比例性并不是固定不变的,特别是随着生产技术的不断改进,当产品结构、品种及生产技术条件发生较大变化时,必须及时采取措施,调整各种比例不协调现象,建立新的比例关系,以适应变化了的情况。

(3)生产过程平行性

生产过程的平行性,是指生产过程的各个阶段、各个工序在时间上实行平行交叉作业。平行作业是指相同的在制品,同时在数台相同的缝纫设备上加工;交叉作业是指一批在制品在上道工序还未加工完时,将已完成的部分在制品转到下道工序加工。平行性也是生产过程连续性的必然要求。

保持生产过程的平行性,有利于缩短产品的生产周期、加速资金周转、减少在制品占用数量,在同一时间内提供更多的产品。要实现生产过程的平行性,必须做好在制品工序间的逻辑关系分析,将可平行加工的在制品尽可能安排成平行加工,同时必须具备足够的生产面积和相应的生产设施,以确保具有平行生产的能力。

(4)生产过程均衡性

生产过程的均衡性,又称节奏性,是指产品在加工过程中,从原料投入到最后完工,在相

等的时间间隔内生产的产品产量大致相等或呈整数倍关系,设备和生产工人经常保持均匀负荷,均衡地完成生产任务。保持生产过程的均衡性,生产过程就不会出现忙闲不均、前紧后松或前松后紧现象,使整个生产活动有秩序、有节奏地进行,有利于保证设备的负荷均衡和产品质量稳定,提高设备利用率和工时利用率。

要实现生产过程的均衡性,可以从企业内外两方面着手:从企业内部来说,要不断提高生产管理水平,搞好生产作业计划安排,加强生产调度工作和在制品管理等;从企业外部来说,要争取各方面的支持和配合,建立起比较稳定的供应渠道和密切协作关系,保证原材料、外购件、外协件能够保质保量及时供应。

(5)生产过程适应性

生产过程的适应性,是指企业生产组织形式灵活多变,能根据市场需求变化,及时调整和组织生产,满足客户的需求。保持生产过程的适应性,不仅能使企业灵活适应多品种、小批量生产方式的变化,而且有利于增强企业对市场需求变化的应变能力。为了提高生产过程组织的适应性,企业必须提高生产经营管理的现代化水平,如采用柔性制造技术、成组技术、多品种混合流水生产等先进的生产组织形式,增强企业生产的预测能力,以满足日趋明显、强烈的个性化消费需求。

3.2 服装生产类型的划分

生产类型是影响生产过程组织的主要因素,研究生产运作管理问题,首先要对生产类型进行划分。不同的服装企业,有不同的生产类型,生产过程的组织也有差别,其管理的重点也不尽相同。因此,划分生产类型是企业生产系统设计首先要确定的重要问题。

对于服装企业,可以根据产品的结构特点、生产方法、设备技术条件、生产规模、专业化程度等选择合适的生产类型,确定最佳的工序组合、产品流程以及机器设备的配备布置。

3.2.1 按接受生产任务的方式划分

按接受生产任务的方式,服装企业生产可划分为订货型生产和预测型生产两种类型。

(1)订货型生产

订货型生产是指按客户的订单和要求进行生产,客户可能对产品提出各种各样的要求,经过双方协商,以合同或协议的方式确定产品的品种、性能、规格、数量及交货期等方面的内容,然后企业根据合同要求组织生产。订货型生产的产品完全按照客户订单生产,一般没有自己的产品标准,产品价格在订货时由双方商定,交货期是组织生产的重要依据。订货型生产在运作管理上的重点是做好接受订货决策,处理好交货期与生产能力之间的关系,使生产系统具备较高的应变能力,随时满足不同用户的订货要求。

订货型生产要求设备要有通用性,但是,由于很难预测客户的订货情况,储备原材料的种类和数量,是一个很难确定的问题,因此,一般不储备任何产品,包括面料和辅料。当接到订单后,企业根据要求,在规定的期限内进行物料采购与组织生产,或者产品所需的原材料由客户全部提供,企业只负责服装生产。订货型生产特点是"以销定产",不会出现产品过剩,但工作量不稳定。其生产管理的重点是抓交货期,保证生产各环节的衔接平衡,确保按合同如期交货,优点是物料库存低、投资少,资金占用小,风险低、适应性强,其缺点是利润低、竞争力小。

（2）预测型生产

预测型生产也称备货型生产，这种生产类型必须在市场需求调查、预测的基础上，有计划地组织生产，使服装的款式、材质、颜色符合市场要求。一般来说，企业根据上年销售情况和市场预测，事先备好服装的面料和辅料，当通过订货会接到订单后，就可立即组织生产。预测型生产的特点是"以产定销"由企业自行决定服装的品种、款式、规格、数量，工作量维持在一定的水平，产品价格由生产者根据市场情况确定，但若预测失误，将会产生库存和资金积压。预测型生产在管理上的重点是做好市场需求分析与预测，抓好"产、供、销"之间的衔接，平衡生产能力与库存水平，控制产品成本与质量，做好原材料的供应工作，向用户提供快速服务和保证现货供应。

3.2.2 按企业生产产品的数量和品种划分

按生产产品的数量和品种划分，可将服装的生产划分为大量生产、批量生产和多品种小批生产三种生产类型。

（1）少品种大批量生产

少品种大批量生产的主要特点是：产品的品种少，产量大，生产稳定且不断地重复进行，工作地专业化程度高，每个工作地只完成固定的一道或两道工序，生产过程中较多使用到高效率的专业设备或工艺模板，如电脑开袋机、绱袖机、绱拉链模板、车领子模板等。大量生产分工细，操作工只固定完成一道或两道工序，容易掌握操作技术，可推行标准操作方法和标准的工时定额，所以，操作工的专业水平和操作熟练程度较高，生产出的产品品质也较稳定。生产车间采用流水线的生产组织形式，生产流程编制精确。

少品种大批量生产的优点是：生产周期相对短、资金周转快、劳动生产效率高、生产成本低、产品质量高而稳定，交货期易得到保障。大量大批生产具有很大的优势，但要注意服装产品是流行周期较短的产品，这种生产方式只适合于款式变化较小的服装，如男装中的标准西服、西裤、茄克、衬衫等，少品种大批量生产的致命弱点是难以适应市场变化。

（2）成批生产

成批生产的主要特点是：产品品种较多，各种产品的产量较大，并能在计划期内成批地轮番生产，大多数工作地要负担多道工序。当产品的款式变换时，工作地上的设备和工具就要作相应的调整，变换越频繁，工作调整的次数就越多，由于每次变换都要耗用一次准备和结束时间，生产线适应这种变换就越困难，生产出的产品质量也不容易稳定。每批产品的数量越大，则工作地上调整的次数越少；反之，每批产品的数量越少，则调整的次数越多。所以，合理地确定批量，组织好多品种的轮番生产，是成批生产类型生产管理的重要问题。根据生产的稳定性、重复性和工作地专业化程度，成批生产又可分为大批生产、中批生产和小批生产。大批生产的特点接近于大量生产，小批生产的特点接近于多品种小批量生产。

（3）多品种小批量

多品种小批量生产的特点是：产品品种较多，每种产品的产量又很少，每种产品基本上是一次性生产或短期内不再生产，款式基本不重复，工作地专业化程度很低。因此，生产多采用通用设备或工艺装备，这种生产类型要求工人的操作技术水平较高，掌握的生产知识面较广，能够适应频繁的款式变换。

随着科学技术的不断进步,电子技术和自动化技术的飞速发展,人们生活条件的不断改善,消费者的价值观念和消费需求变的多样化,从而引起产品的寿命周期相应缩短。为了适应市场需求,企业将越来越多地采用多品种、中小批量混合的生产方式。多品种小批量混合生产的生产特征如下:

① 生产品种的多样性。品种繁多、批量较小,批量和交货期各不相同。

② 生产过程的复杂性。生产工艺路线多种多样、交错复杂,对工人技能要求高,生产过程因工作而异,只能进行粗略分工,工作地专业化程度不高,工人需完成多种较复杂操作,需较长时间培训,工作转换时间长。

③ 生产能力的适应性。由于品种不一、需求量不等,易导致生产能力过剩或不足,只能通过加班或多班运转调节。

④ 生产计划的变动性。因为订货规格不一,造成产品设计和生产过程多变,物料复杂,因此难以实现工艺计划和进度的最优化。

⑤ 环境变化的多样性。由于订货规格、数量、交货期等变化较大,需要经常更新设计,易出现紧急插单或外购物品交货不准等意外情况。

⑥ 生产管理的动态性。由于生产车间具体实施过程中情况多变,容易出现人员缺勤、工人熟练程度不足、设备故障、次品多、经常需要返工等问题,造成工人劳动生产率低、生产成本高、产品制造周期长、产品质量不易保证,难以实施规范化管理。

服装生产类型与品种的相互关系见表3-1。

表3-1　服装生产类型与品种的相互关系

生产类型	专业化程度	机器配置	技术要求	生产品种
少品种大批量	较高	高效率的专用设备和工艺装备,机械化、自动化程度较高	易于掌握操作技术,熟练程度较高,生产出的产品品质比较稳定	西服、西裤、夹克、衬衫等
成批生产	随批量大小而不同	专用设备占有一定的比例,机器设备适用面较广	技术较全面,有一定的适应能力	制服、大衣等
多品种小批量	较低	一般采用通用设备和工艺装备,机械化、自动化程度较低	工人的操作技术水平较高,掌握的生产知识面较广,能够适应频繁的款式变换	女装、童装、时装等

从上述的生产类型的特点可以看出,工作地的专业化程度取决于不同的生产类型,企业应根据产品的特点和市场的变化,合理制定产品生产方案和生产规模,加强订货管理和企业间的协作,组织同类产品集中生产,使产品的品种和数量合理搭配,选择适合的生产类型和方式。

3.2.3　流水生产线的基本形式

流水生产是美国福特汽车公司创始人亨利·福特(Henry Ford)于1913年创立的。最初用于汽车装配,随着流水生产技术的不断改进,其它产品的生产也逐步使用了流水线生产组织方式,它的创立极大地提高了生产效率,即使在今天,流水生产仍不失为一种高效率的生产组织形式。

(1)流水生产线的主要特征

流水线生产是指劳动对象(在制品)在生产加工过程中,按照规定的路线、速度,有节奏的连续不断的进行加工生产,并使其彼此关联、彼此制约、统一频率,达到高效匀速生产,品质稳定的作业流程。流水生产是把高度的对象专业化生产组织形式和劳动对象的平行移动方式结合起来的一种先进的生产组织形式。

流水线劳动生产效率高、产量大、产品质量稳定、设备利用率高、生产成本低,服装厂大多采用流水线生产,服装缝制流水生产线具备以下主要特征:

① 工作地专业化程度高,工序衔接紧密。组成流水线的各个工作地固定完成一道或几道工序,按照产品的加工顺序排列。但前一道工序若停滞或缝制效果欠佳,会影响后道工序的顺利加工。

② 生产要素有序配置且高度集中。一条生产线如何布局,每个人要完成哪几道工序,各工作地在人员和设备数量的配备、材料用量、材料到位时间,都得事先周密布置,以利于机器设备和人力的充分利用。

③ 流水线中各工作地呈节拍性流动,达到"同步化"生产。流水线上的在制品在加工过程中连续进行,每一道工序的加工时间、手工作业、机器作业、材料搬运等都要遵循统一节拍,太快不行,太慢也不行。安排在流水线的生产任务要与各个工作地的生产能力相匹配,各工序的工作节拍(或工序节拍)应与流水线的平均节拍基本相等或呈整数倍关系。

④ 工作地成链式排列,劳动对象在工序间只作单向移动。流水线上各工作地是依照制品工艺路线的要求,呈链状排列的生产线,这样可缩短在制品加工过程中的运输路线,密切各工作地的联系,有利于采用专用的运输设备,减少在制品储备,可以及时发现和解决问题,保证在制品的质量,确保整个生产线的正常运行。

⑤ 生产过程具有高度的连续性。劳动对象如同流水一样从一个工序转到下一个工序,消除或者减少了劳动对象的耽搁时间和间断时间,最大限度地缩短了生产周期。

采用流水线生产的好处在于工作地专业化程度高,可以使用专用设备和工具,有利于提高劳动生产率,改善产品质量,减少在制品,缩短生产周期,进而获得较好的经济效益。但也要看到流水线这种生产方式,对生产产品品种转换不够灵活,对市场变化的应变能力差,且由于工作地专业化程度高,在流水线上工作的工人常常感到工作单调、枯燥乏味。由于生产的不间断性,不良品有时难以在第一时间发现,往往累计到一定数量才引起重视,这就给管理工作增加了难度。

(2)流水生产线的基本形式

在实际生产中,流水生产线的形式因厂家的规模、设备、人员素质、产品等条件不同,对应的流水线生产部署形式也不同,按不同的生产要求可划分为以下几种。

① 按劳动对象是否移动确定流水作业形式。按劳动对象是否移动划分,可将流水线分为固定流水线(加工对象在生产过程中不动)和移动流水线(加工对象在生产过程中移动)两种。

a. 固定流水线。固定流水线是生产对象固定不动,而生产工人和工具沿着顺序排列的生产对象移动。它主要用于不便运输的大型制品的生产。

b. 移动流水线。移动流水线是工人与设备固定不动,生产对象顺序经过各道工序的工作地进行加工。绝大多数流水线都采用生产对象移动的方式,服装缝制一般使用移动流水线。

② 按生产品种的数目确定流水作业形式。按生产对象(品种)的数目划分,可将流水线

划分为单一品种流水线(只生产一种加工对象)和多品种流水线(同时生产两种或两种以上加工对象)。

a. 单一对象流水线。指一条流水线上只固定生产同一种产品或相似产品的流水生产形式。如西裤生产流水线、衬衫生产流水线、西服生产流水线等,其特点是有利于组织自动化、专业化生产,生产效率高、产品质量稳定,很适合少品种、大批量的生产。

b. 多对象流水线。当流水线上生产两种或两种以上产品时,称为多对象流水线。由于不同产品换产方式不同,多对象流水线又分为可变流水线、混合流水线和成组流水线。可变流水线是指加工对象不断在变换,在结构和工艺上基本相似,只需对流水线做一些调整或基本不调整,可以轮番成批生产几种固定的产品。但某一时刻只有某一品种,而不会同时见到两种以上品种在流水线上,即采用轮番登场,上线下线需要有个调整时间。混合流水线则与之不同,它是按一定的投产顺序同时在流水线上生产多个品种产品。它的好处在于可以通过及时调整投入比例(循环流程),对市场需求的变化作出快速的反应,加工对象变更时,流水线要做适当调整,其组织管理的难度会比较大些。成组流水线则不同,流水线可以在基本不变的条件下,按成组工艺方式同时或顺序生产几种固定的产品。可变流水线和成组流水线适用于多品种、小批量服装生产。

③ 按生产节奏确定流水作业形式。按生产节奏划分,流水线可分为粗略节拍流水线、强制节拍流水线和自由节拍流水线二种。

a. 强制节拍流水线。强制节拍流水线指每个工作地严格按照规定的节拍时间完成所承担的生产任务,为保证按规定的时间传递加工对象,达到生产同步化,服装企业可采用机械化的柔性传动设备,其特点是生产效率高、生产周期短,一般工序复杂的大流水的工艺流水设计追求强制节拍流水线,如西服流水线,茄克衫流水线等。

b. 粗略节拍流水线。粗略节拍流水线指生产过程的节奏时快时慢,每道工序不能严格按照规定的节拍时间完成所承担的生产任务,只要求在一定范围的时间间隔内,生产等量的制品,形成一定范围内变化的粗略节拍。由于技术管理水平、人员素质和设备等条件的限制,目前多数中小企业仍然采用此种流水生产方式。其特点是管理简单、容易运行和掌握,但生产周期变长,在制品数量增多,生产效率较低。

c. 自由节拍流水线。自由节拍流水线不要求严格按照节拍生产制品,带有一定自主控制的余地,只规定在一定时间内完成一定的产量,虽有固定节拍,但在一定范围内操作者还是可以根据是否已经完成相关作业来控制。

④ 按生产的机械化程度确定流水作业形式。按生产的机械化程度划分,流水线可分为手工生产流水线、机械化生产流水线和自动化生产流水线三种。

a. 手工流水线。手工流水线指以手工操作为主的流水线,大多在零部件装配中使用。

b. 机械化生产流水线。机械化流水线的加工件传输采用机械自动方式,工序(含工位)也配备适量机械装置,其生产效率较高,应用最广,零部件加工生产主要采用此种方法。

c. 自动化生产流水线。自动流水线是流水线的高级形式,其产品加工和传递主要采用电脑和机械自动形式进行的流水线。

目前多数中小服装企业尚处于手工作业与机械化生产相结合的生产方式。

⑤ 按生产按连续程度确定流水作业形式。按生产连续程度划分,生产线可分为连续生产流水浅和间断生产流水线。

a. 连续生产流水浅。连续流水浅指加工过程连续不断,各工位之间不出现等待停滞现象的生产。连续流水线是一种较为完善的生产,一般批量大,服装品种相对固定,管理好的企业追求连续化生产。

b. 间断生产流水线。间断生产流水线指流水线上加工的制品,各工位之间出现等待停滞现象。许多生产工艺简单,批量少的服装产品也采用间断流水线的形式。

⑥ 按工序组合方式确定流水作业形式。按工序组合方式划分,流水线可分为分工序作业流水线和模块式作业流水线两种形式。

a. 分工序作业流水线。分工序作业流水线指流水线上每个工作地承担一道或若干道工序加工任务,机器一般按主要工序流程安排的流水作业方式。其特点与粗略节拍流水线相似,适用于规模不大、工人人数有限而产品品种又比较复杂的服装生产。

b. 模块式作业流水线。模块式作业流水线指按产品加工工艺顺序一人配备一台或多台设备,承担多道工序加工任务的流水作业形式,适用于高附加值、多品种、小批量的生产。

3.3 服装生产工序分析

3.3.1 服装生产工序与工序分析

(1) 工序与工序分析的概念

工序是构成作业分工的单位,它可以由几部分组成,也可以是分工上的最小单位。工序分析就是依照工艺程序,从第一个工作地到最后一个工作地,全面分析有无多余、重复、不合理的作业流程、搬运和停滞等,以便有效地利用劳动力和设备,改进现场的空间配置和作业方法,提高工作效率。

在服装厂里,按照性质的不同,服装产品生产从材料投入到制成成品的过程可分为加工工序、检验工序、运输工序和停滞工序四类,通过调查各类工序的条件、工序编排情况,可以有效地对工序流程进行改进。

① 加工工序。指有目的地改变加工对象的物理或化学特性的过程,是生产过程最基本的部分。如裁剪工序、缝制工序等。

② 检验工序。指按照产品标准,利用一定的手段,对生产过程中的原材料、零部件、半成品、成品等进行检验的过程,以达到保证产品质量,减少损失的目的。

③ 运输工序。指生产过程中,对加工对象做空间位置的转换。在服装生产流程中,是指将原材料、零部件、半成品、成品等在规定的时间内,以经济而安全的方式运送到需要的地方。

④ 停滞工序。指由于组织管理等原因而发生的储存、等待过程。如由于面辅料供应与加工计划不协调,加工与搬运能力不配合,工序与工序之间的能力不平衡,以及设备故障、计划变动等原因而造成的停滞。

(2) 工序分析的目的

专业技术和长期经验的积累,是进行工序分析的基础,进行工序分析,首先应组成工序分析小组,一般由生产车间的工艺人员主持,参加的人员有班组长、技术熟练稳定的操作工、检验员和质量管理人员等,并广泛吸收群众意见。工序分析能达到以下几个方面的目的。

① 明确各工序加工内容、顺序,并制成工序一览表,为编制工艺流程提供依据,使产品

加工均衡、有序、同步化。

② 明确加工方法,可作为作业人员的作业指导书,为质量检验提供依据。

③ 作为工序编排、人员配备、设备配置、加工对象移动路线设计的基础资料,使整个作业流程合理化、简单化、均衡化及高效化。

④ 能为工序管理提供参考依据,体现工时定额、产量、交货期等。

⑤ 通过工序流程分析,发现存在的问题和瓶颈环节,进行工序改进和完善。

（3）工序单元的划分

工序单元的划分,随工厂的规模、生产品种的差异而变化,一般来讲,工序的单元越小,工序平衡和改进就越方便,因此工序划分的基本原则是不可再分的最简原则。但在实际生产过程中,工序的划分却往往并不这么简单,需要考虑的因素很多,而且由于工序分工越细,工人的取放时间、传递时间也越多。所以企业在针对具体服装的生产时,往往根据其款式品种、产量多少、交货期长短、难易程度大小或企业生产结构等因素来决定工序的具体划分。

服装缝制流水线与其他流水线相比具有其特殊性,它的各道工序同其他流水线一样也都有先后顺序,大部分后面的工序在前面的工序未完成前是不能提前操作的,但也有少部分工序不受加工顺序限制,可以脱离本身固有的顺序调到它们之前的工序中提前进行加工操作,它们相对独立,不受其它工序是否已经加工完的限制,这类工序的存在实际上也就是工序能拆分合并,使同步化生产能顺利进行的主要根据。工序合并与平衡并非随心所欲,按顺序细分后的工序既要符合产品制作的技术要求、便于操作,又要考虑生产效率和质量保证,同时工序的划分不能脱离本厂实际,应根据本厂的技术力量和设备配备情况综合进行考虑。

服装加工生产一般以时间值为准分配工序,工序划分可考虑以下三个方案:

① 一人完成一个工序,或几个人完成一个工序。这种方案用于少品种、大批量生产,此种方法,使作业人员的操作专业化,有利于作业速度和质量的提高,但也存在弊端,如操作员对新品种的适应性较低,在更新品种时,生产量会受到较大影响,因此,不适合多品种、少批量的生产。

② 性质相近的工序归类,交给一个工位的作业员完成。此方案可用于多品种、少批量的生产,因作业员每次都需完成不同工序,适应性较强,更换品种时,能较快地接受新任务。但必须使用熟练工,此外,因相近工序合并,会出现逆流交叉现象,致使在制品搬运、工序间的管理等方面有一定的困难。

③ 一人完成几种不同性质的工序,可适应多品种生产,且不会出现逆流交叉现象,因一人负责几台机器的操作,设备投资费用较大。

在实际工序编排中,往往三种方案共存。另外,工序编制时应注意将服装零部件加工工序与组合加工工序尽量分开,由不同的作业员完成。如果某作业员的工作内容中,既有零部件又有组合加工,势必出现半成品回流现象,增加了在制品的传递距离,同时要考虑作业员本身的特点,即作业员的技能要与所分配的工作相匹配,难度极高的工序(工时超过流水线节拍 3 倍以上)设法改进工艺或单独安排。

3.3.2 工序流程图的设计

工序流程图是工序分析的最主要表现形式,可以用来表示工序与工序之间、工艺各阶段之间的流动状况,以及加工对象的移动路线和距离、工序性质、产品加工与停滞时间等。工序流程图一般由三部分组成：一是用图形符号来表示该各工序的操作性质和使用设备；二是用文字进一步说明各工序的名称、使用设备和标准作业时间；三是用图形中间的数字表示各工序的序号。通过工序流程图可以了解生产系统的各个环节、工序组成、部件间的相互关系和装配顺序，为生产系统分析和改进提供依据。

（1）工序流程图的常用符号

工序流程图常用一些图形符号来表达生产过程的文字语言，以达到简洁明了的传递工序信息的目的。表 3-2 为服装生产流程图中常用的图形符号。

表 3-2　服装生产流程图常用的图形符号

符号	含义
◯	平缝作业
⊘	特种机械作业
◎	手工作业或手工熨烫
⊘	机械熨烫作业
◯	把加工对象从一个位置搬运到另一个位置
Ⓘ	锁眼
⊙	钉扣
◇	质量检验
▽	裁片、半成品停滞
△	成品停滞

（2）工序单元的表达方式

工序单元的表达方式如图 3-2 所示，图中符号表示该工序的内容和性质，符号中的阿拉伯数字为工序的先后顺序，左边横线上标明该工序的加工时间，右边的横线上标明该工序的名称，横线下标明该工序所使用的设备种类或工艺装备。

（3）工序间的配置关系

常用的工序间配置关系主要有如下四种，如图 3-3 所示。

① 大物品与小物品的配置，如图 3-3（a）所示。

② 两个物品大小相当的配置，如图 3-3（b）所示。

③ 三个大小相当的物品的配置，如图 3-3（c）所示。

④ 两个大小相当的大物品和一个小物品的配置，如图 3-3（d）所示。

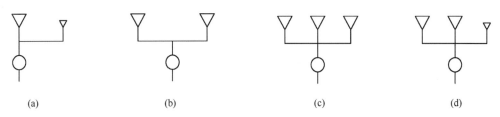

图 3-3　工序间配置关系

材料部件名称

加工时间　　工序名称
　　　　　　　设备名称

工序记号　　　工序顺序号

图 3-2　工序单元的表达方式

3.3.3 工序分析方法

工序分析的方法通常有以下两种。

（1）产品工序流程分析

产品工序流程分析是以物为主体的分析，是对产品从原材料投入到成品制成的整个生产工序流程的综合研究。这种分析主要运用加工、检验两种符号对产品生产过程进行的总体分析，在工序分析图中根据需要记载材料、机器名称、作业时间、工序名称、工序编号等，便于分析研究。

① 产品工序分析的用途：

a. 通过产品工序分析，便于发现服装生产全过程中存在的问题和关键环节，能运用工序分析技巧解决问题。

b. 工序流程图按照制作顺序编成，标注所需作业时间，可作为编制作业计划及核算工人工资的依据。

c. 可作为服装缝制车间改进平面布置、改进旧工艺流程和设计新工艺流程的依据。

d. 便于作业人员了解产品的整个生产过程，明确自己承担的工作内容。

e. 确定机器设备配备。机器设备的类型直接影响产品的操作方法，先进的机器设备可以合并工序，简化操作，影响产品工序流程的分析。

f. 确定技术等级。工序技术等级是根据工序在操作上的难易程度及主次地位来确定的，一般可参考有关工序的既定等级，确定某工序由何级别的工人来承担。

② 工序分析技术：

工序分析技术可以采用"5W1H"分析法，"5W1H"分析法是一种询问考察方法，主要从对象（What）、目的（Why）、地点（Where）、时间（When）、人员（Who）和方法（How）等六个方面提出问题，每个问题再深入地提出几个问题并进行思考，这种提问方法可以使思考的内容深化、全面。提问内容见表3-3。

表3-3　5W1H分析表

5W1H 逐级提问	提问内容			
	计划	为什么	能否改善	结论
对象	做什么	为什么生产这种产品	是否可以生产别的	应当生产什么产品
目的	什么目的	目的的充分性	有无新的思路	应该是什么目的
地点	在哪里做	为什么在哪里做	还可以在那里做	应当在那里做
时间	什么时间做	为何在那时做	能否在别的时间做	应该在什么时间做
人员	谁来做	为什么由他做	有没有更合适的人	应该由谁做
方法	如何做	为什么这样做	有没有别的方法	应该如何做

采用上述"5W1H"分析法对工序流程图进行分析时，还可以运用"取消、合并、重排、简化"四种技巧，改进作业方法，使工序编排更加合理，把需要的原材料、机器设备和劳动力等要素有效地组织起来，使之相互协调配合，形成易于控制的系统。图3-4举例介绍了四种技巧的应用。

a. 取消：即取消所有不必要的工作。对欲研究改进的工作，首先应判定此项工作的目的和必要性,如果是多余的单元设置,就可以取消此项工作,这是对流程改善的基本方法之一。取消工序如图 3-4(a)所示。

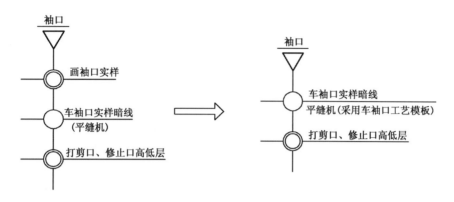

图 3-4(a)　取消工序

b. 合并:如果工作不能取消,再研究该项工作与其他工作合并的可能性,考虑可否将两个或更多的活动项目合并,并分析合并后改善流程及提高工作效率的作用。合并工序如图 3-4(b)所示。

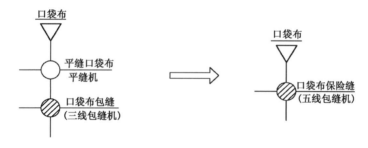

图 3-4(b)　合并工序

c. 重排:即重新排列所有必要的工作程序,为减少不必要的往返,缩短作业路线,通过重排,使工作的先后顺序重新组合,达到改善流程的目的。工序重排如图 3-4(c)所示。

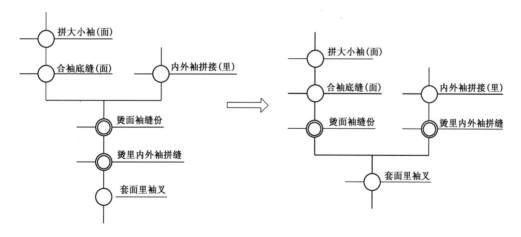

图 3-4(c)　工序重排

d. 简化：各项工作都已重新编排妥当后，再深入分析每一项作业，每一道工序、每一个操作，让动作和方法尽量简化，使新的流程编制生产效率更高、成本更低。简化工序如图 3-4(d)所示。

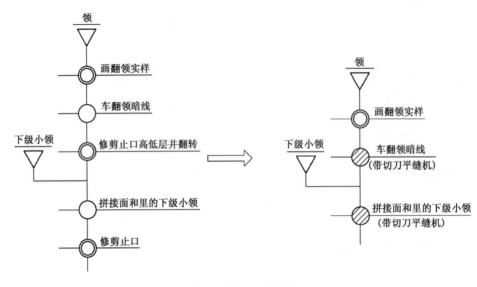

图 3-4(d)　工序简化

（2）产品工序工艺分析

产品工序工艺分析是以规定格式的表格形式，通过对加工、搬运、检验、停滞等四种工艺工序的调查分析，研究并提出改进意见。产品工序工艺分析反映了从物料开始到产品完成为止按工艺顺序流动的全部过程。分析的内容有物品流动的数量、搬运距离、消耗时间、工艺方法、作业地点、作业人员、使用的机器设备、工具等。它是生产过程分析中最主要的分析，能清楚地反映所有的操作、搬运、检验、储存、延迟等项工作。通过工艺工序分析，设法减少工序或作业的次数、所需时间和搬运距离。分析的内容包括以下几点。

a. 加工分析：对工艺流程图表上的加工工序进行分析，首先考虑是否存在徒劳的操作或可省去的工序，其次考虑可否合并工作地或改换操作顺序，以减少搬运次数或等待时间，此外，可以通过改变加工条件（如将手工作业改为机械作业等）等其他方法。

b. 搬运分析：一般从加工对象搬运数量、距离、时间三方面考虑尽量减少搬运次数和工作量。例如，是否存在无效搬运，能否调整或合并工序以取消不必要的运输；使用传送带代替人力运输；调整作业地的平面布置来缩短运送距离，减少搬运次数等。

c. 检验分析：次品产生的原因是否明确，检验的时间、地点及检验方法是否正确；采用中检还是最终检验；能否将全部检验改为抽样检验；能否省略某些项目检验；如果一般的检验也能保证质量，就可省去严格检验等。

d. 储存分析：储存时间过长，数量过大会影响资金周转。对储存状况的分析，可从物料供应计划、仓库管理和作业进度等方面寻找改进方法。

e. 延迟分析：延迟纯属浪费，应从多方面分析产生延迟的原因，提出改进措施，设法将延迟降低到最低限度。

服装生产管理学

3.4 服装生产过程的空间组织

服装生产的空间组织，主要指服装生产加工过程在空间的运动形式，即生产过程的各阶段、各工序在空间的分布和原材料、半成品的运输路线，并根据生产车间管理的要求，设置必要的生产单位和采取适当的布置形式来组织生产。

3.4.1 服装生产的缝合方式

服装生产企业中，服装缝合有多种方式，综合起来大致可分为单独整件生产、粗分工序生产和精细分工生产三种缝合方式。服装生产的缝合方法不同，组织服装生产车间的缝纫生产系统就会有所区别，其生产人员的组织、工艺流程的设计、设备的配备和布置也不同，同时也影响各生产单位的专业化及生产单元的布局。

（1）单独整件生产

单独整件生产俗称"全件起"或"单甩"。除了一些特殊工序（如锁眼、钉扣、后整理）一般需另外配备设备和人员外，基本只需一名具备较高技能的全能型工人负责完成整件服装的所有缝纫作业。

① 单独整件生产的优点：

a. 初期投资少，工厂只需购置服装缝合主要设备（如平缝机、锁边机）和工作台等少量设备。

b. 灵活性高，生产转换快，容易进行换款、换色、换码生产，市场应变力强。

c. 在制品数量少，基本没有库存，交货期易控制，管理工作简单、负荷轻。

d. 不因个别工人缺勤而给生产系统造成影响。

② 单独整件生产的缺点：

a. 需要聘用高技术、全能型的工人，雇佣新手或不熟练工人，需要较长的培训时间。

b. 服装产品的质量和工人的缝制技能水平密切相关，质量稳定性难以保证。

c. 工人单独完成整件服装的生产，生产效率低，服装生产成本高。

d. 特种机、标准模板等专用设备或工具应用少，甚至不用，导致某些特殊工艺不能加工或加工不善，如不能使用电脑绣花、翻领机、开袋机及各类缝制标准模板等。

因此，这种生产形式只适合于款式变化多而批量很少的服装制作，前店后厂的服装公司或样衣加工普遍大多使用此种方法。

（2）粗分工序生产

粗分工序生产俗称"小分科"，是指把整件服装的缝制，按照生产程序，分成若干工序，每个工人负责一道或几道工序，服装缝制过程的工序分解，可依据作业性质（手工操作、机械操作）、服装裁片的部位及部位缝制的先后顺序等因素划分，并以此确定工人所承担的工作任务。

如图 3-5 所示为某款男西裤，其缝制过程可粗

图 3-5 男西裤款式图

分为如图 3-6 所示的若干个工序,整件服装的组合由多个工人组成的小组共同完成。

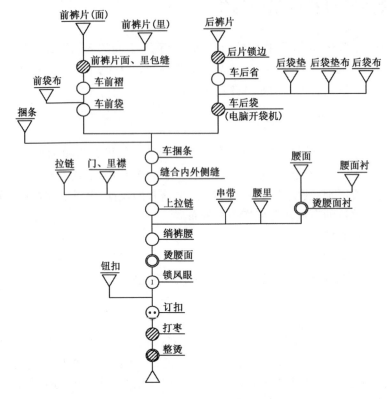

图 3-6　男西裤粗分工序流程图

① 粗分工序生产的优点:

a. 灵活性高,容易适应款式的装换。

b. 工序分配简单,较容易管理。

c. 生产负荷平衡较容易控制。

② 粗分工序生产的缺点:

a. 设备和辅助工具很难达到高度专业化,生产效率较低。

b. 初期投资费用多,所占空间比单独整件生产大,生产周期较长。

因此,这种生产方式适合款式频繁变换的多品种小批量生产。

(3) 细分工序生产

细分工序加工俗称"大分科",是在粗分工序生产的基础上,将缝制过程进一步分解出更细小的工序,使每个工人更专注于专项的作业内容,且每道工序都配备相应的设备和辅助工具,达到高度专业化、机械化的生产。

如图 3-7 所示,男西裤的缝制流程可在图 3-6 粗分工序的基础上进一步细分。从 3-7 细分工序的流程可以看出,工人操作的专业化程度较图 3-6 粗分工序高。按所需标准作业时间时间的长短,将工序任务分配给相应的工人,整件服装的组合需要较多的工人。

① 细分工序加工的优点:

a. 各工序的操作达到专业化,生产效率高,产量大,成本低。

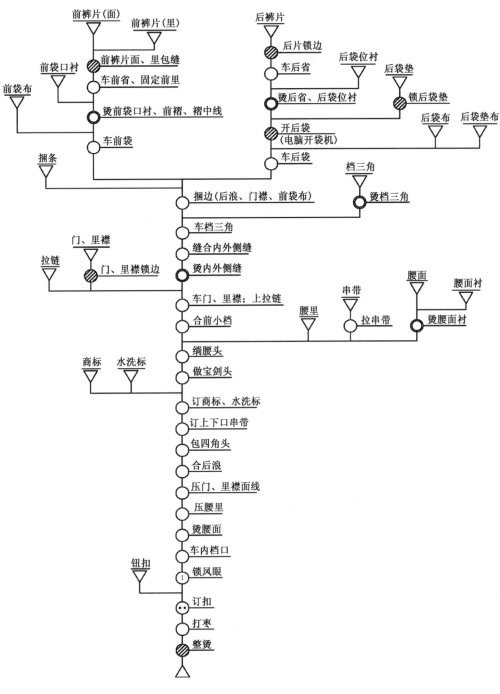

图 3-7　男西裤细分工序流程图

b. 能够有效利用专用设备和工具,产品品质好,质量稳定。

c. 重复的工序使工人能够在短时间内熟练掌握工序操作方法。

② 细分工序加工的缺点:

a. 必须有固定数量的工人和配备较多的设备,才能组成生产线,所占空间大,投资成本较高。

b. 工序分工细致,生产负荷平衡不容易控制,必须具备较高的管理水平。

c. 灵活性较低,不能很好地适应款式转换生产。

因此,这种生产方式适合款式变化不大、周期长的大批量成衣生产,如男西服、西裤、衬衫的生产。

服装企业无论采用哪种缝合方式,都必须综合考虑所加工产品的类别、款式、加工数量、员工的素质、企业的管理水平和习惯等因素,选择适合本企业的生产方式,以提高生产效率,降低生产成本。

3.4.2 缝纫车间的布局

缝纫车间的布置,反映了生产策划和流程组合的形式,也是生产过程空间组织的重要环节。合理的车间布局,需要正确安排各个基本缝合区、辅助工段和生产服务部门的相互位置,以及各工作地、设备、通道之间的相互位置,使工人、设备和物料运送能高效和经济地配合运作。

(1)缝纫车间的布置原则

缝纫车间布置的目的是减少物料运输传递时间和距离,使生产顺畅,最大限度利用车间的空间,给工人提供一个安全、舒适、方便的工作环境。企业在确定缝纫车间布置形式时,要考虑以下原则:

① 整个工序和设备的配合要有条不紊,按照生产工艺流程顺序和流向明确划分主流和支流区域,工序流程应便于掌握,一目了然,尽量使加工对象成单向直线流动、传递路线最短,避免交叉倒流、迂回传送,使加工对象在制作流程中传递顺畅。

② 注意运输的方便性,充分发挥运输工具的作用,多利用高效的流水传送设备、堆放台、滑槽等传输搬运工具,减少搬运工作量,缩短传递时间,提高物料搬运工作效率。

③ 合理利用车间的生产空间,正确规定设备、墙壁、中间过道距离的大小及作业面和材料堆放高度,使车间的利用率达到最大。

④ 车间布置要有弹性,设备容易调整变动,以适应不同服装款式加工需要,提高流水线的利用率,尽量避免造成流水线上设备空置浪费。

⑤ 车间布置时要结合设备的排列,注意采光照明要求,以保证作业人员采光好。

⑥ 车间布置要与整体工厂布置密切结合,在保证工艺路线顺畅的情况下,原料进入生产车间的入口要尽量靠近原料仓和裁剪部,成品出口应尽量靠近成品库。

⑦ 车间应尽量布置成矩形,以使外观整齐,尽量使用水、用电、用气较多的车间集中并靠近锅炉房、变电所等,以缩短供应距离、节约能源,也便于集中供给和管理,但要注意消防安全。

(2)缝纫车间的布置的种类

缝纫车间布置的种类主要有三种,即按产品工艺流程布置、工序分类布置和作业功能布置。

① 产品工序流程布置。产品工艺流程布置是按照产品的工序流程顺序来排列机器和缝纫工作场地,这种专为一种产品的工艺流程而设计的摆放方式,主要特点就是缩短物料运送的时间和距离,使生产一目了然,便于管理,是少品种、大批量生产中典型的设备布置方式之一。排列时,尽量分清主缝纫线和支流缝纫线,主缝纫线负责缝制服装的主要部位(如衣

服装生产管理学

身的前、后片)和将衣片各部件与衣身的缝合;支流缝纫线负责缝制服装零部件(如领子、袖口、袖子、口袋等),在支流中完成的零部件送到主缝纫线上的有关工作地,完成整件服装的缝合和拼装。所有缝纫阶段完成后,送到后整理车间,经过整烫、检查(除污渍、剪线头等)和包装等程序,最终完成整件服装的制作。产品工序流程布置实例如图3-8所示。

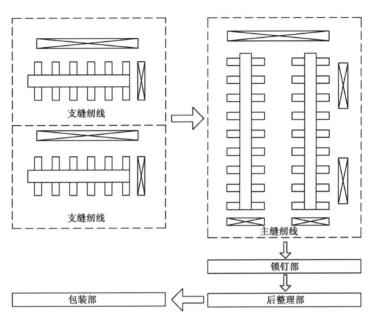

图 3-8　产品工序流程布置实例

产品工序流程布置的优点:

a. 运输路线短。缝纫车间专为一种产品的工序流程设计而设计布置,运输距离和时间短,可以减少物料运送的工作量,缩短服装生产周期。

b. 占用空间小。不需要有太多的储存空间,占用的存放空间小。

c. 生产管理简单。按照产品的工序流程顺序来布置流程,基本不会使制品传递出现交叉倒流现象,产品制作顺序一目了然,不易出差错,生产管理简单、方便。

产品工序流程布置的缺点:

a. 流水生产线上,任何一个工作位的操作中短,都可能会造成整个生产线速度下降或停滞、待工。

b. 在不同的生产线上,可能需要配备多台同样的机器设备,所以会增加设备上的投资。

c. 产品生产适应性较差,流水线按照一种产品的制作流程设计,当款式变化较大时,需要对流水线做较大的调整,因此,不适应款式经常变换的生产作业。

② 工序分类布置。工序分类布置又称工序组合式布置,它是将大致相同类型的设备相对集中摆放在一起,形成一个群体,组成锁边部、手工部、平缝部、锁眼钉扣部、整烫部等,对产品进行相同或类似的加工的布置方式。这种设备摆放可同时供不同款式的工序使用,设备利用率高,较适用于小批量多品种的服装生产或生产线平衡控制难度大的加工类型。按产品工序分类布置实例如图3-9所示。

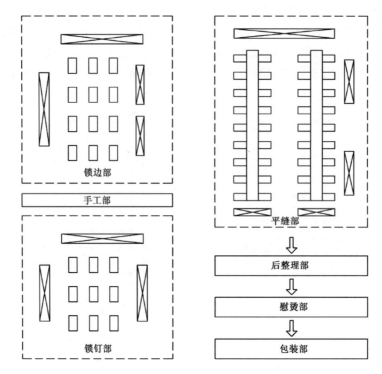

图 3-9　产品工序分类布置实例

产品工序分类布置的优点：

a. 便于资源充分利用。由于集中了同类设备，机器可同时供不同款式的工序加工使用，不受个别机器故障或个别工人缺勤的影响，便于充分利用设备和生产面积，提高了设备利用率。

b. 便于专业化管理。由于相同的设备和同工种的工人集中在一个生产单位里，有利于对工人进行技术指导，便于专业化的技术管理和加强对一些复杂或重点工序的控制。

c. 产品生产适应性强。工序组合灵活，当生产产品款式品种转换时，基本不需要重新编排机器位置和改变机器装备。

产品工序分类布置的缺点：

a. 在制品流量大，需要较多的储存设备和空间。

b. 工序流程线路长，会出现交叉逆流现象，使生产控制复杂。

c. 工序之间有大量物料需要运送，传递距离和时间长，物料运送的工作量大，造成生产周期变长。

③ 作业功能布置。将具有同类操作步骤的工序集中在一起，由一个作业工位来完成。服装生产过程中，有很多工序需要中间熨烫或修剪，例如衣领、袖口这两个工序，都需要烫衬、翻转、修剪程序，可以把这些辅助工序由一名工人完成，其他的工序由另外的工人去操作，这样，缝纫操作工就不用改变位置或动作转换，可专注于缝纫，工人的操作连续性和技术熟练程度都会提高，可适用于各种不同服装款式的同类工序制作。作业功能布置适用于小批量多品种的服装生产。

在实际生产运作中，上述几种形式可以根据实际情况结合起来运用，保证流水线符合工艺流程要求,又要使操作方便,便于管理,省时高效。

3.4.3 缝纫车间的生产系统

在服装生产中,由于产品的品种、数量及工艺要求的不同,服装流水线的形式也各不相同,根据车间布置的原则,缝纫车间的生产系统依据其特点可分为如下几种类型。

（1）传统捆扎式流水生产系统

捆扎式生产系统是把成品或半成品以若干件(一般5～20件,最多不超过50件)扎成一捆,以捆为单位进行生产。

传统的捆扎生产系统设有一个总的收发台,物料由总收发台设专人进行分发回收或由各工作位上的工人自行到总收发台领取,第一个工作位上的工人从该收发台领取或分发到一批裁片后进行加工,完成后交回收发台验收捆扎,然后由第二个工作位的工人从收发台领取或分发到这批制品,进行下一道工序的加工,完成后依然交还收发台验收捆扎,依次类推,直至完成整批成衣的缝合。其作业程序如图3-10所示。

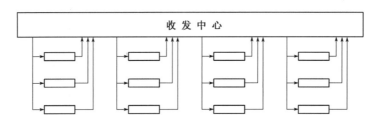

图 3-10　传统捆扎式流水生产系统

传统捆扎式流水生产系统的优点:
- 生产灵活,能适应款式品种的变更转换。
- 每次收发,收发台即可对在制品的数量和质量进行验收,品质控制简单。

传统捆扎式流水生产系统的缺点:
- 在制品数量多,需要较大的存储空间。
- 在制品每次加工完成后,都要送回总收发台,导致在制品往复传递多,生产效率低。

这种生产方式现在一般很少使用,但依然有一些服装款式变化频繁,而管理技术落后的小型服装厂采用这一生产模式。

（2）传送带式捆扎流水生产系统

传送带式捆扎流水生产系统是捆扎式和轨道作业方式相结合的生产线布置形式,制品通常放置于专用箱内,借助于传送带将裁片或在制品在各工位和工位与控制中心之间进行传输。工作地常有两个输送箱交换使用,这样不会导致生产中断。根据传送装置的构造,又分为直线型传送带生产系统和环形传送带生产系统两种。

① 直线型传送带生产系统。直线型传送带生产系统的作业程序为分发员—工人—工人,即负责发放制品的分发员把裁片传送到第一个工位,第一个工位完成该工位所有工序后,工人再将制品通过传送带传送到下一个工位,依此类推,直到所有工序都完成后,成品才被送回分发员。直线型生产系统又分为单列直线式和双列直线式两种形式,如图3-11所示。

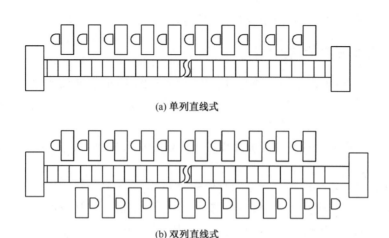

(a) 单列直线式

(b) 双列直线式

图 3-11　直线型传送带生产系统

　　② 环形传送带生产系统。环形传送带生产系统中,操作位布置在传送带的两边,分发员把裁片或制品传送到第一个工位,第一个工位完成该工位所有工序后,工人便将制品通过传送带送回给分发员,分发员再将制品传送到下一个工位,下一个工位完成该工位所有工序后,工人又将制品通过传送带送回给分发员,依此类推,直到所有工序都完成。这个系统是两层结构,上层传送带将装有制品的输送箱由控制站传送给各工位,工人完成本工位工序后,将制品由下层传送带送回控制站,环形传送带布置如图 3-12 所示。

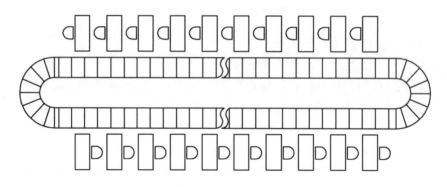

图 3-12　环形传送带布置

传送带式捆扎流水生产系统优点:

- 有较好的灵活性和产品的适应性,适用于多品种的服装缝制生产。
- 由传送带代替人工传递,节省了物料传递时间和搬运工作量,产品的生产周期缩短。
- 质量控制容易,该系统的特点使每一个工作位的工作质量可随时控制,而不影响到其他工作位的作业。
- 缝纫车间整体布置整洁,环境好,文明生产程度高。

传送带式捆扎流水生产系统缺点:

- 设备投资成本大,保养维修费用高。
- 占地面积大,存在大量在制品,不适于中小企业的生产。

（3）捆扎同步式流水生产系统

该生产系统是由捆扎式和流水同步式相结合的一种作业方式,每个工作地配备一种类型的单台加工设备,车缝工序按成衣加工流程排列。裁片或制品按加工顺序传递给各工作位的缝纫工人。工人领到成扎的裁片后,负责自己那部分的缝纫工作,该工序完成后,将制品从新捆扎,交给下一个工序的工人,直到所有工序缝制完成。制品在每个工作位保持时间基本均衡,即工作位的同步化,生产不平衡时,可以采用备用人员(一般是技术全面的车工),目前多数服装缝纫车间采用这种方式。

捆扎同步式流水生产系统的布置形式有主要有三种:横列式布置、纵列课桌式布置和综合式布置。

① 横列式布置。横列式布置中,设备基本上按照服装制作工序流程布置,机器设备两侧相连,横向排成一长排,两排机器相对排列,中间相隔 80 cm 左右,作为放置槽,用来堆放裁片或制品,又可作为工序传递的工具,如图 3-13 所示。这种排列方式,占地面积少,缝制作业符合"左拿右放"的作业习惯,目前国内有较多的服装厂采用此种布置方式,适用于加工品种相对稳定,批量较大的产品。

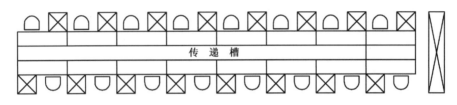

图 3-13　横列式布置

② 纵列课桌式布置。纵列课桌式布置中,按产品制作工序流程顺序,把机器设备沿纵向排列,类似学校的课桌排列形式,外观整齐美观,便于传递裁片和制品,利于管理,适用于加工品种相对稳定,批量较大的产品,目前国内服装厂普遍采用此种布置方式。如图 3-14 所示为纵列课桌式捆扎同步生产系统。

③ 综合式布置。为避免工位间在制品的往复交叉传递,缩短生产周期,可采用综合式布置形式,如以烫台为中心,以左循环方式,将若干机器设备按作业流程顺序进行组合排列。综合式布置设备投资大,占地面积大,不适合批量小、款式经常变换的产品生产。综合式布置实例如图 3-15 所示。

捆扎同步式流水生产系统的优点:

• 生产节拍或生产节奏性强,各工序间平衡效率高,生产成本低。

• 运输距离和时间短,可以减少物料运送的工作量,缩短服装生产周期。

• 对工人的培训时间短,工人容易短时间熟练掌握本工位操作技能。

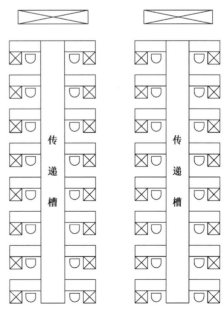

图 3-14　纵列课桌式布置

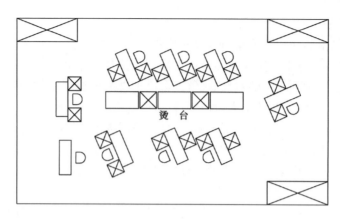

图 3-15　综合式布置

- 有利于专业化、自动化生产,产品质量稳定。

捆扎同步式流水生产系统的缺点:

- 机器设备投资高。
- 流水线上,在制品数量较多,需要较多的储存空间。
- 需要较高的管理水平和技巧来控制各工位间的平衡。
- 不适于款式品种经常变换、批量小的产品生产。

捆扎同步式流水生产系统适合于批量较大,品种稳定的服装缝制生产。

（4）单元同步式流水生产系统

单元同步式流水生产系统将流水生产系统分为多个工作单元,每个单元由2~3名工人和数台机器设备组成,并在各单元之间实行同步化生产。单元同步式流水生产系统实例如图3-16所示。这是一种较为灵活的生产系统,适合于小批量、多品种、短周期的生产,被越来越多的服装企业采用。

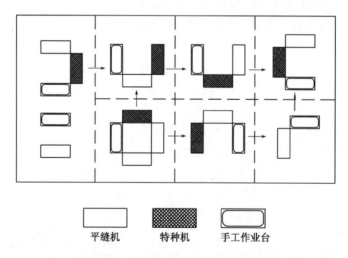

　　□ 平缝机　　▨ 特种机　　▭ 手工作业台

图 3-16　单元同步式流水生产系统实例

单元同步式流水生产系统的主要特点如下:

① 单元内一人配备多个机台,产品转换无需改变车间布局,生产灵活性较高。

② 每位工人具备多种操作技能,操作工的整体素质较高。

③ 对管理人员的管理水平要求较高,且要求对工艺流程非常熟悉。

④ 裁片或制品用捆扎方式进行传送,每个捆扎数量一般为 5～20 件,生产线在制品数量少,生产周期短。

⑤ 流水线布局从缩短传递路线考虑,流水线布局灵活。

⑥ 所用设备较多,设备投资较高。

（5）集团式流水生产系统

集团式生产方式主要针对加工工序多而又复杂的产品,按产品部位如前后身、领、袖、组合等分成若干组(集团),分别进行加工,每组内配备必要的机器设备、熨烫工具和一定数量的操作工人,其中每组至少配备技术全面的一个工人负责本组的生产,最后一个组将各部件集中缝合。该流水生产系统成本较低,但工序划分较粗,不适合在款式品种差异大的产品之间进行生产转换,而适合加工品种比较稳定、产量大的产品,如棉衣生产。该生产系统有多种布置形式。集团式流水生产系统的布置实例如图 3-17 所示。

图 3-17　集团式流水生产系统实例

（6）吊挂式流水生产系统

吊挂式流水生产系统又称吊挂传输柔性生产系统,是利用悬挂在轨道上的吊架,将裁片或制品,按指令传输到每一个工作位,循环加工,直到最后完成整件服装的制作。在整个缝制过程中,在制品运输均有吊挂传输系统负责完成,全程使用电脑智能化管理,生产效率高,节约人力、物力、空间,改变了服装行业传统的捆扎式生产方式,有效地解决了制作过程中辅助作业时间比例大、生产周期长、成衣产量和质量难以有序控制等问题,同时该系统的单件配套悬挂传输,避免了传输过程中的折皱、污损、错号,保证了服装的加工质量,工艺编排也方便灵活,非常适用于多品种、小批量、短周期的生产。但该系统价格昂贵,投资大,对操作人员规范性要求高,该系统已在我国部分大中型服装企业推广应用。某服装企业吊挂式流水生产系统如图 3-18 所示。

吊挂式流水生产系统主要特点如下:

① 缝制车间采用柔性传输装置,裁片或制品夹持在吊架上,通过高架轨道,按设定指令传输到指定工作位。因此,当生产款式变化时,只要编制程序将设定的工艺流程顺序输入控制系统,系统即会自动按新工艺流程传输制品到指定工位。

② 系统大小可任意伸缩,调整进料臂的数量来增加或减少工作位,控制流水线节拍。

③ 服装在吊挂状态下完成缝制和搬运,无需捆绑、打包和拆包,节约劳动力和时间。

④ 可同时生产两件产品,只要通过控制系统,将吊挂线工位分成两组,每组分别由两个控制程序控制传输架的传输路线,两条生产线即可相互独立生产。

⑤ 可随时反映各工位生产状况,对生产节拍进行平衡控制,使流水线生产畅通,避免生产停滞或中断,减少在制品积压。

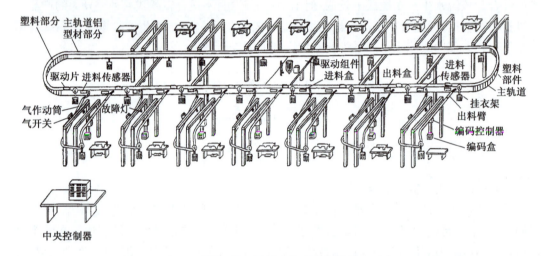

图 3-18 吊挂式流水生产系统

⑥ 通过中央控制机荧光屏,可得到实时生产状况资料,收集准确的生产数据,有利于管理人员实时分析和掌控,从而使管理工作数字数、科学化。

(7) 模块式快速反应生产系统

20 世纪以来,美国、西欧、日本等工业发达国家及地区纷纷提出了大量的人力、物力,研究适应信息社会的企业新型制造模式,并提出由大批量的流水生产方式转换为多品种、小批量的快速反应生产系统。这种生产方式以模块化、智能化为主要特征,设备布局灵活,辅助时间少,生产周期短,模块式快速反应生产系统正属于此类生产方式。

模块式快速反应生产系统是以较少的工作位(一般 10 个左右)完成整件服装的制作或一个完整体系的缝制作业,每一个工作位为一个模块,每一个模块通常由 3 台左右机器设备组成,有 1~2 名工人以站立或坐式操作。如图 3-19 所示为模块式快速反应生产系统实例。为进一步提高生产效

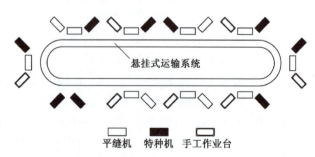

平缝机 特种机 手工作业台

图 3-19 模块式快速反应生产系统

服装生产管理学

率,该生产系统可同时配备悬挂式的生产运输系统。

模块式快速反应生产系统的特点如下:

① 以单件成衣生产为单位,采用单工位多机台的联合作业,要求工人掌握全面的操作技能。

② 具有较高的灵活性和适应性,可以很方便的变换模块结构和机台组合,有利于不同产品的生产转换并快速做出反应。

③ 采用多工序集中操作,生产工艺路线短,省去了较多的辅助时间,缩短生产周期。

④ 工序编排简单,操作可以相互补位,工序平衡容易控制,工位工时利用率高。

⑤ 采用即时生产原则,降低了生产线在制品的负荷量,简化了生产管理工作,工作效率高。

⑥ 具有可靠的产品质量保证体系,实行责任到人,强调团体互助性,每一个工人都是质检员,从而大大降低了产品的返修率,提高产品的质量。

模块式快速反应生产系统有高度灵活性和快速反应的特点,同时具有生产周期短、产品质量高的优势。因此更适合高品质、短周期的服装生产。但该生产系统设备投资高,限制了该生产方式的推广和应用。

3.5 服装生产过程的时间组织

生产过程的组织不仅要求在空间上合理地布局服装生产系统,而且要求在时间上各生产单位、各工序之间相互配合、紧密协作。生产过程的时间组织就是确定劳动对象在各生产单位、各工序之间的移动方式和各生产要素在时间上的衔接和配合。目的就是通过科学计划作业分配时间,达到生产均衡性、连续性,减少在制品数量,提高工人、设备、场地利用率,缩短生产周期,提高生产效率。

3.5.1 产品生产时间的构成

(1) 产品生产时间构成

产品生产时间是指服装产品或零部件在整个生产过程或某个生产阶段,从物料投入到产品产出所需的全部时间。服装产品生产时间大致可分为基本作业时间、多余时间和无效时间。产品生产时间构成如图 3-20 所示。

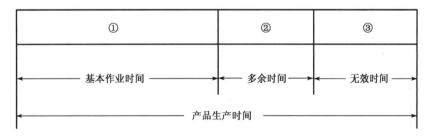

图 3-20　产品生产时间构成

① 基本作业时间。基本作业时间指服装各工序必须的缝制、修剪、整烫等作业时间和必要的衣片准备和停放时间(衣片的拿、放、停、换线、切线等时间)。基本作业时间是服装生产的"有效时间"部分。

② 多余时间。多余时间是由于产品设计、技术规程、质量标准等设计不当或采用不合理的操作方法和低效率的制作工艺等所多消耗的作业时间。

③ 无效时间。无效时间指由于企业管理或组织不当造成的停工待料、设备故障、设备不完全利用、人员窝工等时间损失；或者由于工人缺勤和责任心不强产生次品、废品而需要返工造成的时间损失等。

多余时间和无效时间又可称为浮余时间，本质上都是"无效工作"，生产时间组织的重要任务就是要减少无效作业时间，提高时间利用率，以缩短生产周期。

（2）产品生产过程时间消耗

对产品生产时间的分析，可以从具体的产品生产过程所消耗的时间入手。按照生产作业性质和工人工作状态，生产过程所消耗的时间可分为工作时间、作业浮余、车间浮余和个人生理浮余及其他浮余时间等，见表3-4。通过对生产过程所消耗的时间分析，可以客观反映各类时间的消耗用途和消耗比例，为生产时间组织提供相应的突破口，以便采取有针对性的措施，提高时间利用率。

表3-4　服装生产过程时间消耗构成

作业分类		主要工作内容	时间消耗率/%
工作时间	主要作业	缝制、熨烫、材料加工等	27～30
	附带作业	衣片的拿、放、换线等	46～49
作业浮余	整备条件	准备作业条件	1.9～2.9
	整理制品	准备材料、检查数量	4.6～6.3
	换线	换面线、底线	0.9～2.5
	记录	记录作业事项、生产状况等	0.1～0.5
	判断	判断质量	0.3～2.3
	修改	拆开、重缝、重烫	1.7～2.6
	故障	穿线、换针、缝纫、整烫设备故障等	0.6～2.2
车间浮余	商量工作	指示、报告、商量、教育	2.2～2.5
	搬运移动	材料、成品、器具的搬运	1.1～3.2
	等待工作	材料、工序衔接不上而等待	0.2
个人生理浮余	疲劳间歇	休息时间以外的休息、喝水、上厕所、擦汗等	1.3～1.7
其他	偷懒怠工	闲聊、开小差、办私事等	0～1.5

① 工作时间。工作时间指正常作业过程中所花费的时间，它包括主要作业时间和附带作业时间两部分，其他作业时间都是为其服务的。主要作业时间包括缝制、熨烫、材料加工等，直接创造生产价值，为有效作业时间。这部分时间受加工设备的效率、工人的熟练程度及工作态度的影响。附带时间指为基本生产过程的实现而进行的辅助性操作所耗用的时间，包括衣片的拿、放、换线等，这部分时间与产品工艺、设备性质及制品的摆放位置有关。

② 作业浮余。作业浮余是生产过程中进行工作准备和结束工作时间。这部分时间分解为整备条件时间；整理制品时间；换线、记录、判断、修改及故障时间。其中整备条件时间包括确认指示单、准备作业条件、准备工作台、确认熨烫温度等时间；整理制品时间包括准备

材料、解开裁片、检查数量等时间；换线、记录、判断、修改及故障时间包括换面线和底线时间、记录记录作业事项、生产状况等时间、判断质量好坏时间、因质量不合格而返工时间、机器故障造成的等待时间及断线断针引起的穿线和穿针时间。

③ 车间浮余。车间浮余主要指生产组织管理不善或车间布局不合理，使生产活动中断而损失的时间，在生产管理活动中，应尽量消除这部分时间。车间浮余主要包含商量工作时间、搬运移动时间、等待工作时间。商量工作时间指工人接受组长的指示、报告、教育和商量时间；搬运移动时间有材料、制品、成品的搬运、工作地的移动等；等待工作时间是由于裁片、辅助材料、零部件或前后工序间衔接不上所导致的等待工作时间。

④ 个人生理浮余。个人生理浮余指工作到一定时间后，员工产生疲劳，自动休息和生理调节时间，如休息时间以外的休息、喝水、上厕所、擦汗等，这类时间与作业强度、作业环境、气候、工作时间长短、休息时间间隔和个人身体素质有关。

⑤ 其他。其他时间包括工人责任心不强、不遵守劳动纪律所造成的时间损失。如在工作时间内闲聊、开小差、办私事等，这部分时间损失可通过加强人员管理和绩效考核等减少或降低损失。

3.5.2　产品生产时间测定

工时确定的方法很多，一般可分为对作业的直接测定法和利用已有资料（如以往的生产时间报表及过去测定的各工序工时）凭经验进行推断估算的标准资料法。

（1）工时直接测定法

工时直接测定（即泰勒首创的秒表计时法）是在标准状态下，实测一名中等（平均）水平的操作者，以正常速度完成某一指定工作时，对操作者进行直接、连续地观测，并对观测期间工作时间和工作数量进行详细记录，同时，把操作者完成工作的实际情况与标准数据对比，做出操作评定系数和宽放等数据的估计，然后利用这些数据确定标准作业时间。工时直接测定主要应用于对重复进行的操作制定标准作业时间。

① 工时测定过程：

a. 测时工具：主要有秒表（一般用十进制的分度值为 1/100 分（DM）的秒表）、时间观测板和测试记录单等。

b. 制定操作规程，使工序结构合理化，定额员、班组长、品质管理人员及熟练工人经过充分讨论研究，将每道工序分解为若干个作业单元，并进行方法研究，取消不必要作业单元，改善不合理的工序，使作业结构合理化，制定标准作业方法。作业单元时间长短要合适，为了便于记录，作业单元不宜太短，明确各工序的测时始点和终点。

c. 选择达到平均操作水平的作业员为测试对象，同时做好思想工作，取得他们的配合，并按标准操作方法进行训练。

d. 被测加工服装所选用的材料应符合设计和工艺文件所规定的材料，测时记录单上要备注加工服装所选用的设备、型号。

e. 测时前，测时人员应将工序表与衣服一一核对，使自己对此款衣服的工艺有大致的了解，核对中如发现比较明显问题应立即提出来加以修正。为了测时的准确性，一般来说应等衣服上线三天后开始测时（订单数量比较少的情况可从第一天就开始测时，但另需注明），正式测时通常在工作班开始 1～2 小时、工作节奏稳定后进行。在进行正式观测记录之前，

宜先作 2～3 次试测,以证实标准的定时点是否正确无误。衣服如有 3 个尺寸,应测中间尺寸的操作时间,如有六个尺寸,则从中分成二段,测中间尺寸的操作时间。测时整个过程如图 3-21 所示。

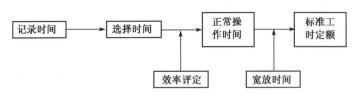

图 3-21　测时过程

② 测时过程注意事项:

a. 测时时间为新产品小批试制时,工作人员持秒表在作业现场对每一工序作业时间进行实际测算的时间,需要注意测时时间段应选择生产较为顺畅时。

b. 测时者应站在离被测者距离较远但视线不被挡住的地方,选择合适的角度,能够清晰看见操作动作及动作起始点,以便于记录时间,又不干涉操作者的工作为原则,从而得到真实的观测数据。

c. 工序测时的起始时间:从被测者拿起裁片、车缝到放下半成品为止,中间不包括停顿、断线、聊天等时间,并且以连测 5 件以上时间为准。

d. 测时过程中应注意被测者的动作是否规范、技术高低,车缝者中速度偏慢、品质较差、动作不规范的,一律不测其时间,同时被测者的技术、完成质量应登记于测时表上。

e. 测时过程中应将不规范的工序提出来修正、不必要的工序应删除、该合并的工序应合并,车缝时如果车缝与修线、剪断是分开做,应分两部分测时间,然后两部分时间加起来,即车缝时间加上修剪时间,并在备注上注明修剪时间。

③ 确定观测次数:

工时直接测定是抽样过程,必须有足够多的测时次数,以期从统计结果中得到合适的样本。测的次数越多,结果就越合理。观测次数要根据生产类型、作业性质(机动、手动或机手并动)、工序和作业单元的延续时间长短等情况而定。对于生产类型高,要求第一手资料要精确,观测次数要更多些,反之可少些。时间测试记录表(表 3-5)由测试者人手一份,需详细认真地填写。现场记录后,应对所采集的数据进行处理和计算,如发现做同样工序的两人时间差异很大,应分析原因并剔除观测时间数值中的异常值。

表 3-5　时间测试记录表

部门		品名		操作员			时间		
生产单号		款号		测时记录员			生产数量		
作业要素与说明				观测次数				总时	次数	平均
工序号	工序名称	操作要领	设备型号	1	2	3	4	5	6	7

（2）标准资料法

标准资料法是将直接由作业测定所获得的大量测定值和经验值，进行分析整理而编制出的各种作业要素（基本操作单元）正常时间值的数据库。利用标准资料来综合制定各种作业的标准时间的方法即标准资料法。

标准资料法的特点如下：

① 标准资料法是利用现成的时间资料，对同类工序不需要重新测定，只要查出相应数据加以修正即可，能够较快地制定出一项新上线服装的标准作业时间，效率高，成本低。

② 标准资料是在多次分析研究的资料上整理而成的，资料数据多，范围广，可排除数据的偶然性，衡量标准较统一，因此可靠性高，得出的数据有较高的一致性。

③ 标准资料法整理的标准作业时间不需要再评定，可减少主观判断的误差。

④ 标准资料法是以其他作业测定方法为基础预先确定的时间数据，所以并不能从根本上取代其他测定方法。

3.5.3 标准作业时间的确定

标准作业时间是指在规定的作业条件下，用规定的作业方法，具有一般操作水平技能的人完成某工序作业所必须的时间。简言之，就是在一定条件下，完成一定质量和数量的产品所必需的时间。

（1）确定标准作业时间的意义

标准作业时间是工厂生产管理最重要的计量化管理基准，流水生产更需要系统化与计量化，因为在重复性的作业中才可能使成本降低，使品质得以稳定，尤其对于生产管理、绩效管理、成本管理等，更是必须运用正确的基准。确定标准作业时间的意义如下：

① 制定操作规程、安排生产进度。

② 决定流水线上生产设备和操作人员数量配置。

③ 生产线上操作人员或工作负荷平衡的依据。

④ 制定工作定额的标准。

⑤ 确定管理目标、考核工作效率的依据。

⑥ 作为成本核算、工人工资、成本管理的基础。

标准作业时间是时间研究的基础，确立正确的时间标准，才可对各工序操作进行比较、分析和定量考核，因此，标准作业时间是科学管理的基本因素。

（2）标准作业时间的构成

实际上标准作业时间须在正常作业时间的基础上，根据作业性质及环境条件给予一定的浮余（宽裕）时间，即标准作业时间由正常时间（纯作业时间）和浮余时间组成。

$$标准时间 = 正常时间 + 浮余时间 = 正常时间 \times (1 + 浮余率)$$

$$浮余率 = \frac{浮余时间}{作业时间} \times 100\%$$

正常时间是指以正常速度进行操作所需的作业时间，也就是观测时间经过修正后的时间，即：

$$正常时间 = 观测时间 \times 评定系数 = 观测时间 \times (1 + 水平系数)$$

① 浮余时间。浮余时间表示因各种原因发生迟延的补偿时间,通常有作业浮余、车间浮余、个人生理需要浮余、休息浮余、机器干扰浮余等。其中,作业浮余一般需要直接测定,其他浮余可根据已有资料计算。测定浮余时间,相当于对生产一线管理进行把脉,从中可找出制约劳动效率的问题所在。浮余时间是不定的,在作业管理中虽属必要,但它不产生附加值。在作业时间中,提高基本作业所占比例,就能直接提高生产效率。服装厂的具体浮余率见表3-4。

由于影响浮余率的因素很多,如操作人员的技能水平、所承担的作业内容、工序数目、产品的规格、批量的大小等,因此制定标准比较困难,工厂运用时,可通过调查研究后确定。在缝纫流水线上,测定目标产品加工时间时,一般都是测定其纯粹加工时间,通常计算标准作业时间是在纯作业时间的基础上,加上适当的浮余时间。国内的服装工厂,浮余率一般在20%～50%之间,当然在一些管理方面优秀的工厂里,浮余率不到20%的也有,浮余率高的企业一般工作效率不高。企业在进行流水线设计时,为给生产能力留有余地,需要考虑设置适当的浮余率,一般企业常取20%～30%的浮余率。

② 水平系数。水平系数指将测定的时间数值除去操作员的特有个性而换算成工厂标准的数值。水平系数的产生是由于被观测者的技术未必能代表该部门的平均技术与操作水平,且操作速度的快慢还受各种因素的影响,故需对所测得的时间进行修正。如可将正常作业速度的系数定为1,然后把测得的实际作业速度与之比较,如果慢于正常速度则定一个小于1的系数(如0.90,0.85,0.80等),如果快于正常速度,则定一个大于1的系数(如1.05,1.10,1.15等)。

在测时过程中,重点记录纯作业时间,也就是现场测试时记录的都是纯作业时间,这样不仅可以保证数据的准确性,还可以减少许多复杂而烦琐的观测工作量。对操作时间进行测试后,每道工序所需的工时往往因操作人员的个人技能与努力程度而有所差别,在制定标准作业计划时,必须充分考虑这些客观因素,对所测试数据进行整理及分析,将选定的观测时间作进一步的修正,把具体的实践观测值调整为按普通作业者速度进行作业的时间值,作为制定合理的标准时间的基础,最终确定标准工时。

水平系数是根据被观测的作业人员劳动熟练程度给出的评定系数,作业人员劳动熟练程度主要由技能、努力、作业条件、一致性四个因素确定。

- 技能。指进行作业的技术熟练程度。
- 努力。员工的积极性和责任心。
- 作业条件。指温度、湿度、照明、设备状况等。
- 一致性。即适应性,表示在同一作业要素下的时间数值差异。

通常,在服装厂作业条件是相同的,一致性包括在时间测定里。因此,分析时可不考虑作业条件和一致性。表3-6为各因素的评定标准,表中把四种因素分为若干等级,给每一等级制定水平系数。

表3-6 各作业因素的水平系数

项目 等级	熟练度		努力度		工作条件		一致性	
优秀	A1	+0.15	A1	+0.13	A	+0.06	A	+0.04
	A2	+0.13	A2	+0.12				

项目 等级	熟练度		努力度		工作条件		一致性	
优良	B1	+0.11	B1	+0.10	B	+0.04	B	+0.03
	B2	+0.08	B2	+0.08				
良	C1	+0.06	C1	+0.05	C	+0.02	C	+0.01
	C2	+0.03	C2	+0.02				
普通	D	0.00	D	0.00	D	0.00	D	0.00
较差	E1	−0.05	E1	−0.04	E	−0.03	E	−0.02
	E2	−0.10	E2	−0.08				
差	F1	−0.16	F1	−0.12	F	−0.07	F	−0.04
	F2	−0.22	F2	−0.17				

【例1】 测定某员工机缝裤子拉链的时间为 198 s，经认定技能为 B_1（+0.11），努力程度为 C_2（+0.02），工作条件为 C（+0.02），一致性为 D（0.00），若将其换算成一般水平的作业，其标准的作业时间应为多少？（设车间浮余率为 25%）

评定系数计算公式为：

$$评定系数 = 1 + 水平系数的合计值 = 1 + B_1 + C_2 + C + D$$
$$= 1 + 0.11 + 0.02 + 0.02 + 0.00 = 1.15$$

由评定系数换算成一般水平的作业，则标准作业时间为：

$$正常时间 = 观测时间 × 评定系数 = 198 × 1.15 = 227.7(s)$$
$$标准时间 = 正常时间 × (1 + 浮余率) = 227.7 × (1 + 25\%) = 284.6(s)$$

3.5.4 产品在工序间的移动方式

产品在工序间的移动方式是指裁片或制品从一个工作地到另一个工作地之间的传输方式。产品在工序间的移动方式主要有顺序移动方式、平行移动方式和平行顺序移动方式三种。

（1）顺序移动方式

顺序移动方式是指一批产品在前一道工序全部加工完毕后，再整批地从前一道工序转到下道工序进行加工。

在顺序移动方式下，由于产品在各道工序间是整批移动，所以流水线的组织设计和管理工作相对比较简单，也有利于减少设备的调整时间，提高设备利用率。因各道工序加工不存在平行或交叉作业现象，时间没有重叠，且每个产品由于在各道工序上的停歇时间不同，因而易发生因等待加工和等待运输而产生的停滞时间，从而使产品的的加工时间延长。

顺序移动方式适用于产品批量小，单件工序作业时间较短以及采用工序分类布置的流水作业。

设产品的总件数为 n，整件服装的加工需要经过 m 道工序，第 i 道工序的加工时间为 t_i，则在顺序移动方式下，m 道加工工序之和，即产品生产周期的计算公式为：

$$T_S = n\sum_{i=1}^{m} t_i$$

式中：T_S ——顺序移动方式下的产品生产周期（min）；

　　　n ——加工产品的数量（件）；

　　　m ——工序总数；

　　　t_i ——第 i 道工序的加工时间（min）。

【例 2】　假设某产品批的数量为 4 件，工序数为 4 个，各工序的作业时间分别为 $t_1 = 10$，$t_2 = 5$，$t_3 = 15$，$t_4 = 10$。如图 3-22 所示，假设该批产品在各工序间无等待、工序间的运输时间略而不计，试计算在顺序移动方式下该批产品的生产周期。

根据上述公式，该批产品的生产周期计算如下：

$$T_S = 4 \times (10 + 5 + 15 + 10) = 4 \times 40 = 160(\text{min})$$

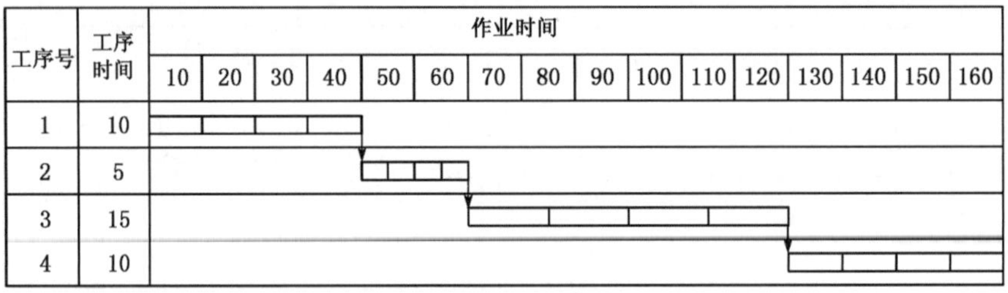

工序号	工序时间	作业时间														
		10	20	30	40	50	60	70	80	90	100	110	120	130	140	150	160
1	10																
2	5																
3	15																
4	10																

图 3-22　顺序移动方式

（2）平行移动方式

平行移动方式是指每件产品在上道工序加工完毕后，立即转移到下一工序进行加工，而无需等待整批产品加工完毕后才向下一道工序移动的生产组织形式。平行移动方式中，产品在各道工序上成平行作业。

在平行移动方式下，由于工序间的等待、运输时间减少到最低限度，有时几乎没有，所以它的加工周期最短，工序间的在制品储备也大大减少，但运输工作频繁。当前后道工序的加工时间不等时，会发生设备或工人停歇及产品等待加工现象。如后道加工工序时间小于前道加工工序时间时，后道工序在每个产品加工完毕后，就会发生设备或工人停歇现象，相反，如后道加工工序时间大于前道加工工序时间时，前道工序在产品加工完毕后，会发生产品等待加工现象，时间利用率有时反而下降。

平行移动方式适用于产品批量大，单件工序作业时间较长以及采用产品工序流程分类布置的流水作业。平行移动方式下，产品生产周期的计算公式为：

$$T_P = \sum_{i=1}^{m} t_i + (n-1)t_c$$

式中：T_P ——平行移动方式下的产品生产周期（min）；

　　　t_c ——产品加工工序最长时间（min）。

【例 3】　承上例，如图 3-23 所示。计算平行移动方式下的产品生产周期。

根据上述公式，该批产品的生产周期计算如下：

$$T_P = (10 + 5 + 15 + 10) + (4-1) \times 15 = 85(\text{min})$$

服装生产管理学

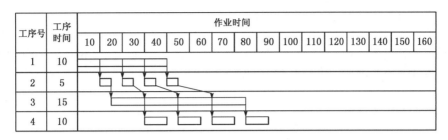

图 3-23　平行移动方式

（3）平行顺序移动方式

平行顺序移动方式是指在整批产品在上一道工序尚未全部完成加工任务时，就先将其中部分已经完成的产品转入下道工序加工。往下道工序转移的提前时间，以能维持下道工序对该批零件的连续加工为准。平行顺序移动方式是把平行移动方式和顺序移动方式综合运用的方式，它使一批产品的每道工序生产即保持连续性，又保持其他工序进行平行移动。

在平行顺序移动方式下，因工序时间长短的次序不同有两种安排方法：第一，当前道工序的加工时间小于或等于后道工序的加工时间时，加工完毕的每一个产品应及时转入后道工序加工，即按平行方式逐件转入后工序，可以保持加工的连续性；第二，当前道工序的加工时间大于后道工序的加工时间时，只有在前道工序完工的产品数量足以保证后道工序连续加工时，才开始将前工序完工的产品转入后道工序，即使后道工序的结束时间比前道工序的结束时间差一个单位的工序时间，这样，主要是防止出现后道工序时开时停现象，又可以把工作地的间歇时间集中起来利用，使设备和工人得到较充足的利用，但组织工作较复杂。

平行顺序移动方式适用于产品批量大，单件工序作业时间较长以及采用产品工序流程分类布置的流水作业。平行顺序移动方式下，产品生产周期的计算公式为：

$$T_{ps} = n\sum_{i=1}^{m} t_i - (n-1)\sum t_w$$

式中：T_{ps}——平行顺序移动方式下的产品生产周期（min）；

t_w——产品加工工序中每相邻两工序之间时间较短的工序作业时间（min）。

【例4】承上例，如图3-24所示。计算平行顺序移动方式下的产品生产周期。

本例中，第一道与第二道工序中较短的时间为 $t_2 = 5$，第二道与第三道工序中较短的时间也为 $t_2 = 5$，第三道与第四道工序中较短的时间为 $t_4 = 10$，则

$$T_{ps} = 4\times(10+5+15+10) - (4-1)\times(5+5+10) = 100(\text{min})$$

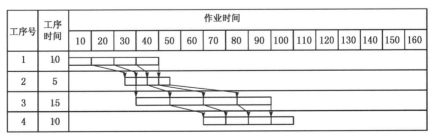

图 3-24　平行顺序移动方式

3.5.5　选择移动方式应考虑的因素

上述三种移动方式,是工艺加工过程中组织各缝制工序在时间上相互衔接的基本形式。三种移动方式各有优缺点,它们之间的比较见表3-7。

表3-7　三种移动方式的比较

项目	顺序移动方式	平行移动方式	平行顺序移动方式
生产周期	较长	较短	中等
运输次数	少	多	中等
设备利用率	较好	较差	较好
组织管理	简单	中等	复杂
适用范围	批量小,单件工序作业时间较短,采用工序分类布置	批量大,单件工序作业时间较长,采用工序流程布置	批量大,单件工序作业时间较长,采用工序流程布置

从三种移动方式优缺点比较可以看出,对生产加工时间而言,顺序移动方式最长,平行顺序移动方式次之,平行移动方式最短。但在实际生产中,产品移动方式的选择不能只考虑加工时间的长短,既要考虑产品本身的因素,又要结合企业的生产特点,全面考虑以下因素:

（1）生产类型

单件小批量生产及单件工序作业时间较短的宜采用顺序移动方式;大批大量生产、特别是组织流水线生产时,宜采用平行移动方式或平行顺序移动方式。

（2）生产组织形式

采用工序分类布置的生产组织形式宜采用顺序移动方式,采用工序流程布置的生产组织形式宜采用平行移动方式或平行顺序移动方式。

（3）产品的重量

工序的作业时间短、体积小、重量较轻的产品,可采用顺序移动方式,有利于减少搬运工作量。工序的作业时间长、体积大、重量较重的产品,为减少资金占用和节省生产面积,宜采用平行移动方式或平行顺序移动方式。

（4）订单任务的缓急程度

由于平行移动方式或平行顺序移动方式生产周期较短,对订单紧急的生产任务,宜采用平行移动方式或平行顺序移动方式,以便争取时间,及时交货。

（5）款式变换时,调整设备的工作量

如果加工品种或款式改变,需要调整设备布局,且调整设备所需的工作量较大,一般不适宜采用平行移动方式,但如果加工品种或款式改变,不需要调整设备布局或调整设备所需的工作量不大,则可采用平行移动方式。

当生产线上加工品种不止一种时,组织生产就不仅只考虑产品的移动方式,还要考虑如何安排各种款式的加工顺序。因为不同的加工顺序,对生产带来的影响也不相同。

3.6 服装流水生产线的组织

3.6.1 流水线生产的条件和主要参数

（1）流水线生产的条件

流水线以其效率高、成本低、质量稳定，在服装企业中广泛采用。但是，并不是任何企业都适合采取流水生产。一般来说，组织流水线需要满足以下条件：

① 产品的产量要足够大。保证流水线的负荷不低于必要的限度，以便能获得较好的经济效益。

② 产品的结构与工艺要相对稳定。这是因为流水线上各工作地高度专业化，广泛采用专用设备和专业工艺设备，客观上要求产品结构与工艺不能经常改变，因此产品品种要稳定，设计在技术上要先进，能保持较长的寿命周期，保证专用设备和工艺装备能充分发挥其效能。此外，产品应具有良好的工艺性，能保持稳定地达到质量要求和采用经济合理的工艺方法。

③ 产品工艺过程能拆分为若干简单的工序，并能根据工序同期化的要求把某些工序适当合并和分解。

④ 机器设备必须经常处于完好状态。

⑤ 厂房建设和生产面积允许安装流水线的设备和运输装置。

（2）流水线生产的主要参数

① 产量。指产品在规定时间内的产量。如日产量、季度产量、月产量、年产量等。确定产量一般根据市场需求和企业生产能力。

② 工序的标准作业时间。指在规定的作业条件下，用规定的作业方法，具有一般操作水平技能的人完成某工序所需要的时间。工序的标准作业时间与工人的技术水平、机器设备的先进程度、产品的工艺要求等因素有关。

③ 生产人员数量。指流水线上的操作工人、辅助工人和管理人员的数量。

④ 设备种类和数量。指车间缝纫设备配备的种类和数量能否符合流水线的要求。

⑤ 产品生产的流程和工艺标准。根据产品的款式和规格，充分利用现有设备，把产品的缝制工艺划分为若干工序，加以排序组合，并以流程图的形式表示流水线上各个工序间的流程关系。流程图的基本内容包括工序名称、各工序的标准作业时间、设备、工艺要求、加工符号和顺序等。

3.6.2 服装流水线的组织

服装缝制流水线的组织主要包括确定流水线生产的节拍和节奏、确定各工序所需的工作地（设备）数，组织工序同期化、计算所需工人人数及流水线的布置。

（1）流水线生产的节拍和节奏

① 节拍。流水线生产的节拍指流水线上生产两件产品之间的间隔时间或产品在各工序间每移动一次所需的间隔时间。节拍是流水线生产组织的重要依据，它体现了流水线工作效率的高低，是流水线的生产组织、工序编排、人机定额的关键指标，决定流水线的生产能

力、生产速度和效率。

节拍的计算公式为：

$$P = 单件标准总加工时间\ T\ /\ 作业人员数\ N$$
$$= 计划期有效工作时间\ /\ 计划期内产品产量$$
$$= 每天的有效工作时间\ /\ 计划日产量$$
$$= 设备标准总加工时间\ /\ 设备台数$$

有效工作时间指除去休息时间、早晚生产准备时间和生产停顿时间的实际生产时间。

计划期的产量有日产量、月产量、年产量等，计划期的产量包括计划出产量和预计废品量。

式中节拍 P 也叫平均节拍，是评价流水线作业编排的基础指标，实际生产中真正决定流水线生产速度的是瓶颈节拍，平均节拍是作为工序编排用的参考值。瓶颈节拍是加工时间最长、超过平均节拍的节拍，即时间负荷最大并且较难进行工序工艺改进的工序的节拍。瓶颈节拍是提高生产效率的绊脚石。在瓶颈节拍工序安排熟练工人、增加工位数、改善设备性能、改进工艺，可以提高整条生产线的效率。

我们把完成某一工序所必需的时间称为标准作业时间（S. P. T. ）。

$$标准作业时间 = 操作时间 + 浮余时间$$
$$浮余率 = \frac{浮余时间}{标准作业时间} \times 100\%$$

操作时间也称实际作业时间，浮余时间包括布置工作地时间和更换品种的准备时间，浮余率约在 20％～30％之间，具体要根据生产企业的实际状况和生产品种而定，批量大、款式固定的品种一般浮余率较小。

② 节奏。如果计算出的节拍很小，同时也由于服装本身重量和体积很小，没有必要采用单件运输方式时，可采用成批运输，这时流水线上前后生产出两批相同产品的时间间隔则称为节奏。其计算公式为：

$$P_m = P \times n$$

式中：P_m ——节奏；

  n ——每批产品的件数。

（2）确定各工序所需的工作地（设备）数，计算（工作地）设备负荷系数

① 流水线上的最少工作地数量。在一定范围内，工作地越多，流水线节拍越小，但这对小批量生产未必能起到缩短生产周期的作用，同时，工作地数也受企业条件的限制。以节拍为先决条件时，应以人员最少为目标，即确定工作地个数的最小值。理论上流水线上的最少工作地数量为：

$$N_{\min} = [T/P] + 1$$

式中：$N_{\min}$ ——最小工作地数；

  T ——为单位产品总加工时间；

  P ——为流水线生产节拍；

服装生产管理学

[ ]——表示取整数,表示小于或等于 T/P 的最大整数。

② 计算各道工序的工位数。工作地也称工位数,即流水线上各道工序设备的需要量为:

$$N_i = t_i/P$$

式中:N_i——为第 i 道工序所需工位数;

t_i——为第 i 道工序所需的作业时间。

实际工位数应为整数,若计算结果是小数还需进行取整,取整的原则为:

设 X 为工位数小数点后的数,则:

当 $X<0.2$ 时,工位数不考虑增加。

当 $0.2 \leqslant X < 0.5$ 增加工位数,但不增加工人人数,俗称"飞机"位。

当 $0.5 \leqslant X < 1$ 时,增加工位数,也增加工人人数。

③ 计算流水线编制效率。流水线编制效率(E)是指生产线上各工序或工作地作业量分配的平衡度系数,它反映作业分配时工序平衡优劣程度。

$$E = \frac{P}{瓶颈工序时间} \times 100\% (t_i > P \text{ 时})$$

或

$$E = \frac{T}{N \times P} \times 100\% (t_i \leqslant P \text{ 时})$$

式中:E——为流水线编制效率;

T——为标准总加工时;

P——为流水线生产节拍;

N——为工作人员数。

生产流水线的编制效率可预先设置,也可在生产流水线编制完成后用以检验编制效果。流水线的编制效率也称流水线的负荷系数,流水线负荷系数决定了流水线作业的连续程度,根据它来决定流水线是连续的还是间断的,流水线的负荷系数越大,表明流水线的生产效率越高,一般以工作地(或设备)作为计算单元的,流水线的负荷系数应不低于 0.75;以操作工人作计算单位的,实际生产中生产流水线的编制效率一般应掌握在 80% 以上。

④ 计算工序组合时间界限。工序组合加工时间虽然以平均节拍为标准,但一般不可能与节拍正好相等或完全成整数倍,因此在计算工序组合时要确定一个适合实际操作的节拍组合界限来决定作业编排中工序的组合取舍。在不确定直接作业人员的前提下,根据流水线编制效率的要求,可以确定合并和组合工序的大致时间范围 h,即节拍界线,它是工序组合计算时用于限定时间范围的数值,分节拍上限和节拍下限。节拍界线是编排流水工序所要遵循的原则,若以预先设置编制效率为先决条件时,应以节拍和编制效率来确定编制时间的上限和下限,确定工作位个数和实际的作业人员数。

编制时间上限 $= P/E$

编制时间下限 $= 2 \times P -$ 编制时间上限

节拍界线为: $h = [$编制时间下限,编制时间上限$]$

即各工作地的组合工序时间理论上说是最好控制在($2\times P$—编制时间上限)$\sim P/E$ 这个范围内,考虑到企业对工序编排效率的要求,一般取节拍界限为$\pm 7\%\sim\pm 10\%$。

（3）组织工序同期化

为保证生产连续性,提高设备利用率,缩短生产周期,必须对流水线实行加工工序同期化。工序同期化即根据流水线节拍的要求,通过技术组织措施来调整流水线上各工序的加工时间标准,使各道工序的单件作业时间定额与流水线的节拍相等或呈整倍数的关系。在组织流水生产时,各个工作地负荷的确定,应以平均节拍为基准,实现工序同期化。

组织工序同期化的方法是将整个作业任务细分为许多小工序,然后将有关的小工序组合成大工序,并使这些大工序的单件作业时间接近于节拍或节拍的整数倍。通过对工序的分解与合并,可达到初步同期化。在此基础上,为进一步提高工序同期化水平,还可采取以下措施：

① 提高设备的机械化、自动化水平,采用高效率的工艺装备或标准缝制模板,减少工序的作业时间。

② 合理编排和分配工序,改进操作方法和工作地的布置,减少辅助作业时间。

③ 提高工人的操作水平和工作效率,改进劳动组织。

④ 对作业时间长而又不能分解的工序,增设工作地,组织平行作业。

（4）计算所需工人人数

服装生产流水线上的工人人数就是所有工序的工人人数之和。工人数量主要与每一工作地同时工作人数、班次、实际设备数量有关。在不考虑后备工人的情况下,每个工作地所需的工人人数的计算公式如下：

$$每个工作地所需的工人人数 = 工作地上同时工作的人数\times工作班次$$

在以设备加工为主的流水线上,计算工人数量时,则要考虑增加后备工人和工人的设备看管定额。

（5）流水线的布置

流水线的平面布置在本章的生产系统中已有叙述,总的原则是便于工人操作,在制品运动路线最短,有利于流水线之间的自然衔接,有利于生产面积的充分利用。这些原则同流水线的形状、流水线内工作地的排列方法、流水线的位置及它们之间的衔接形式有密切关系。

流水线的形状,一般有直线形、直角形、u形、山字形、s形及环形等,见图3-25所示。每种形状的流水线在工作地的布置上,又有单列式与双列式之分。单列直线型流水线,多在工

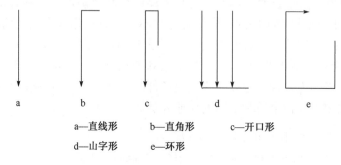

a—直线形　b—直角形　c—开口形
d—山字形　e—环形

图3-25　流水线的形状

服装生产管理学

序数少、每道工序的工作地也少的条件下采用。这种平面布置的主要优点是安装和拆卸设备方便,工作地同流水线的配合比较简单。当工序与工作地的数量较多而空间的长度不够大时,可采用双列直线排列。流水线内工作地的排列,应符合工艺路线,流水线布置除遵循上述的一般原则以外,还必须考虑具体条件,如缝纫车间的生产面积、车间长度、设备种类、尺寸与数量、运输装置的种类、通信设备与动力系统的位置等。

3.6.3 生产线负荷平衡的一般方法

（1）流水线平衡的定义和目的

流水线平衡是指在整个服装生产过程中,将服装缝制划分成若干工序及先后次序,根据每道工序的难易程度和加工时间,合理地安排每个工序的人力、设备,使每道工序的速度、产量、加工质量等方面都保持均衡,没有闲忙不均的现象,防止出现瓶颈工序。在生产管理中,保持流水线均衡是关键,直接关系到流水线是否顺畅,影响产品的加工进度和质量稳定。生产线平衡的目的就是尽量使各工位的作业时间相等,以避免由于工时相差太大而造成某些工位作业堆积,而另外一些工位停工待料的现象,以减少总的闲置时间,提高整条流水线的效率。

生产流水线的平衡是流水生产企业所努力追求的,但流水线的平衡又是相对的、动态的,流水线要达到完全平衡是很困难的,甚至是不可能的。主要的原因是一个工位的工时等于其它各单元作业时间的累加平衡而得出,不大可能存在一种使所有工位工时相等的作业分配方案。另一个原因是出于对设备的要求不同和部分作业之间的不相容,把一些作业分配到同一个工位是不行的。第三个原因是不同作业之间可能存在技术上的顺序约束关系,有些作业必须在其他作业完成之后才能进行。第四个原因是缝纫操作工的整体素质不均,队伍不稳定,制约流水线在理想状态下的编排要求。综上原因,实际流水线平衡不是追求完全平衡,而是在满足作业之间的不相容约束和顺序约束的前提下,使各工位作业时间尽可能相等。随着生产技术组织条件的变化、人员的变化,流水线将出现新的不平衡点,现场管理人员通过观察、比较、测定,分析,实施相应措施,使流水线重新达到新的平衡。所以,流程不是一成不变的,需要现场管理人员不断地修正、改善、再造。

（2）流水线平衡的一般思路

缝纫生产流水线平衡是以提高人力、设备利用率、控制产品质量为目的。假设缝纫生产流水线共有 k 道工序,第 i 道工序单件标准时间为 $t_i(i = 1, 2, 3, \cdots, k)$,单件标准总加工时间为 T,生产流水线节拍为 P,则 t_i 与 P 在生产中有下列三种情况:

① $t_i > P$,这意味着第 i 道工序属超负荷运转,通常把该工序称为"瓶颈工序"。

② $t_i = P$,这是最理想的状态。

③ $t_i < P$,表示该工序在每一个节拍时间里有一定的空闲生产时间。

假设整个生产流水线在同一个节拍各工序空闲时间的总和为 S,则有下列关系式:

$$S = \sum_{i=1}^{N}(P - t_i)$$

式中: S ——为各工序空闲时间的总和;

N ——为生产线实际平衡后实际工作地数或作业人员数。

空闲时间的总和称为生产流水线的平衡滞延。这是由于流水生产线不平衡造成的滞延,一般以百分率表示,称为平衡损失系数(BD),即:

$$BD = \frac{N \cdot P - \sum_{i=1}^{N} t_i}{N \cdot P} \times 100\%$$

S 形成了生产流水线的平衡滞延,BD 值越小,流水线的平衡达到越理想的状态。

（3）流水线平衡的方法

在进行生产线工序平衡设计时,产品的种类、数量、工序的先后顺序和作业时间等条件是平衡设计的主要依据。按照缝纫生产流水线平衡理论,生产流水线平衡设计的方法依先决条件的不同而不同,归纳如下:

① 拟定计划日产量,确定最佳工位数和操作工人数。

【例5】 某童装厂生产针织开肩T恤,该厂每天工作时间是 480 min,计划每天生产1 200件,工序和标准作业时间如表3-8所示。确定最佳工位数和操作工人数,并计算平衡后的实际节拍及该生产线平衡后的工序负荷率。

表 3-8 童装开肩 T 恤(80 码)工序表

序号	工序名称	标准时间(min)	款式图
1	锁边拼肩和开肩襟	0.86	
2	锁边绲领	1.40	
3	平车驳后领压前后领圈加标	1.67	
4	锁边绲袖	0.96	
5	锁边合身	0.48	
6	坎下摆	0.36	
7	坎袖口	0.44	
8	订平面扣 * 2 对	0.46	
合计		6.63	

a. 计算节拍时间:

$$P = \frac{每天的有效工作时间}{计划日产量} = \frac{480}{1\ 200} = 0.4(\text{min/件})$$

b. 确定每个工序所需的工位数:

每个工序所需的工位数计算公式为 $N_i = t_i/P$,则:

$$N_1 = 2.15, N_2 = 3.50, N_3 = 4.18, N_4 = 2.40,$$
$$N_5 = 1.20, N_6 = 0.90, N_7 = 1.10, N_8 = 1.15$$

工位数即设备需要量,所以实际工位数应该取整数,一般取较大的数值,但如果计算所得的值有很小的小数,也可舍去,这时因为在实际生产中,生产时间超过计算时间的 2%～3% 是正常的。

c. 计算理论上所需的最小工位数:

理论上所需的最小工位数,计算公式为 $N_{min} = [T/P] + 1$,即:

$$N_{min} = [T/P_t] + 1 = [6.63/0.4] + 1 = 17(个)$$

d. 工序平衡后的实际工作位和作业人员数:

实际工位数和所需人员应为整数,根据每个工序所需的工位数计算结果,依照小数取整原则,各具体工序平衡后所需实际工位数和作业人员数编排情况见表3-9。

表 3-9　童装开肩 T 恤(80 码) 工序平衡前后工位数

工序号与 工序名称	标准 时间(min)	计算 工位数(个)	实际工位数 (个)	作业 人员数	实际 个人节拍
① 锁边拼肩和开肩襟	0.86	2.15	2	2	0.43
② 锁边绱领	1.4	3.50	4	4	0.35
③ 平车驳后领压前后领圈加标	1.67	4.18	4	4	0.42
④ 锁边绱袖	0.96	2.40	3	2	0.48
⑤ 锁边合身	0.48	1.20	1	1	0.48
⑥ 坎下摆	0.36	0.90	1	1	0.36
⑦ 坎袖口	0.44	1.10	1	1	0.44
⑧ 订平面扣 * 2 对	0.46	1.15	1	1	0.46
合计	6.63	16.58	17	16	—

在确定作业人员数时,要注意每个工序所使用的设备是否一致,若两个工序使用的设备相同,工作位和作业人员数相同,一个作业员可使用一台车操作两个工序,相反,若两工序使用的设备不同时,工作位的个数等于或大于作业人员数,即该作业员可使用两台设备操作两个工序。

e. 计算平衡后的实际节拍及该生产线平衡后的工序负荷率。

整条流水线的实际节拍取决于流水线上生产间隔时间最长的那道工序,即个人实际节拍最长的那道工序,从表3-9可以看出,实际节拍最长的工序为第四道和第五道工序,分别为锁边绱袖和锁边合身,作业时间为 0.48 min/件,与平均节拍时间相差 0.08(min),所以平衡后生产线实际的节拍为 0.48 min/件,该生产线平衡后的工序负荷率为:

$$E = \frac{T}{N \times P} \times 100\% = \frac{6.63}{16 \times 0.48} \times 100\% = 86.3\%$$

② 作业人员数固定,确定各工序的实际人数和工序编排方案。

【例 5】　承上例,其工序和标准作业时间同上。假设该生产流水线只配备 8 名作业员,对作业性质和作业时间归类见表3-10。确定该生产流水线的工作位,并分配工作量,确定各具体工序所需实际作业人员数。

a. 计算节拍时间

$P =$ 单件标准总加工时间(T)/ 作业人员数(N) $= 6.63/8 = 0.83$ (min/件)

b. 确定童装开肩 T 恤各工序所需人数

计算童装开肩 T 恤各工序所需人数,应先求出每个工序所需的工位数,计算公式为:

$$N_i = t_i/P$$

各工序实际所需人员应为整数,根据每个工序所需的工位数计算结果,依照小数取整原则,各具体工序所需实际作业人员数编排情况见表3-10。

表3-10　童装开肩T恤各工序作业所需人数

作业性质	作业时间（min）	平均加工时间（min）	所需人数	
			计算值	采用值
锁边车缝(特种机)	3.7	0.83	4.46	4.5
平缝作业	1.67	0.83	2.01	2
坎车作业	0.80	0.83	0.96	1
订扣(特种机)	0.46	0.83	0.55	0.5
合计	6.63	—	7.98	8

c. 工序平衡作业分配方案

按订单生产节拍,大多数的工序需要进行拆分来保证生产进度。根据表3-10对童装开肩T恤各类作业所需人数统计数据,各具体工序的拆分或合并情况见表3-11。

表3-11　童装开肩T恤工序平衡分配表

工号	工序号	标准加工时间	分配时间	与节拍时间相差
作业员1	①	0.86	0.86	+0.03
作业员2	②	0.83	0.83	0
作业员3、4	③	1.67	1.67	+0.01
作业员5	②④⑤	0.57 0.13 0.13	0.83	0
作业员6	④	0.83	0.83	0
作业员7	⑥⑦	0.36 0.44	0.80	−0.03
作业员8	⑤⑧	0.35 0.46	0.81	−0.02

d. 平衡后的实际节拍及工序负荷率

整条流水线的实际节拍取决于流水线上生产间隔时间最长的工序,即分配时间最长的那道工序,从表3-11可以看出,分配时间最长的工序为第一道工序,作业员为1号,即标准作业时间为0.86(min),与平均节拍时间相差0.03(min),所以平衡后实际的节拍为0.86 min/件,则该生产线平衡后的工序负荷率为:

$$E = \frac{P}{瓶颈工序时间} \times 100\% = \frac{0.83}{0.86} \times 100\% = 0.96\%$$

③ 拟定编制效率,确定工序平衡后工作位和实际的作业人员数。

【例6】　某童装厂生产梭织裤(缂拉链款),本条生产流水线配备12名车衣工,拟定编制效率90%,工序和标准作业时间见表3-12。

表 3-12　童装开肩 T 恤各工序标准作业时间表

序号	工序名称	标准时间(min)	款式图
①	平车做侧袋	2.14	
②	锁口袋	0.20	
③	锁后拼接片	0.35	
④	平车接后片×2	0.58	
⑤	平车合后浪	0.26	
⑥	锁后浪	0.08	
⑦	平车压后浪双线	0.40	
⑧	锁前浪单层	0.23	
⑨	平车做门襟绱拉链	3.90	
⑩	锁边合侧缝、内裆和脚扣	1.84	
⑪	平车车脚口	1.04	
⑫	平车包光绱裤头	4.72	
⑬	订四合扣	0.82	
合计		16.56	

a. 计算节拍时间：

$$P = \frac{单件标准总加工时间}{作业人员数} = \frac{16.56}{12} = 1.38(\text{min/件})$$

b. 计算工序组合时间限制：

工序组合时间限制的计算公式为：

$$编制时间上限 = P/E$$
$$编制时间下限 = 2 \times P - 编制时间上限$$

节拍界线为：$h = [编制时间下限，编制时间上限]$，则

$$编制时间上限 = 1.38/0.90 = 1.53(\text{min/件})$$
$$编制时间下限 = 2 \times 1.38 - 1.53 = 1.23(\text{min/件})$$

工序组合时间界线为 1.23(min/件)～1.53(min/件)之间。

c. 生产流水线平衡编制方案：

本例根据计算出的生产节拍及工序组合时间限制，大多数的工序需要进行拆分来保证生产线平衡。按照工序组合时间限制，各具体工序的拆分或合并情况见表 3-13。

表 3-13　梭织裤(绱拉链款)(80 码)工序平衡分配表

作业员	工序号	平衡分配后的标准时间	设备
1	①	1.38	平车
2	①，④	0.76+0.58=1.34	平车
3	②、③、⑥、⑧、⑩	0.20+0.35+0.08+0.23+0.46=1.32	包缝机

作业员	工序号	平衡分配后的标准时间	设备
4	⑩	1.38	包缝机
5	⑤、⑨	1.14＋0.26＝1.40	平车
6,7	⑨	2.76(1.38/人)	平车
8	⑦、⑪	0.4＋1.04＝1.44	平车
9,10,11	⑫	4.14(1.38/人)	平车
12	⑫、⑬	0.58＋0.82＝1.49	平车,专车

d. 计算平衡后的实际节拍及工序负荷率：

整条流水线的实际节拍取决于流水线上生产间隔时间最长的工序,即分配时间最长的那道工序,从表 3-13 可以看出,分配时间最长的工序为第 12 和 13 道工序,作业员为第 12 号,标准作业时间为 1.49(min),与平均节拍时间相差 0.11(min),所以平衡后实际的节拍为 1.49 min/件,则该生产线平衡后的实际工序负荷率为：

$$E = \frac{P}{瓶颈工序时间} \times 100\% = \frac{1.38}{1.49} \times 100\% = 92.6\%$$

思考题

1. 合理组织生产过程原则应遵循以下原则？

2. 服装生产类型的划分有哪些？

3. 流水生产线的基本形式？物料采购的定价方法有哪些？如何选择供应商？

4. 工序与工序分析的概念是什么？工序分析方法是什么？

5. 服装生产的缝合方式有哪些？

6. 缝纫车间的布置的原则是什么？缝纫车间布置的种类有哪几种？

7. 缝纫车间的生产系统依据其特点可分为几种类型？

8. 产品生产时间构成是什么？标准作业时间的构成是什么？

9. 产品在工序间的移动方式有哪些？

10. 什么是节拍？工序同期化的概念是什么？

11. 某服装厂生产某款男男式棉衣,该厂每天工作时间是 480 min,计划每天生产 139 件,工序和标准作业时间见下表。确定最佳工位数和操作工人数,并计算平衡后的实际节拍及该生产线平衡后的工序负荷率。

序号	工序名称	标准时间(min)
1	前片	9.14
2	后片	3.7
3	袖子	3.76
4	领子	3.55
5	帽子	9.31

序号	工序名称	标准时间(min)
6	里布	5.20
7	装配整合	18.26
合计		52.92

 **知识拓展**

零缺陷管理

零缺陷管理的起源

被誉为全球质量管理大师、"零缺陷"之父和伟大的管理思想家菲利浦·克劳士比(Philip B. Crosby)，从20世纪60年代初提出"零缺陷"思想，并在美国推行零缺陷运动。零缺陷管理最早应用于美国马丁马里塔公司的奥兰多事业部，又称零缺点。1962年该公司为提高产品的可靠性，解决"确保质量"与"按期交货"的矛盾，首先在制造部门实施零缺点计划，获得了成功。第二年，美国通用电气公司在全公司范围内实施零缺点计划，并增加了消除错误原因建议这一重要内容，从而使无缺点计划更加完善。1964年初，美国国防部正式要求军工系统的企业普遍采用零缺点计划，许多民用工业企业也相继实施零缺点计划。1965年5月，日本电气股份公司首先在日本开展了零缺陷管理，称为零缺陷运动。仅一年多的时间。在日本开展零缺点运动的公司就有100多家，使日本的制造业产品质量迅速提高，并且达到了世界级水平，继而扩大到工商业所有领域。

零缺陷管理简称ZD，亦称"缺点预防"。零缺陷管理的思想主张企业发挥人的主观能动性来进行经营管理，生产者、工作者要努力使自己的产品、业务没有缺点，并向着高质量标准目标而奋斗。它要求生产工作者从一开始就本着严肃认真的态度把工作做得准确无误，在生产中从产品的质量、成本与消耗、交货期等方面的要求来合理安排，而不是依靠事后的检验来纠正。零缺陷强调预防系统控制和过程控制，第一次把事情做对并符合承诺的顾客要求。开展零缺陷运动可以提高全员对产品质量和业务质量的责任感，从而保证产品质量和工作质量。

克劳士比的质量管理四项基本原则

"零缺陷管理"的基本内涵和基本原则，大体可概括为基于宗旨和目标，通过对经营各环节各层面的全过程全方位管理，保证各环节各层面各要素的缺陷趋向于"零"。

• 原则一：什么是质量？

质量即符合要求，而不是好。质量的定义就是符合要求而不是好。"好、卓越"等描述都是主观和含糊的。

• 原则二：质量是怎样产生的？

预防产生质量，检验不能产生质量。产生质量的系统是预防，不是检验。检验是在过程结束后把不符合要求的挑选出来，而不是促进改进。检验告知已发生的事情太迟、缺陷已经产生，不能产生符合项。预防发生在过程的设计阶段，包括沟通、计划、验证以及逐步消除出现不符合项的可能性。通过预防产生质量，要求资源的配置能保证工作正确完成，而不是把资源浪费在问题的查找和补救上面。

- 原则三：什么是工作标准？

零缺陷，而不是"差不多就好"。工作标准必须是零缺陷，而不是"差不多就好"，差不多就好是说，我们将在某些时候满足要求，或者是每次都符合大部分要求而已。而零缺陷的工作标准，则意味着我们每一次和任何时候都要满足工作过程的全部要求。它是一种认真地符合我们所同意的要求的个人承诺。如果我们要让工作具有质量，那么，我们决不向不符合要求的情形妥协，我们要极力预防错误的发生，而我们的顾客也就不会得到不符合要求的产品或服务了。这是"零缺陷"工作标准的重要意义。零缺陷管理作为一种心态：事情第一次就做对；避免双重标准；决不允许有错误；非常重视预防；只有在符合全部要求时才行。

- 原则四：怎样衡量质量？

不符合要求的代价(金钱)不是指数。质量是用不符合要求的代价来衡量的，而不是用指数。指数是一种把符合项用相关的坏消息进行软处理的方法。不管怎样，如果我们软化了坏消息，那么管理者将永远不会采取行动。而通过展示不符合项的货币价值，我们就能够增加对问题的认识。不符合要求的代价是当要求没有符合时产生的额外的费用。不符合要求的代价是浪费的代价，即浪费时间、人力和物资，这是不必要的代价。

零缺陷与 MQM、精益生产方式 JIT、ISO 9000 之间的关系

底层是 ISO 9000 质量保证体系，是支持 MQM、零缺陷、及精益生产方式 JIT 的基本条件，它相当于汽车里的说明书，是指导性重要文件。

第二层是 MQM(现代品质管理体系)。它是在 ISO 9000 系列基础上，对生产型企业的品质管理进一步深化与控制，从经营的角度，创造各部门的品质控制与改善，是零缺陷的基础。

第三层"零缺陷"运动，零缺陷不仅仅限于企业内部产品质量要求，对于其它工作业务、供应商同时提出零缺陷工作标准，强调预防过程管理。无论是企业内部过程还是外部过程都必须符合双方同意的承诺要求；重视预防系统和不符合要求的代价的计算分析，从而降低质量成本，提高产品质量和工作业务质量。

顶层是精益生产方式 JIT。精益生产方式 JIT 是更为广阔的管理，其思想是以市场为导向，进行拉动式生产而实行资源整合全面管理，包括优化生产工作流程，减少多余的环节，推行零库存，降低采购成本，目的是提高生产工作效率，减少浪费，提高工作质量，使资源得到充分有效的利用。它涉及企业内部更多细化管理，如 MRPII、ERP、供应链、价值链等管理思想，是一项更深层次、更广泛、更有效、更全面的管理。

质量是芭蕾舞，而不是曲棍球

克劳士比极富艺术性地提出质量是芭蕾舞，而不是曲棍球。曲棍球是一种体育运动项目，曲棍球比赛时球员必须根据球场上瞬息万变的情况，判断如何进攻和防守，人们欣赏的是球员的激情"表演"，更多的是一种力量与速度的展示。在曲棍球比赛中，如果球员因失误被对方进一个球，他可以努力多进对方几个球，最终也许还会获胜。而芭蕾舞在演出前都经过设计、讨论、规划、检查以及详细节目安排。每一个布景道具的放置、每一段乐章的时间、每一段剧情的展开及每一个音乐的节拍，都经过周密的考虑和精心的策划。芭蕾舞演员追求的是一种零缺陷也就是完美的境界。因为任何一个细小环节的疏忽，都会影响最终的演

出质量和观众(顾客)的美感。

如果采用人盯人的现场管理办法,在当今快节奏的生产下,是不可能实现零缺陷的。只有建立一个行之有效的质量管理体系规范,在内部形成一个质量持续改进的良性循环,才能实现零缺陷的目标。

(引自 360 百科 http://baike.so.com/doc/5609347.html)

第四章　服装成本管理

1. 服装成本的构成要素
2. 服装产品的成本分析与计算
3. 服装成本计划的编制
4. 质量成本的确定
5. 服装生产成本的控制

4.1　服装成本管理概述

4.1.1　费用与成本的概念

服装企业在生产经营过程中,需要消耗掉各种生产资料和支付其他各项开支,这些生产资料和各类开支分别进行归集后即成为企业的成本和费用。成本指企业为生产和消耗一定的产品而消耗的资产和劳务的的货币表现。费用指企业在日常生产经营活动中发生的、会导致所有者权益减少的、与所有者权益分配无关的经济利益总流出。成本是衡量企业经济效益的一项综合性指标,任何企业经营的成功与否都可以从成本指标上直接或间接地反映出来。

服装企业制造服装时,需要消耗一定的人力、物力和财力,即材料费和人工费;另外,服装企业常将部分订单或局部加工工艺(如刺绣、印花)送协作单位完成,需要额外支付外协加工费;企业其他行政管理部门在企业生产经营活动中产生的各项费用,如销售费用、管理费用、仓储费用、财务费用等。

上述各种费用构成了产品的直接成本、间接成本和期间成本。直接成本指可以直接确定成本对象,计入该产品生产费用的生产成本,如直接材料费、直接人工费等。间接成本指某些虽与产品的生产有关,但难以明确区分与哪个具体品种直接有关而只能按一定方法分配计入完工产品中的各项间接生产费用,如间接制造费用、水电费、交通费等。期间成本指一定时期内所发生的,但不能直接归属于某个产品的成本,而必须从当期收入中扣除的成本费用,如管理费用、财务费用和营业费用。一定期间所发生的生产费用如果全部计入该期间的产品成本,那么生产费用就与产品成本相等。但生产费用与产品成本往往是不相等的,因为在会计期末有在制品的情况下,本期发生的生产费用就不一定全部计入本期生产完工的产品成本中,而计入本期生产完工的产品成本也不一定全部都是本期发生的生产费用。

4.1.2 成市的分类

为便于财务报告和成本管理,正确归集和分配费用及准确地计算成本、有必要对成本进行分类。成本分类是对成本管理对象的细化。成本分类的标准有很多,一般有以下几种分类方法。

（1）按成本与特定产品的关系分类

按成本与特定产品的关系分为直接成本与间接成本。直接成本是可以直接确立成本对象,直接计入某特定产品成本的成本项目。非直接成本是不能直接确立成本归集,需要按照某种标准在几种产品之间分配的成本。

该种分类的目的是为了正确归集和分配费用,以便正确计算产品成本。此种分类关键是间接成本的分配,服装生产企业通常是若干批不同款式的产品同时生产,直接成本好归类计算,但间接生产成本就需要在不同产品成本之间进行分配,间接费用分配得当,就能够正确归集每种产品的生产成本,合理分析每个产品成本的实际成本与计划成本的差异,以便采取相应的控制措施。

（2）按成本的经济用途分类

成本按经济用途分为制造成本和非制造成本。制造成本又称生产成本,是指能够直接或间接归属于某批产品的成本,包括直接材料费、直接人工费、间接加工费。非制造成本也称期间成本,主要有销售费用、管理费用和财务费用。

此种分类是为了区分产品成本和期间费用,基于成本计算和确定损益为目的,最终形成各种成本计算方法。制造成本（产品成本）将会转入存货价值中,待存货销售后才会转入销售期间的损益中,未销售部分转为存货成本在资产负债表中表现。非制造成本（期间成本）是与一定会计期间相联系的,最终都会转入损益,但转入的期间不同。如果不能正确区分产品成本与期间成本的之间的界限,就会导致期间损益的不均衡、不配比。

（3）按成本习性分类

成本按习性分为变动成本、固定成本和混合成本。变动成本总额是随着业务量变化而成正比变化的成本,如直接材料费、直接人工费等。变动成本就单位产品而言是固定不变的。变动成本呈现出总额的正比例变动性和单位变动成本的不变性。固定成本是在一定范围内总额不随业务量变化而变化的成本,但就单位固定成本而言,是与业务量的增减成反比例变动。固定成本一般包括保险费、租赁费、广告费、管理人员工资、直线法计提的固定资产折旧等。固定成本呈现出总额的不变性和单位固定成本的反比例变动性。混合成本则介于变动成本与固定成本之间。如机器设备日常的维修费用、辅助生产费用等,这类成本同时具有变动成本和固定成本的特性,为了便于管理,常将混合成本采用一定的方法分解为变动成本和固定成本两个部分,并将其归入变动成本和固定成本总额。

这种成本分类是管理会计短期经营管理的基础,对于成本预测、决策和分析,特别是对于控制和寻找降低成本途径具有重要作用。

（4）按成本可控性分类

成本按可控性分为可控成本和不可控成本。可控成本是能由责任单位或个人的行为所控制的成本,反之为不可控成本。例如,采购部门负责原材料的采购,可以通过对供应商的选择和讨价还价来决定原材料的价格,原材料价格的高低对于采购部门来说是可控成本。

第四章　服装成本管理

对于生产部门来说,其只能根据生产产品的数量及其结构决定耗用原材料的数量,而无法影响原材料的价格,因此,原材料价格对于生产部门来说是不可控成本。

此种分类对确定责任单位、明确责任单位的责任、评价责任单位的业绩有非常重要的作用。按成本可控性分类是基于成本管理目的,最终形成现代管理中各种成本预测和控制方法。

4.1.3 成本的构成要素

服装企业的生产成本是指可以归属于每批订单的各项生产费用,具体表现在服装成品生产过程中消化掉的生产资料、支付给作业人员的劳动报酬及各项管理费用的总体货币表现。服装材料费、人工费和间接加工费构成服装成本的三要素。

（1）材料费

① 直接材料费。指构成服装实体的服装面料费、里料费、辅料（衬料、拉链、纽扣、垫肩、商标、缝纫线）费等。

② 间接材料费。指不构成服装实体,但与生产密切相关、不可或缺的材料,如缝纫机针、缝纫机油、缝纫机零部件备件、包装材料等。

（2）人工费

① 直接人工费。直接从事服装产品的生产,将材料转化为产成品的工人工资或报酬。包括操作工人的基本工资、计件工资或计时工资、加班费、超额奖金及特殊情况下支付的工资等。

② 间接人工费。非直接从事服装产品生产的工人（如辅助车间生产工人、管理人员、销售人员）工资、奖金、福利待遇、节假日工资等。

（3）间接加工费

① 直接经费。直接用于产品加工的费用。如样衣试制费、工艺卡制作费、外协加工费、设备租赁费等。

② 间接经费。间接用于产品加工的费用。如卫生费、机器设备折旧费、保险费、水电费、交通费、税金、通信费、仓储保管费等。

间接材料费、间接人工费和间接加工费构成了服装产品的制造成本。

4.1.4 成本管理的意义

成本管理就是对企业生产经营活动过程中所发生的成本和费用,进行系统的、有组织的预测、计划、控制、核算、考核和分析等一系列科学管理工作的总称。成本管理具体表现在对生产成本和经营费用的控制。成本管理的基本任务是以提高经济效益为中心,不断组织企业员工挖掘降低成本的潜力,在保证一定产品质量和服务的前提下,最大程度地降低企业内部成本。成本费用的高低直接决定产品的价格和利润空间,影响企业的经济效益。加强成本管理对降低企业成本费用,提高服装企业的的经济效益,增强服装企业的核心竞争力具有重要意义。成本管理的意义主要表现在:

① 通过有效的成本管理,达到减低成本的目的。降低成本是降低产品价格的前提,产品的价格是在产品成本基础上制定的。通过降低产品的成本,在保证利润的前提下,才能打开产品降价的空间。降低产品价格有利于在国内和国际市场上打开销路,在竞争中处于有

服装生产管理学

利地位。

② 促进企业资金积累。在产品的价格、税率不变的前提下,生产成本降低,企业的利润自然增加,能给企业提供更多的资金积累,满足扩大再生产的要求。

③ 低成本是企业加快生产发展的重要途径。产品成本反映了生产中物化劳动和劳动的消耗,不断降低成本,意味着能以较小的成本,制造出同样多的产品,或者用同样多的劳动消耗制造出更多的产品。

④ 提升企业整体经营管理水平。企业要降低成本,就需要多方面、多渠道改进管理方式和方法,提高企业生产效率。如改进产品设计、提高工艺技术水平、改进劳动组织、改进经营管理方法等。

⑤ 实行科学的成本管理,构建企业竞争优势。科学的成本管理不能只局限于成本管理,更重要的是对相关企业(如上、下游企业、竞争者)及相关领域(如产品设计等成本管理的组织)成本行为的管理,只有这样,才能达到开源节流的最终目的,提升企业的竞争力。

4.1.5 成本管理的过程和内容

(1) 成本管理的基本要求

成本管理是企业增加盈利的根本途径,开展成本管理必须做到全员性成本管理、全过程的成本管理、预防性成本管理这三项基本要求。

① 全员性的成本管理。要降低产品成本,必须全面贯彻执行成本管理责任制,把降低产品制造成本的指标落实到每个部门和个人,定期考核执行情况,做到责权分明、奖罚合理。同时,为了更好地贯彻执行成本管理任务,企业应组织职工学习有关成本管理知识,积极参与成本的计划、核算、分析和控制等成本管理活动。

② 全面性成本管理。现代服装企业的生产过程复杂,常常是不同批次,多品种交叉生产,对成本管理带来很大的挑战。要保证有效的成本管理,达到降低产品成本的目的,必须实行全面的、全过程的综合性管理。

③ 预防性成本管理。预防性成本管理就是需要对产品形成过程中的费用进行预防性控制,防止出现偏差,避免造成成本损失和浪费。

(2) 成本管理的过程和内容

成本管理的总体目标是为企业的整体经营目标服务,具体来说,包括为企业内外部的相关利益者提供其所需的各种成本信息以供决策,以及通过各种经济、技术和组织手段实现控制成本水平。成本管理的过程和主要内容如下:

① 开展成本预测,确定标准成本,编制生产成本计划。开展成本预测,确定标准成本,编制生产成本计划,要在成本形成之前,依据企业生产经营实际情况,本行业的先进成本管理水平,以及企业要达到的理想成本,运用科学的方法,确定标准成本,编制生产成本计划,使之成为企业切实可行的成本管理手段。

② 进行成本控制。成本控制是成本管理的重要手段,以指导和调控生产消耗为主要目的,着眼于成本形成的全过程。实行成本控制,要建立健全与成本控制相应的控制指标和控制制度。将控制指标层层落实到每个环节和每个部门,要求各部门和责任人承担相应的责任,调动全体员工参与成本管理活动的自觉性和积极性,保证指标的顺利完成。

③ 准确、及时地核算产品成本。明确产品核算范围,依照各种产品的特点,选择合适的

制造费用分配标准,准确、及时地进行产品核算。

④ 开展生产成本分析。成本分析是成本产生的事后分析,服装企业不仅要制定标准成本,还需要进行标准成本的差异分析,找出实际成本与标准成本之间的差异,并分析差异产生的原因,确定差异责任的归属,找出降低成本的途径,采取纠正差异的措施。

上述过程周而复始地贯穿形成了成本管理体系。

4.2 服装产品的成本分析与计算

4.2.1 成本计算方法

成本计算是将企业在产品生产过程中实际发生的生产费用,按照不同的用途和发生地进行汇总、归集,再按成本计算对象汇总,以计算出产品的总成本和单位成本。成本计算要准确、及时,真实反映各个部门、各项工作实际的成本水平和企业经营的经济效益。

（1）成本计算的原则

企业进行成本计算既是为了财务会计编制对外财务报表的需要,也是为了企业内部加强成本管理和控制等需要。为了使企业所计算的产品成本资料真实可靠,提供准确的成本信息,利于企业进一步挖掘降低成本的潜力,成本计算必须掌握以下原则。

① 分期计算原则。分期计算就是按照会计分期的原则,将企业生产过程所发生的各项生产费用分别归属于不同的会计期间,分期进行成本计算,以保证各个会计期间产品成本计算的准确性和会计核算的一致性。

② 选择合适的费用配比原则。选择合适的费用配比原则,必须按照生产费用与成本计算对象之间的关系,正确划分直接费用与间接费用。其中,大部分直接材料、直接人工和一些制造费用项目,可直接计入各成本计算对象;而一部分管理人员工资、设备折旧费、水电费、设备维护费等间接费用无法直接计入每批产品的成本,只能归集到制造费用中,并按一定的配比标准转入到每批产品的成本中。选择什么标准,对每批产品的成本核算影响很大,一般可以选择与制造费用的发生有因果关系,以受益原则进行分配。标准的选择可以有多种,要考虑不同制造费用采用不同的分配标准。

③ 正确区分各种费用之间的界限。为了真实反映产品实际消耗水平,保持企业成本计算的一贯性原则,必须正确区分下述各种费用之间的界限:生产经营成本与非生产经营支出界限;生产成本与期间费用界限;本期成本与非本期成本界限;不同产品成本界限;在制品与产成品之间界限。

④ 按实际成本计算原则。企业的成本会计报表,必须按实际成本计算,保证会计资料真实完整,避免成本计算的随意性。资金收付记录要完整、准确,避免账实不符或导致财务报表信息失真,使成本信息保持客观性和可验证性。

（2）成本计算的一般程序

① 收集、整理原始凭证。原始凭证就是原始记录表,包括资产的购置、材料的消耗、劳务费的支出、待摊费用的形成和摊销方面的原始资料。原始记录表要真实合法,填制符合要求,能够准确清晰反映生产制造过程中生产消耗,原始凭证的传递要及时,以便为产品成本

计算提供原始依据。

　　② 确立成本计算对象。成本计算对象是承担和归集费用的对象,是费用归集和分摊的依据。成本计算应以成本单位来计算成本。成本计算对象可以是一种产品或若干种产品,也可以是一批相同的项目或一组相似的项目,也可以是半成品或产成品。

　　③ 确定成本计算期。为了保证各批产品成本计算的正确性,产品成本明细账的设立和结算,应与生产任务通知单的签发和结束密切配合,产品的总成本,在该产品全部完工时计算产品成本较为合理。但是有的产品生产周期过长,完全按生产周期计算成本,将会影响会计信息的报告,有的产品生产周期很短,使成本计算很频繁,又会加大成本核算成本。所以成本计算周期与产品生产周期可能不一致。因此,如何确定成本计算期,取决于企业生产组织特定和管理要求。如小批量生产,可以以产品生产周期作为成本计算期,如果批量比较大,可以以会计分期作为产品成本计算周期。

　　④ 确定成本项目。按照成本构成要素确立成本项目,可以清楚了解各项费用用途、使用状况,提供更加直观的产品成本构成信息。通过对成本项目的分析,了解成本升降的原因,以便采取措施控制成本。

　　⑤ 正确地归集和分配各种费用。费用的归集和分配,应严格遵守相关的法律和法规规定的成本开支范围和费用开支标准。根据生产费用的原始凭证,对原材料费用、人员工资、水电费、固定资产折旧等生产费用分别进行汇总,按照生产费用与成本计算对象之间的关系、费用发生的用途,编制各种费用分配表。

　　⑥ 编制成本计算表。按成本计算对象和成本核算项目分别设置和登记费用、成本明细分类账户,然后根据这些账户资料,编制各种成本计算表,确定各种成本计算对象的总成本和单位成本。

　　(3) 成本计算的方法

　　企业进行成本计算,必须根据其生产组织类型和成本管理的具体要求,选择适当的成本计算方法。成本计算方法很多,主要的方法有品种法、分批法、分步法三种。

　　① 品种法。品种法是以产品的品种为成本计算对象,来归集和汇总生产费用的一种产品成本计算方法。一般适用于单步骤的大量生产或不需要分步骤计算成本的大批、大量生产。品种法一般将当月发生的费用直接计入每月完工的产品成本,不存在生产费用在完工产品和在制品之间的分配问题,计算方法较简单,很适合简单产品的生产,故又称简单法。

　　② 分批法。分批法也称订单法,是按订货合同上规定的产品品种和数量,划分产品批别组织生产,并把产品批别作为成本计算对象的一种成本计算方法。主要适用于小批量、多品种的生产。分批法的产品成本计算期与会计核算期可能不一致。各批产品成本明细账的设立和结算,应与生产任务通知单的签发和结束密切配合,各批订单产品的总成本,在该批产品全部完工所在月的月末进行计算。

　　分批法中对费用分配问题一般是一批产品全部完工后,才计算该批产品的完工产品成本,对于服装产品而言,如果一批产品没有完工,那么全部都是在制品,所以就不存在完工产品和在制品之间的分配问题。若一批产品在月末部分完工,这时就必须计算完工产品和月末在产品之间的费用分配问题,费用应采用适当的方法在完工产品与在制品之间进行分配,分别计算当月完工产品与在制品成本。

③ 分步法。分步法是按照产品的生产步骤归集生产费用,计算产品成本的一种方法。它主要适用于大量、大批的多步骤生产。分步法的成本计算对象就是各种产品的生产步骤,因此,在计算产品成本时,生产费用应按照产品的生产步骤设立产品成本明细账,每月月末均要在完工的半成品和在制品之间进行分配,最后汇总计算完工产成品的成本。如果企业只生产一种产品,则成本计算对象就是该种产品及其所经过的各个生产步骤。

在实际工作中,采用分步法计算产品成本时,各生产步骤成本的计算和结转,可以根据成本管理的不同要求和简化计算的角度考虑,采用逐步结转和平行结转两种方法,即逐步结转分步法和平行结转分步法。

a. 逐步结转分步法。逐步结转分步法要求各步骤计算出半成品成本,由最后一步计算出完工产品成本,所以又称为"半成品成本法"。逐步结转分步法所指的在产品是指本步骤尚未完工,仍需要在本步骤继续加工的在产品,半成品成本随实物的转移而转移,所以,最后步骤完工产品成本才是产成品成本。

b. 平行结转分步法。平行结转分步法是指在计算各步骤成本时,不计算各步骤所生产半成品成本,也不计算各步骤所耗上一步骤的半成品成本,而只计算本步骤发生的各项其他费用,以及这些费用中应计入产成品成本的份额,将相同产品在各步骤成本明细账中的这些份额平行结转、汇总,即可计算出该种产品的产成品成本。

服装企业根据订单进行生产,即有大批量生产,也有工艺相对复杂的小批量多品种生产,同时,由于服装制作分裁剪、缝制、后道等生产步骤,因而最好是将分批法和分步法组合计算每批产品的生产成本。如果一份订单有几种不同款式的服装,则需要将订单拆分成不同批号进行成本计算。各步骤之间的成本结转可以采用逐步结转,也可以采用平行结转。

以上几种方法的区别和适用范围见表 4-1:

表 4-1　服装成本计算方法的区别和适用范围

成本计算方法		成本计算对象	成本计算期	适用范围	
				生产特点	成本管理要求
品种法		产品品种	按月计算,与会计报告期一致	少品种、大批量、单步骤	不要求分步骤计算产品成本,不存在生产费用在完工产品和在制品之间的分配问题
分批法		产品批别	不定期计算,与生产周期一致	多品种、小批量	不要求分步骤计算产品成本,存在生产费用在完工产品和在制品之间的分配问题
分步法	逐步结转分步法	产品的品种及其生产步骤	按月计算,与会计报告期一致	少品种、大批量、多步骤	要求分步骤计算产品成本,各步骤计算出半成品成本,由最后一步计算出完工产品成本
	平行结转分步法				要求分步骤计算产品成本,不计算各步骤所生产半成品成本,只计算本步骤发生的费用

4.2.2 服装生产成本计算方法

服装生产成本计算时,应按服装成本的构成要素全部列出,根据不同类别的成本对服装产品的成本进行分类、统计和计算,并按各部门责任区域进行成本计算和分配,精确计算出服装的成本。

（1）直接材料费的计算

服装材料费是指生产过程中为制造服装成品而耗用的,构成成品实体或有助于服装成品形成的各种材料,包括服装的面料、辅料、外购零部件等。服装生产中,材料来源渠道有两种,一种是服装生产所有需要的原材料都由厂家自购,另一种是部分原材料或所有材料由订货客户提供,厂家只负责加工。每批产品生产时所消耗的面料、辅料等费用,其数据来源于仓储物料部门提供的物料采购记账单（如表4-2所示）和材料出库单（如表4-3所示）。裁剪作业结束时,剩余的余料需退回仓库,进行单据修改,以便对材料使用成本精确计算。对于缝纫线的计算,一般是根据典型服装种类的缝纫线平均耗用量进行类比估算。材料费的计算公式如下:

$$直接材料费 = 材料的实际耗用量 \times 实际价格$$

表4-2 采购记账单

日期： 年 月 日

物料编号	材料名称	规格	数量(m)	单位(元)	单价(元)	金额	备注
合计							

表4-3 物料出库单

编号： 日期： 年 月 日

款式名称：		合同编号：		领料部门：		
制造单号：				交货期：		
物料编号	材料名称	申请量	实发量	不足量	退料量	备注
复核人：		经办人：		领料人：		

（2）人工费的计算

人工费可分为直接人工费和间接人工费两种。直接人工费是直接从事产品生产而发生

的费用,可直接计入产品成本。直接人工费可按作业内容细分为裁剪工人工资、缝纫操作员工资、熨烫工人工资等。计算公式如下:

$$直接人工费 = 产品作业时间 \times 标准工资率$$

$$工资率 = \frac{期间预计工资总额(直接工人的工资)}{工人人数 \times 开工天数 \times 每天作业时间 \times 出勤率}$$

计算时,可根据作业时间统计报表,按上述公式算出人工费用,如表4-4所示。

表4-4　直接人工费统计表

（自　年　月　至　年　月）

工艺单编号	产品名称	数量	裁剪工			缝纫工			熨烫工		
			作业时间(min)	工资率	金额(元)	作业时间(min)	工资率	金额(元)	作业时间(min)	工资率	金额(元)
合计											

注:此表是按月统计的作业时间和人工工资。

间接人工费为组织和管理生产活动的人工费用,主要包括辅助修补工、保全保养工、搬运工、包装工以及车间其他管理人员工资等,间接人工费应按其发生地点归集于产品制造费用,通过分配再计入产品成本。

（3）产品制造费用的计算

制造费用是指企业为组织生产管理所发生的各项间接费用,制造费用是通过设立费用项目进行归集的。制造费用的明细项目,可按费用的经济性质分类,也可按费用的经济用途设置,制造费用的明细项目主要包括:职工薪酬、机物料消耗、折旧费、动力费、经营性租赁费、保险费、水电费、办公费、差旅费、款式设计费、试验检验费、在产品盘亏、毁损和报废以及季节性和修理期间的停工损失等。具体分类和内容见表4-5。

表4-5　制造费的分类和内容

分类		内　　容
直接费用		职工薪酬、外加工、租金等
间接费用	支付费用	租借费、修缮及易耗品费、搬运费、保管费、车辆差旅费、检验费、通讯费、一般管理费、办公费等杂费
	按月扣除的费用	折旧费、保险费、税金、款式设计费、纸张费、贷款分期付款费等
	动力费和水费	电费、燃料费、水费
	其他费用	在产品盘亏、毁损和报废以及季节性和修理期间的停工损失等

制造费用的计算可以根据某一期间内产品制造的费用来归集,产品制造费用的种类很多,与产品的关系复杂,应按照生产费用与成本计算对象之间的关系、费用发生的用途,月末将其分配给受益对象。若只生产一种产品,其制造费用可直接计入该种产品成本;若生产多种产品,其制造费用应采用适当的方法分配计入各种产品成本。制造费用的分配可以通过编制制造费用分配表进行。

制造费用按照各种产品生产所消耗的工时为标准分配进行分配,计算公式如下:

$$标准制造费分配率 = \frac{计划作业期间的制造费预计总额}{计划作业期间预计开工工时总数}$$

$$产品应分配的制造费用 = 标准工时 \times 制造费分配率$$

4.2.3 服装加工费的计算方法

计算服装加工费的目的主要有两个：一是服装贸易洽谈时，作为纯加工或经销加工报价的基础；二是对生产企业进行成本核算和估计，作为生产成本控制和管理的依据。

价格是市场竞争的主要指标，在服装订单招标中，报价过高，企业有可能失去订单；报价过低，企业利润空间减少甚至导致亏损。如何报价合理、有竞争力，对生产企业和客户都至关重要。

服装的加工价格一般有两种，一种是纯加工(也称来料来样加工)价格，生产企业不负责面辅料采购，面辅料由客户提供，生产企业只负责成衣加工、包装和运输等。另一种是经销加工价格，生产企业负责面辅料采购及加工，以单件服装产品出厂价格来定价。另外，许多服装生产厂家有时订单加工来不及或有些工序(如印制图案、刺绣)需要请外协单位加工，需要支付外协加工费，这种费用也要计入成本中。

（1）加工费的计算方法

在服装贸易报价中，服装加工费只是一种估算，确切的服装加工费用只有等服装订单完成后，企业通过会计成本核算才能获得。所以服装生产企业服装报价时，一定要确保估算的服装加工费含有一定的利润或较高的利润空间，客户也需要对生产厂家的报价进行分析，判定是否合理。

归纳起来，目前采用的加工费主要有以下几种：

① 预计法。预计年度工资总额，再与预计产品生产数量相除即为加工费。

$$加工费 = \frac{年度工资预计总额 \times 预计加工天数}{预计日生产件数 \times 全年劳动天数}$$

② 扣除法。销售价扣除利税和生产销售费用所剩下的加工费。即：

$$加工费 = 销售价 - （利润 + 税收） - 成本费 - 其他费用$$

③ 行市法。加工费依据市场行情变动。

④ 估算法。估算法也称经验类比法，是根据以往类似款式服装的加工费提出估算方案，再根据工资和原材料变动行情调整，确定合理的加工费。

⑤ 投标竞争法。根据市场反馈的接受价格，确定加工费，再由生产厂家竞争投标接受。

⑥ 成本核算法。先确定一件服装加工时间，计算每分钟价格，然后相乘算出加工费。

$$每分钟价格 = \frac{每人每天加工金额}{480}$$

$$加工费 = 单位产品加工时间 \times 每分钟价格$$

⑦ 台板工缴计算法。以工厂主要基础缝纫设备的数量来计算加工费。台板工缴计算法在实际应用中，显出实用方便、准确度高的特点。

（2）台板工缴计算方法

台板工缴计算法计算加工费是将工厂内大量的基础缝纫设备为计算单位,机织面料的服装加工以平缝机为"台板"计算单位,针织面料的服装加工以包缝机为"台板"计算单位。

设工厂每月总支出为 C（元）,它主要包括以下费用:

① 工资支出。直接人工工资和间接人工工资。

② 管理支出。搬运费、保管费、车辆差旅费、通讯费、办公费等。

③ 生产费用支出。如电费、燃料费、水费、设备维护保养费等。

④ 固定资产折旧费。

以上费用支出每月可能有波动,但对服装厂来说,某一段时间的差异不会很大,基本保持同一水平。

设服装厂流水作业时每人每天的工作定额为 M（件/人·天或件/台·天）,基础缝纫设备为 n,每月以 22 天工作日计算,设台板工缴为 P（元/台·天）,则:

$$P = \frac{C/22}{n} = \frac{C}{22n}$$

台板工缴 P 的含义是每人每台基础缝纫设备应创造的价值。它与加工费 U（元/件）之间的关系为:

$$U = \frac{P}{M} = \frac{C}{22nM}$$

若 C、M 值估算较为准确,则加工费的估算就相当符合实际,但由于种种原因,工厂每月的工作日常有变动,工厂每月的实际工作日应按实际情况而定。如果工厂管理混乱,如原材料供应不上、停电、出勤率低、操作工熟练程度低等原因,都会影响到 M 值的精确度,从而使加工费 U 值偏高。所以,应以一定的系数加以修正。如取 0.85,则加工费的修正公式为:

$$U = \frac{C}{22nM \times 0.85} = \frac{C}{18.7nM}$$

若考虑税率和利润率,则加工费（U'）的价格为:

$$U' = U(1+a_1)(1+a_2)$$

式中:a_1——税率;

a_2——利润率。

【例 4-1】 某服装厂一车间现有平缝机 55 台,总人数 68 人,工资总额为 124 000 元/月,每月的其他支出,如厂房设备折旧费 25 000 元,水电费、燃料费 13 000 元,通信费 5 000 元,车辆差旅、一般管理、办公费等合计 10 000 元,则:

$$C = 124\,000 + 25\,000 + 13\,000 + 5\,000 + 10\,000 = 177\,000 \text{ 元}$$

$$P = \frac{C}{22n} = \frac{177\,000}{22 \times 55} = 146.28 \text{ 元/台·天}$$

该厂承接某款女便西上衣,总件数为 780 件,目标产量为 15 件/人·天,则该款的最低保本加工费（不考虑利税的因素)为:

$$U = \frac{C}{18.7nM} = \frac{177\,000}{18.7 \times 55 \times 15} = 11.47 \,\text{元／件}$$

一般工厂在核算加工费时,还要加上利税。若取税率13%,利润率9%,则加工费价格应为:

$$U' = 11.47(1+13\%)(1+9\%) = 14.13 \,\text{元／件}$$

(3)服装经销价格

服装经销价格是由许多项目的价格构成,有面辅料等费用的价格、还有加工费、利税等,即服装的价格是各项目成本的价格之和。设服装经销价格为S,利税为$a\%$,则:

$$S = (1+a\%)(a_1 + a_2 + a_3 + \cdots + a_n)$$

式中:$a_1 + a_2 + a_3 + \cdots + a_n$ 表示面料、各类辅料费用、加工费、包装费等,不同地区、不同订单、不同品种和数量,利税可能不一样。

【例4-2】 某批外贸复合上衣订单,款式如表所示,数量1 000件,面辅料含耗率为2%。面料A为100D四面弹复核摇粒,幅宽为1.45 m,面料单价为22.5元/m;面料B为塔丝隆,幅宽为1.50 m,面料单价为10.5元/m;里料A为130G丝光绒,幅宽为1.50 m,单价为29元/kg;T/C布,幅宽为1.48 m,单价为6.5元/m;网布,幅宽为1.48 m,面料单价为29元/m;辅料中,70 cm长拉链有1条,单价为1.2元/条,20 cm长拉链有5条,单价为0.65元/条,用于下摆的织带2.2 m,单价为0.15元/m;车缝线估算为0.13元,其他如弹力珠、弹力绳、弹力扣、弹力织带、拉头等匡算为2.03元;司标、包装和运输费匡算为2.87元。该款式工厂台板工缴100元/(台·天),工时定额估算每台缝纫机每天5件,计算的加工费为20元,管理费用分摊为3元,利税率为7%,试计算该款式的经销价格。

经销价格的计算如下:

$$S = (\text{面料金额} + \text{里料金额} + \text{辅料金额} + \text{司标金额}$$
$$+ \text{加工费和管理费} + \text{包装费} + \text{运输费})$$
$$\times (1 + \text{利税}) = 74.13 \times (1+7\%) = 79.32(\text{元／件})$$

根据以上所列条件和计算制定报价表(表4-6),报价表可以有多种形式,有简单的或详细的,但作为成本核算的报价表,应精确又详细。

表4-6 服装报价单

款式名称	复合上衣	数量(件)		1 000	核价期		
款号	268323	面辅料含耗率		2%	交货期		
样品尺码	M	胸围	125	衣长	78	袖长	77
款式图:				款式描绘:			

品名		描述	规格	单位	耗量	单价	金额
面料	面料A	100D四面弹复核摇粒，1000防水，800透气	1.45	m	1.62	22.5	36.45
	面料B	塔丝隆	1.50	m	0.1	10.5	1.05
里料	里料A	130G丝光绒	1.50	kg	0.07	29	2.03
	里料B	T/C布	1.48	m	0.05	6.5	0.33
	里料C	网布	1.48	m	0.01	29	0.29
辅料	拉链A	5#尼龙反穿闭合拉链（用于前胸）	70 cm	条	1	1.2	1.2
	拉链B	3#尼龙反装闭合拉链	20 cm	条	5	0.65	3.25
	织带	用于下摆	1 cm宽	m	2.2	0.15	0.33
	其他	弹力珠、绳、扣					2.03
	车缝线				1	0.65	0.65
	车缝线损耗						0.65
司标	主唛			个	1	0.15	0.15
	其他司标						0.2
工缴	加工费及管理费			件	1	23	23
包装				件	1	1.87	1.87
运输	国内运输			件	1	0.65	0.65
利税	7%				7%	74.13	5.19
价格	总价		RMBY	元			79.32

（4）服装加工报价注意事项

① 服装用料计算。服装面料费用是服装报价的主要部分，面料的费用由面料耗用数量和面料单价两部分组成。面料用量多少与款式结构变化、排料方式、面料幅宽等因素有关，面料用量计算不准会使报价与实际价格产生较大差异，甚至造成亏损的风险。精确计算用料应考虑以下几种情况：

a. 用料的精确计算，不存在有某种计算公式，实样排料图是精确计算用料的最好办法。

b. 估算用料时，应对款式的结构和面料的丝缕方向要求了解清楚，款式的结构和面料的丝缕方向要求对面料用量影响很大，所以一定要在报价时详细说明，另外，丝缕方向的不同，也会导致面料用量的差异。

c. 在服装报价中，不能盲目用中间尺码估算用料，应该了解订单中各种尺码在数量上的搭配情况，选用与上下尺码数量基本相当的尺码为基本尺码。例如，S码100件，M码100件，L码300件，XL码100件，那么，基本码就是L码，S码的用料另作考虑，同时要考虑有修正用料的余地。

d. 报价中服的用料是以单件服装加上用料损耗得到的，所以，报价中的用料量必须加上用料损耗量。用料损耗主要有裁剪损耗、调片损耗和后处理损耗。

② 包装运输等费用匡算。在服装报价中，包装耗材费（塑料袋、胶纸、胶针、打包带、纸箱等）和运输费及其它零星材料费（缝纫线、商标等）要分摊到每件服装成品上，这些费用与

材料费和加工费相比,一般很小,所以可以用匡算的方式来计算,一般在 2～5 元之间,如果有特殊要求,价格超出匡算范围则应单列。

③ 利税计算。利税率一般在 10% 左右,实践表明,利税率超过 10% 的报价,属于较高利润的报价。报价有总体报价和分离报价两种。所有的费用乘以利税因子,这种报价方式称为总体报价;而把基本价格中有开增值税发票的项目,如面辅料项目,工厂在这部分费用上不进行纳税,可以看成不变成本,而加工费、管理费和利润需要纳税,税金必须计入报价中,这部分项目可以看成可变成本,将利税因子乘以可变成本的报价称为分离报价。一般处理,面料单价比较低,采用分离报价法利润高;面料单价比较高,采用总体报价法利润高。

④ 其他费用和样衣费用。报价时要对项目费用考虑周全,否则易造成报价失误。例如,服装的外协加工费、绣花费、印花费、特殊规格的纽扣、模具费用、外贸商检费、各种单证费等,这些费用易忽视遗忘,造成利润流失。还有各种样衣,需要单件或少件制作,样衣的成本往往高于大货生产的成本 20%～50%,有时甚至达到数倍,所以不可忽视。

4.3 服装标准成本制定与计划成本编制

标准成本是指在有效经营条件下,经过调查分析和运用技术测定等科学方法,依据产品的消耗标准和价格标准预先计算的一种目标成本。标准成本是成本控制的目标和衡量实际成本的依据。

4.3.1 标准成本种类

标准成本的种类很多,按照制定标准成本所依赖的生产技术条件和经营管理水平,可以把标准成本分为理想标准成本、正常标准成本和现实标准成本。

(1) 理想标准成本

理想标准成本是以现有生产技术、设备和经营管理条件,在最佳状态下达到的最优目标成本水平。所谓"最优状态",是指在资源无浪费、设备无故障、产品无废品、工时全有效、生产能力达到充分利用的前提下,以最少的耗用量、最低的费用水平生产出最大的产出量。在该生产水平下制定的标准成本是最理想的,也是最难以实现的。

(2) 正常标准成本

正常标准成本是以企业正常的技术、设备和经营管理水平为基础,考虑了设备可能发生的故障、意外或计划停工等不利因素后制定的目标成本。正常标准成本是根据过去经验估计的,是企业过去较长时间内所达到的平均水平,通过努力可以达到,但不能反映目前的实际水平。以此为目标成本可能会低估或高估目前的生产水平,达不到有效成本控制的目的。

(3) 现实标准成本

现实标准成本是在正常标准成本基础上,考虑到目前的实际情况而制定的目标成本。它是以一种合理的耗用量、合理的费用耗费水平和生产能力利用程度制定的切合实际情况的一种标准成本。这种标准成本是通过努力能够达到、切实可行的标准成本。

上述三种标准成本,以采用现实标准成本为宜,现实标准成本是依照企业过去较长时间内所达到的平均水平,再适当考虑可变趋势而确定的,较为科学、合理和切实可行。

4.3.2 标准生产成本的确定

制定标准成本,一般先确定标准直接材料成本和直接人工成本,其次确定制造费用的标准成本,最后确定单位产品标准成本。在制定标准成本时,都必须分别确定标准用量和标准价格。标准用量包括单位产品材料耗用量、直接人工工时等,主要由生产技术部门制定;标准价格包括原材料单价、小时工资率和制造费用分配率等,主要由财务部门和其他相关部门共同研究确定。标准成本的各个项目分别由各项标准消耗量与标准价格来确定。即:

$$标准成本 = 标准消耗量 \times 标准价格$$

(1)标准直接材料费的确定

标准直接材料费的制定包括直接材料用量标准的制定和直接材料价格标准的制定。

① 标准直接材料费的确定。直接材料用量标准是指在一定的生产技术条件下,生产单位产品所必须耗用的直接材料数量,即材料的消耗定额。其中包括必不可少的消耗和各种难以避免的损失。具体确定方法有下面几种:

- 通过对以往的单位产品消耗量的统计资料进行分析,确定直接材料标准消耗量。
- 以设计部门为中心,精确计算单位产品消耗量,从而确定直接材料标准消耗量。
- 通过产品样品试制,根据材料的实际消耗量来确定直接材料标准消耗量。

在实际生产中,直接材料耗用标准的制定通常是将上述几种方法结合起来,综合考虑企业产品的设计、生产工艺状况以及企业的经营管理水平。

② 确定材料的标准价格。材料的价格标准是预计下一年度需要支付的进料单位成本,通常由采购部门与成本核算部门协作,根据材料市价和以往材料价格的统计资料,分析材料价格动向,结合最佳采购批量和最佳运输方式等其他影响价格的因素预先确定各种材料的单价。根据材料耗用标准和价格标准就可以确定直接材料的标准成本。其公式为:

$$材料标准成本 = 材料标准消耗量 \times 标准价格$$

(2)标准直接人工费的确定

标准直接人工费的确定包括直接人工标准工时的制定和标准工资率的制定。

① 确定标准工时。标准工时是指在现有的生产技术条件下,生产单位产品所需要的标准作业时间。确定单位产品所需的直接人工工时,需要按产品的加工工序分别进行统计,然后加以汇总。这里的工时可以是生产工时也可以是机器工时。标准作业时间与加工的服装种类、作业方式、加工设备、操作者的技术水平等有关。制定标准工时时,应考虑生产间歇和正常停工所用的时间,确定适当的宽裕时间。

② 确定标准工资率。直接人工的价格标准即标准工资率。在不同的工资制度下,工资率标准表现形式不同。它可能是预定的工资率,也可能是正常的工资率。标准工资率是计划期间的预定工资总额与预计作业时间的比值,或与设备预计开动时间的比值,即单位时间的工资值。

采用计时工资时,标准工资率就是单位工时工资率,即单位产品的计件工资。标准工资率的计算公式如下:

$$标准工资率 = \frac{计划作业期间预计工资总额}{工人人数 \times 预计开工天数 \times 每天作业时间 \times 出勤率}$$

根据设备开动时间计算标准工资率的公式为：

$$标准工资率 = \frac{计划作业期间预计工资总额}{设备台数 \times 预计天数 \times 设备每天开动的时间}$$

③ 确定标准直接人工费。根据标准工时和标准工资率就可以确定产品的标准直接人工成本。其计算公式为：

$$标准直接人工费 = 标准工时 \times 标准工资率$$

由于现代服装企业基本是流水生产，服装生产由许多工序构成，工人工资一般是按工序分段计价。影响分段工资水平的主要因素有各工序所需的标准作业时间、工艺复杂程度、缝制质量要求、每天工作时间、标准生产量、行业平均工资水平、劳动力市场状况及当地的有关法律规定等。因此企业实际在确定人工工价时，应以标准工资率为基准，并综合考虑以上影响工资水平的主要因素，对各工序的标准工资率进行适当调整，最后确定各工序的工资。

（3）标准制造费的确定

标准制造费的制定与标准直接人工费的制定相类似，除了工时标准的制定外，还包括标准制造费用分配率的制定。

① 确定标准工时。与标准直接人工费的标准作业时间的确定方法相同。

② 确定标准制造费用分配率。标准制造费用分配率是指单位时间内所应分摊的制造费用（含固定制造费用和变动制造费用）。其计算公式为：

$$标准制造费分配率 = \frac{计划作业期间的制造费预计总额}{计划作业期间预计开工工时总数}$$

根据设备开动时间计算标准制造费用分配率的公式为：

$$标准制造费分配率 = \frac{计划作业期间的制造费预计总额}{计划作业期间预计设备开工工时总数}$$

③ 确定标准制造费。在标准时间和标准制造费用分配率确定后，可算出标准制造费，即：

$$标准制造费 = 标准工时 \times 标准制造费分配率$$

（4）单位产品标准生产成本的确定

产品标准生产成本是由标准直接材料费、标准直接人工费和标准制造费三者构成，各项目制定好标准成本后就可计算单位产品的标准成本。表4-7为某外贸加工产品的标准成本明细表。

表4-7　产品标准成本明细表

标准确定时间：　　年　月　日

	材料编号	材料名称	标准消耗量（米）	标准价格（元/米）	单位标准成本（元/件）
直接材料费	1163-01	复合摇粒330G	1.48	26	38.48
	1735-23	T/C格仔	0.42	21	8.82
	1735-24	TC布包边	0.5	6	3.0
	标准直接材料费		50.3		

服装生产管理学

（续表）

	作业编号	标准直接作业时间(分)	工资率(元/分)	第一工序		第二工序	
				第1作业	第2作业	第3作业	第4作业
直接人工费	2014-1	16	1.6	17.6			
	2014-2	9	1		9		
	2014-3	9	1			9	
	2014-4	6	0.8				4.8
	各工序标准直接人工费			26.6		13.8	
	标准直接人工费			40.4			
	分摊标准	标准直接作业时间(分)	标准分配率(元/分)	第一工序 第1作业	第二工序 第2作业	第一工序 第1作业	第二工序 第2作业
标准制造费	直接作业时间	16	1.0	16			
		9	0.5		4.5		
		9	0.5			4.5	
		6	0.3				1.8
	各工序标准制造成本			20.5		6.3	
	标准制造费			26.8			
单位产品标准生产成本				117.5			

4.3.3 质量成本的确定

20 世纪 50 年代,美国质量管理学家朱兰和菲根堡姆等人提出了质量成本的概念,进而把产品质量同企业的经济效益联系前来,对深化质量管理理论和改变企业经营管理理念产生了重要影响。人们开始认识到,产品质量的好坏对企业经济效益的影响至关重要。

质量成本是指企业为确保规定的产品质量水平和实施全面质量管理而支出的费用,以及因为未能达到规定的质量标准而发生损失的总和。质量成本是企业生产总成本的一个组成部分,服务于企业资本增值盈利,目的是核算和反映质量改进资本投入与由此产生的质量收益之间的相互关系,寻求两者之间的最佳结构,从而为质量经营决策提供依据。

（1）质量成本的构成

质量成本并不包括制造过程中与质量有关的全部费用,而只是其中的一部分,这部分费用是制造过程中同质量水平(合格率或不合格率)最直接、最密切的那一部分费用。质量成本一般由两部分构成,即质量运行成本和外部质量保证成本。质量运行成本一般由预防成本、鉴定成本、内部故障成本以及外部故障成本几个部分组成。其构成如图 4-1 所示。

图 4-1 质量成本的构成

① 运行质量成本：

a. 预防成本。预防成本指为了防止产生不合格品与质量故障而发生的各项费用。它主要包括质量工作费用（为预防发生故障，保证和控制产品质量，开展质量管理的各项有关费用）、质量培训费用、质量奖励费用、质量改进措施费用和质量管理专职人员工资及福利费用。

b. 鉴定成本。鉴定成本是为检查和评定产品质量是否符合规定要求和标准所需的费用。主要包括进料检测费用、样品试制费用、工序检验费用、成品检验与评审费用、检测设备维护及折旧费用、专职检验人员工资及福利等费用。

c. 内部故障成本。内部缺陷成本是指产品交客户前由于自身的缺陷造成的损失及处理故障所支出的费用，主要包括返工品的返修损失、废品的损失、返工后或矫正后的产品重复检测费用、由于产品质量事故造成的产品降级损失或停工损失等。

d. 外部故障成本。外部缺陷成本是指在产品交客户后，因产品质量或服务不符合规定而造成的损失。主要包括由于质量缺陷而支付的退换货损失、保修费用、折价损失、索赔费用、诉讼费用以及由于产品质量缺陷而失去的市场份额和销售等。在所有的质量成本中，这类质量成本是最具有破坏性的，而且损失难以计量。

② 外部质量保证成本

在合同环境下，企业按客户提供客观证据的要求而做的演示和证明所发生的费用，统称为外部质量保证成本。其项目包括：

a. 为提供特殊的和附加的品质保证措施、程序、数据等支付的费用。

b. 产品的实验和评定费用，如经过认可的独立机构对特殊的安全性能进行检测试验的费用。

c. 为满足客户要求，进行质量体系认证所发生的费用。

（2）质量成本的构成比例

质量总成本内各构成部分之间存在一定的比例关系，探讨其合理的比例关系是质量成本管理的一项重要任务。在质量成本构成的四大项目中，不同行业其构成比例存在差异，甚至在统一企业的不同时期，构成的比例关系也会有所不同或发生变化。通过对同行业、同企业和同类产品的质量成本构成比例进行分析对比，能发现生产中存在的问题，寻求到提高产品质量、降低质量成本的潜力和途径。

美国质量管理学家朱兰博士提出四项质量成本的一般比例关系见表4-8。

表4-8　质量成本构成一般比例

质量成本构成	占质量总成本的百分比（%）
预防成本	1～5
鉴定成本	10～50
内部故障成本	25～40
外部故障成本	25～40

四项成本之间不是互相孤立的，而是相互影响、相互制约的。如果企业不重视产品检验，鉴定成本很低，有可能出现大量不合格品出厂，一旦在使用中被客户发现而遭到退货或索赔等，发生显著的外部故障成本，致使质量总成本上升。反之，如果在企业内部实行严格的检验制度，则鉴定成本和内部故障成本就会增加，而外部故障自然会显著减少。在一定范

围内,如果增加预防控制和产品制造过程中的质量控制,则内、外故障,甚至包括鉴定成本都有可能减低,使质量总成本大大降低。

（3）质量成本的特性曲线

质量成本中四项成本的费用大小与产品质量合格水平之间存在一定的变化关系,这种变化关系可以用质量成本特性曲线来反映。如图4-2所示为质量成本特性曲线模型,其中曲线C_1表示质量成本加鉴定成本之和,它随着产品质量的提高,呈现由低到高的上升趋势;曲线C_2表示内部故障加外部故障之和,它随着产品质量的提高,呈现由高到低的上升趋势;曲线C为质量总成本曲线,即上述四项质量成本之和。

曲线C表现出一定的规律,在曲线C的左端,不合格品率高,产品质量水平低,内、外部故障大,质量总成本自然也大,当逐步加大预防费用和鉴定费用时,不合格品率降低,产品质量水平提高,内、外部故障和质量总成本也随之降低。但如果继续加大对预防费用和鉴定费用的投入,直至实行100%的预防,达到不合格品率为零,从图4-2可以看出,此时,内、外部故障趋于零值,但预防和鉴定的费用很高,质量总成本相应也急剧增大。质量总成本曲线C呈现从左端的由大到小到右端的由小到大的变化趋势,中间出现一个最低点A。假设不合格品率为p,合格品率为q,则有$p+q=1$的关系,当合格品率趋于100%时,不合格品率趋于零;反之亦然。最低点A处对应的不合格品率P_m为最适宜的质量水平,A处的质量成本为最佳质量成本。

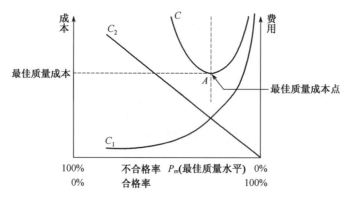

图4-2　质量成本特性曲线模型

通过对图4-2分析可知,在A点左端,质量管理工作的重点在于加强质量预防措施和质量检验,提高产品质量水平;相反,在A点右端,产品预防和鉴定成本比重最大,质量管理工作的重点在于分析现有的质量标准,减少检验程序并提高检验效率,适当放宽质量检验标准,使质量总成本趋近于最低点A点。

根据以上原理可建立以下数学模型:

设Q代表每件废品造成的损失,不合格品率为p,合格品率为q,则有$p+q=1$,Q_1表示每件合格品应负担的废品损失。则有以下关系:

$$Q_1 = Q \times p/q = Q \times (1-q)/q$$

当$q=0$时,Q_1无限大;当$q=100$时,$Q_1=0$。

假设检验与预防费用之和为Q_2,则:

$$Q_2 = K \times q/(1-q)$$
$$K = Q_2 \times (1-q)/q$$

如果令 $Q_1 = Q_2$，则有：

$$Q \times (1-q)/q = K \times q/(1-q)$$

将 Q 值和 K 值代入上式，即可求得最佳质量水平 q。

式中，K 表示 Q_2 随合格品率与不合格品率的比值变化的系数。若能确定 K 值，就能得出不同合格品率相应支付每件产品的检验与预防费用之和。

【例 4-3】 某服装企业生产某款棉衣，每件废品造成的质量损失为 100 元，而该款式的合格品率为 90%，每件棉衣所负担的检验与预防费用之和为 2.25 元。试分析该款棉衣的最佳质量水平及单位产品的最佳质量成本。

按上述公式计算：

$$K = Q_2 \times (1-q)/q = 2.25 \times (1-90\%)/90\% = 0.25$$

令 $Q_1 = Q_2$，则有：

$$Q \times (1-q)/q = K \times q/(1-q)$$

已知每件废品造成的质量损失 Q 为 100 元，代入上式，则计算出 q 值为 0.95，即该款棉衣的最佳质量水平应使合格率为 95%。那么要达到该质量水平，相应的单位产品的最佳质量成本应为：

$$
\begin{aligned}
Q_1 + Q_2 &= Q \times (1-q)/q + K \times q/(1-q) \\
&= 100 \times (1-95\%)/95\% + 0.25 \times 95\%/(1-95\%) = 10(元)
\end{aligned}
$$

质量成本特性曲线模型既可以用于产品质量控制，也可以用于最佳质量成本的决策。应当指出，从整个变化规律看，各个企业的质量成本的变化模式基本相似，当不同的企业由于有生产类型和组织形式不同、产品的形式和结构特点不同、加工条件也存在差异，则质量总成本的最低点的位置和对应的不合格品率也不同。

4.3.4 编制产品成本计划

成本计划是以货币形式预先规定企业在计划（年）期内产品生产消费水平和可比产品成本降低水平。成本计划是企业生产经营活动计划的重要组成部分，是对产品成本进行科学管理的工具，也是企业进行成本控制、核算与分析的依据。

（1）产品成本计划内容

① 主要产品单位成本。主要产品单位成本是按照成本项目，规定计划期内某种主要产品的单位成本水平，如标准产品制造成本。

② 全部产品成本。全部产品成本包括企业计划期内各种可比产品和不可比产品的单位成本和总成本，以及可比产品的降低额和降低率。

③ 生产费用预算。生产费用预算是按照生产费用要素，综合反映企业在计划期内全部生产费用的支出。

（2）成本计划指标

成本计划指标在成本计划、控制、核算和分析中处于非常重要的地位，从一定意义上

说,它是构成成本计划、成本报表的实质性内容,是考核评价企业成本管理以至全部生产经营活动的关键性指标。成本计划指标主要有成本降低额、成本降低率和产品总成本计划完成率。

① 可比产品成本降低率。企业全部产品包括可比产品和不可比产品两类。可比产品是指产品在性能、用途和质量指标等方面的可比性、一致性,一般是根据企业过去年度的生产实际并考虑计划期成本降低的潜力而确定的,并且规定了成本降低额和成本降低率两项指标。有的产品虽然在使用的面辅料、生产工艺、产品的花色品种等方面有所改变,但只要产品的经济用途和质量标准没有改变,仍可视为可比产品。反之,过去虽然生产过,但由于用途和质量标准发生变化,仍要试制的产品,不能视为可比产品。对不可比产品,由于没有历史资料,只能规定本年度计划成本。

可比产品成本降低额和降低率计算公式如下:

$$\text{可比产品成本降低额} = \sum(\text{实际产量} \times \text{实际单位成本}) - \sum(\text{实际产量} \times \text{计划单位成本})$$

$$\text{可比产品成本降低率} = \frac{\text{可比产品成本降低额}}{\sum(\text{可比产品实际产量} \times \text{可比产品计划单位成本})} \times 100\%$$

② 全部产品成本计划完成率。全部产品成本计划完成率是成本计划的一项考核指标。成本计划中只编列全部产品的计划单位成本和总成本。计划期的各种产品的计划单位成本,一般不超过上一年度(上次计划期)各种产品的实际单位成本。计划成本(标准成本)大于实际成本的差额,为全部产品成本的降低额。全部产品成本计划完成率只要不超过100%,即确定为完成成本计划。分析全部产品总成本计划完成情况,可以确定产品实际成本脱离计划的差异,反映出企业产品生产消耗水平和成本降低的总成果,以便进一步挖掘降低产品总成本的潜力。

$$\text{产品总成本计划完成率} = \frac{\sum(\text{实际产量} \times \text{实际单位成本})}{\sum(\text{实际产量} \times \text{计划单位成本})} \times 100\%$$

【例 4-4】 假定某服装企业成本报表资料见表 4-9。

表 4-9 产品生产成本表

年　月　　　　　　　　　　　　　　　　　　　　　　　　　　　　　　　　　　单位:元

产品类别		实际产量	单位成本			总成本		
			上年实际平均成本	本期计划成本	本期实际成本	按上年实际平均单位成本计算	按本期计划单位成本计算	本期实际总成本
可比产品	甲	500	135	120	115	67 500	60 000	57 500
	乙	750	98	95	91	73 500	71 250	68 250
	合计	1 250					131 250	125 750
不可比产品	丙	800		120	123		96 000	98 400
合计		2 050					227 250	224 150

按上述计算方法,编制产品生产成本分析表(表 4-10)。

$$\begin{aligned}\text{可比产品} \atop \text{成本降低额} &= \sum(实际产量 \times 实际单位成本) - \sum(实际产量 \times 计划单位成本)\\ &= 125\,750 - 131\,250 = -5\,500(元)\end{aligned}$$

$$可比产品成本降低率 = \frac{可比产品成本降低额}{\sum(可比产品实际产量 \times 可比产品计划单位成本)} \times 100\%$$

$$= \frac{-5\,500}{131\,250} \times 100\% = -4.19$$

表 4-10 产品生产成本分析表

年　月 单位:元

产品类别		计划总成本	实际总成本	实际比计划升降额	实际比计划升降率(%)
可比产品	甲	60 000	57 500	−2 500	−4.17
	乙	71 250	68 250	−3 000	−4.21
合计		131 250	125 750	−5 500	−4.19
不可比产品	丙	96 000	98 400	2 400	2.50
全部产品合计		227 250	224 150	−3 100	−1.36

通过表 4-10 产品生产成本分析可知:该企业超额完成了成本计划任务,全部产品实际总成本比计划总成本降低了 3 100 元,降低额为 1.36%。其中可比产品成本降低了 5 500元,降低额为 4.19%;不可比产品超支了 2 400 元,超支率为 2.5%,乙产品的成本降低最多,其次是甲产品,丙产品反而超支。

(3)成本计划编制的程序和方法

成本计划是根据企业的标准成本和成本降低指标,参考上次成本计划完成情况及企业生产、供应、工资、技术等状况,各种定额资料和厂内计划价格,结合各种预测进行编制的。

成本计划的编制程序,一般是先编制生产车间的成本计划,在编制基本生产车间的成本计划,最后汇总全厂的成本计划。其编制计划工作采取自上而下的方法,即先由各车间编制各车间的成本计划,再有厂部根据各车间的成本计划,经与企业其他部门的指标反复平衡后,汇编成全厂的成本计划。

4.4 服装生产成本的控制

4.4.1 成市控制的概念和分类

(1)成本控制的概念

控制是通过管理活动保证组织达到既定目标的过程。因此,控制可以定义为:在一定的约束条件下,为达到某一既定目标而采取的一系列有组织的活动。控制本身是一个过程,通过控制活动,使得管理人员可以随时知道组织的现状处于既定目标的哪一点上,当实际状况与预定目标发生偏离时,能及时予以修正。

生产成本控制是指企业为了降低成本,在成本形成过程中,按照事先制定的标准,对成本形成过程中发生的各项生产消耗进行指导、限制和监督,并采用有效措施及时纠正脱离标准成本的偏差,使实际成本的各项费用支出或劳动消耗,被限制在预定标准成本范围内。生产成本占企业总成本的比重最大,对企业的利润水平起决定性作用,因此,企业在生产管理中加强生产成本控制,是提高企业经济效益的重要任务。实行成本控制,是成本管理转入预防性管理的重要标志。

（2）成本控制的分类

成本控制按控制时期的不同,可分为事前成本控制、日常成本控制、事后成本控制。

① 事前成本控制。事前成本控制主要指产品投产以前,对产品的设计成本、新产品的试制成本、材料及工艺成本以及产品的质量成本等所进行的成本控制。按照具体操作方法的不同又可分为以下两种。

a. 预防性成本控制。预防性成本控制是指在产品投产前的设计、试制阶段,对影响产品成本的各相关因素进行分析研究,并制定一套能适应本企业具体生产状况的各种成本控制制度。

b. 前馈性成本控制。前馈性成本控制是指在产品投产前通过对产品的成本与功能关系的分析研究,开展价值工程活动,选择最优方案制定目标成本,作为事前控制的主要依据。

② 日常成本控制。日常成本控制是指企业内部各级对成本负有经济责任的单位,在成本形成过程中,根据事先制定的成本标准,按照一定的管理原则,对企业各个责任单位发生的各项成本和费用的实际数进行严格的计量、监督、指导和调节,本着精打细算、厉行节约、杜绝浪费和讲究经济效益的精神,务必使各项具体的和全部的生产消耗不超过预定的标准成本。如果发生逆差,应及时进行差异分析,找出原因并采取有效措施予以纠正偏差,以保证实现或优于预定的成本目标。这类控制的重点在于严格按照既定的标准和预算进行把关,并根据已发生的逆差来指导和调节当前的经济管理活动。

③ 事后成本控制。当某批产品完工后,要对该产品成本定额的执行情况进行总结,查明影响成本升降的各个因素,确定各因素对成本的影响程度,分清责任,挖掘降低成本的潜力,以便指导今后的成本管理工作。

4.4.2 服装生产成本控制的程序

成本控制的目标是使实际成本控制在标准成本范围之内,因此,搞好成本控制工作,可按以下程序进行。

（1）确定成本控制标准

成本控制标准是对各种物质消耗和其他各项费用开支的数量界限,是成本控制的准绳。成本控制标准包括成本计划、目标成本、成本降低目标、各种费用支出限额等。在实际工作中,还需将成本计划指标按各部门、单位、产品或工序等,分解成更具体的小指标来控制。具体确定方法参见本章第三节。

（2）建立健全与成本控制相关的各项管理制度

建立健全与成本控制相关的各项管理制度是有效控制成本,正确计算产品成本的重要前提。服装企业需要明确相关部门和人员在实施成本控制中的职责和权限,建立原材料采购、发放控制制度;原材料、半成品和成品库存、盘点控制制度;生产现场成本控制制度;销售成本控制制度;固定资产使用、维修、折旧控制制度;费用报销控制制度;职工考勤与奖罚制度等。

服装生产管理学

（3）监督成本形成过程，进行差异分析

对成本形成实施有效监督，需要经常把实际成本与标准成本进行对比分析，及时发现成本差异，并对成本偏差程度进行分析，准确查找原因，为纠正偏差提供信息和数据。

（4）提出控制报告，采取措施，纠正偏差

对实际成本与标准成本之间的差异，找出差异产生的原因，确定差异责任的归属，提出控制报告，采取整改措施，纠正偏差。对成本形成的整个过程要考虑细致、周全，重点分析可能产生的偏差点，并采取预防性措施，以保证企业各项开支控制在预定的标准成本范围内，从而达到成本控制预期的目标。

（5）修订标准

要定期总结成本控制工作，考核成本执行情况的各项指标，分析实际成本与标准成本产生差异的原因，明确经济责任，不断挖掘开源节流的潜力，定期修订成本控制标准。成本控制流程如图4-2所示。成本控制是个周而复始的循环过程，每循环一次，就推动成本控制工作前进一步。

4.4.3　服装生产成本控制的内容

生产成本是在生产过程中的各个阶段、各个环节发生的，因此生产成本控制必须包括生产的全过程，服装生产成本控制的重点内容主要有以下几点。

（1）生产计划成本控制

生产计划成本控制即编制年（季）度生产计划和生产作业计划工作的成本控制，是服装企业生产环节内部成本控制的起点，也是对后期生产制造过程成本控制的重要依据，属于成本的事前控制。生产计划的内容包括确定生产数量、产品设计、生产周期、工艺方案、工序编排、质量标准、面辅料消耗定额和工时消耗定额等标准。规定各部门、各环节在各时间周期的生产任务并加以实施。生产计划的确定直接、间接地影响人力、物力、财力的消耗和成本产生，基本决定了产品的成本水平。制定生产计划成本控制应注意以下几点：

① 计划生产数量要合适，过多会增加生产成本，造成成本浪费；也不能过少，造成出货数短缺产生更大的浪费。

② 优化产品设计，消除多余的功能及用途；对制作工艺进行技术、经济分析，在保证设计的前提下，采取最经济、简便的工艺方案，优化工艺流程，以缩短生产周期、降低加工成本。

③ 生产时间计划安排要十分周全，在生产能力范围内，分析服装订单工艺流程的复杂程度，测算一般熟练工人完成每道工序所用的时间，合理安排班组和人员分工，必要时考虑合适的外发加工数量，保证节约成本的情况下按期完成生产任务。

④ 对物料消耗定额和工时消耗定额进行精确计算和审核，保证其先进、合理。

⑤ 计划安排时，要考虑生产品种的合理搭配和均衡生产。生产任务与生产能力、技术准备、物料设备等生产要素以及各生产环节之间要协调配合，配合不当会造成停工待料、产销脱节等，直接带来经济损失。

（2）原材料成本控制

原材料费用占总成本很大比重，是成本控制的主要对象，影响原材料的因素有采购、库存费用、生产消耗、回收利用等，所以原材料成本控制活动可以从采购、库存管理和消耗环节入手，其主要内容有：

① 按照采购规范流程实施原材料采购,及时完成进、出库任务。原材料进库必须做好验收控制,并将材料信息录入进销存系统中,便于财务部门核查信息的正确性,做到账、实相符。按定额实行限额发料,面辅料发出后要进行跟踪控制,如果不进行跟踪控制,可能导致资产损失。

② 做好原材料、半成品和成品的保管工作,按照存货的种类分设仓库,并将存货按要求的存储条件保管。存货要根据企业统一制定的编码规则进行编号归类、入架、归位,妥善保管。对质优价高的面料要重点保管,制定专门的保管制度。仓储不当,会造成储存物霉变、变形、丢失等成本损失。

③ 仓储部门要进行定期和不定期盘存,控制好库存量,对长期不用和过时变质的存货提出合理化建议,定期对剩余存货进行清理,建立存货报告制度,减少积压,提高存货资金周转速度。对于材料的短缺和盈余,应分析原因,写出盘点报告,造成的损失,应追究相关责任人经济责任。存货库存量要保持在储备定额水平,提高仓库利用率。仓储量过大,造成资金积压;仓储不足,不能及时满足生产和销售需要,造成停工待料和销售机会丧失。

（3）生产现场成本控制

生产计划的有效实施关键在于生产现场的成本控制,具体内容如下:

① 建立健全成本控制的跟踪记录。跟踪记录的缺失,会导致生产现场管理混乱,裁片或产品短少,责任无法落实,从而使产品成本提高。建立健全成本控制的跟踪记录,如铺料通知单、裁片交接单、生产日报表、成品交接记录等。

② 裁剪控制。裁剪部门按生产计划定额领料,改进排料方法,提高原材料利用率;排料员按技术部排料图编排排料计划,经主管审核后投入大货生产;裁剪员核查排料图、裁片无误后开裁;裁剪车间应加强裁剪控制,防止出现裁片短少和大量废品,做好换片控制和记录,追查换片原因,妥善保管好废裁片,实行废料分类堆放和回收利用;裁片发放按缝制车间原材料消耗定额进行限额发放。对技术部的制版、排料、裁剪要有一定的考核方案,实施标准成本控制。裁剪车间统计员做好裁剪明细登记工作,编制裁床生产日报表,报财务部门、计划部门。

③ 缝制控制。缝制车间在新款投产前,要召开生产会议,按生产计划分配任务,培训员工生产工艺,平衡车间、生产小组和操作工的生产任务,正确合并和拆散工序,合理设置工艺流程,确定目标产量。车间主管应控制好生产进度,记录、统计和控制辅助材料的消耗,控制在制品、半成品的占用量,做好车间员工产量记录表、车间生产日报表,并整理按月汇总到财务部;进行时间、动作研究,改进工作方法,降低工时消耗,提高工时利用率,减少停工、突击赶工和加班,实现均衡生产;分析和控制在制品、半成品的堆放及流动路线。控制设备故障率和维修费用。

④ 后道整理控制。后道车间将需要锁定、整烫的在制品分配到各整理组,锁定、整烫前按工艺要求首件封样并经技术部门确定后再批量投产;整烫好的产品要进行全面检查,抽查合格后移交包装组包装,包装样品要经技术部门确定后进入大生产,包装完工后及时填制装箱清单、入库单,后道统计员填制月报表报财务部。

（4）质量成本控制

质量成本控制就是如何减少因质量问题而导致的成本支出,质量是企业的生命,也是成本控制的重要环节,质量和成本息息相关。把握好生产各环节的质量水平,可降低原材料损

服装生产管理学

耗,减低半成品或成品的次品损耗率。质量成本一般包括内、外部损失成本,鉴别成本和预防成本。企业应当设置专职或兼职人员,负责质量成本的核算、控制和分析,力争做到质量成本总和达到最小化。

① 核算。设计质量成本原始记录表格,收集和记录质量成本的原始信息,并进行各种质量成本的计算。

② 控制。制定质量成本考核的标准,将实际结果与考核标准进行对比,衡量质量控制的优劣对成品成本的影响。并与各部门的奖罚制度挂钩,防止由于面辅料质量、裁剪、缝制、后道整理、外加工等环节控制不力而产生大量不合格品,导致成本增加。

③ 分析。对产品在寿命周期内的质量成本进行分析,查找质量偏差的原因,通过分析找到控制和降低质量成本的有效途径。也可将质量成本总额与销售收入、利润、销售成本等指标进行对比,计算出各种成本率,据此进行趋势分析,确定最佳质量成本的方法。

（5）销售过程成本控制

销售费用指企业为进行销售活动而发生的费用。销售过程的成本控制主要有销售佣金、绩效工资、货运费、广告费、推销费用、报关费、商检费、售后服务费、办公费等费用控制。控制服装企业销售费用,必须实行预算管理,每年由业务部门根据年度销售计划制定销售费用预算,编制销售费用预算表,经财务部门平衡后,报企业负责人审批执行。业务部门对本月发生的销售费用逐项分析后,对比预算进行差异分析,找出原因,采取措施及时调整偏差。财务部门严格控制预算标准,原则上不允许有超过预算列支费用,如有客观原因,需由部门提出预算调整申请,经企业负责人审批后调整预算。

（6）财务管理成本控制

① 服装企业财务费用包括利息费用、手续费用、汇兑损益、不符点扣款、担保费用等。财务部门应结合当年的筹资计划编制财务费用预算,控制企业为筹集生产经营所需资金而发生的筹资费用。

② 会同相关部门,设计质量成本项目和各项目核算汇总表,制定各项质量成本考核标准,并对质量成本各项目的升降情况进行分析。

③ 做好成本指标完成情况的分析工作,不断总结成本控制经验,改进成本控制措施,适时调整成本控制标准。

④ 与生产部等相关部门保持高度联系,互相配合,互通信息,相互协作做好成本控制工作,会同其他相关部门制定各项奖罚制度,严格控制制度的执行,制定完善的内部财务管理制度,规定各种原始凭证的内部流转顺序等。

4.5 服装成本的差异分析

实际成本与标准成本之间的差额,称为标准差异,或称为成本差异。成本差异是反映实际成本脱离目标成本程度的信息。计算和分析成本差异分析的目的在于明确差异程度,找出差异形成的原因,确定差异责任的归属,进而采取相应的措施、消除不利差异,发展有利差异,实现对成本的有效控制。从项目构成来看,差异主要有直接材料成本差异、直接人工成本差异和制造费用成本差异等。企业要对每款服装的各项成本进行详细的对比分析,找出

成本升降的原因,寻找降低成本的途径,促进企业经济效益的提高。

标准成本差异发生的原因很多,归纳起来,不外乎是数量差异和价格差异,按成本项目进一步划分如图4-3所示。

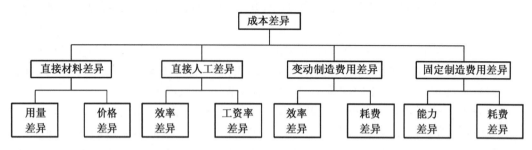

图4-3 成本差异

4.5.1 直接材料费成本差异分析

直接材料实际成本与标准材料成本之间的差额就是直接材料差异。直接材料差异形成的基本原因有两个:一是用量脱离标准;二是价格偏离标准。按实际材料耗用数量计算,称为材料数量差异。按标准价格计算,称为材料价格差异。

(1)直接材料成本差异计算

材料数量差异是指在服装生产过程中材料实际耗用量和标准耗用量之间的差额与材料标准价格之间的乘积。材料数量差异反映了服装企业生产产品时材料消耗的浪费或节约。材料价格差异是指材料采购的实际价格和标准价格之间的差异与材料实际用量之间的乘积。材料数量差异和价格差异的计算公式如下:

材料数量差异 = (实际数量-标准数量)×标准价格

材料价格差异 = (实际价格-标准价格)×实际数量

直接材料成本差异 = 材料数量差异+材料价格差异

或　　　　　　　 = 直接材料实际成本-直接材料标准成本

计算结果如果是负数表示节约,即顺差,为有利差异;如果为正数表示超支,即逆差,为不利差异。

【例4-5】 某服装厂本月生产某款女衬衫500件,实际耗用A面料625 m,A面料实际价格为26元/m,标准价格为28元/m,单位产品的标准用量为1.2 m/件。根据上述计算公式计算材料成本差异如下:

A面料数量差异=(625-600)×28=700(元)

A面料价格差异=(26-28)×625=-1 250(元)

直接材料成本差异=材料价格差异+材料数量差异

　　　　　　　　 =-1 250+700=-550(元)

直接材料成本差异=直接材料实际成本-直接材料标准成本

　　　　　　　　 =625×26-500×1.2×28

　　　　　　　　 =-550(元)

上述计算说明:材料成本差异为有利差异 550 元。其中由于耗用 A 材料超支 25 m,产生不利差异 700 元;由于材料价格下降 2 元/m,产生有利差异 1 250 元。

(2)直接材料成本差异分析

① 直接材料数量差异分析。直接材料数量差异是在服装生产的材料耗用过程中形成的,形成原因主要由以下几种。

    a. 操作工人操作不当或新工人操作不熟练,产生次品或废品,造成材料耗用量增加。

    b. 操作工用量随意产生材料浪费,造成材料耗用量增加。

    c. 客户变更设计或生产工艺,造成材料耗用量增加或减少。

    d. 客户对服装成品的质量检查过分严格,造成材料耗用量增加。

    e. 设备或工具状态不良,造成材料耗用量增加。

    f. 所使用的物料规格质量不符合生产要求,造成材料耗用量增加。

② 直接材料价格差异分析。直接材料价格差异是在物料采购过程中过程中形成的,采购部门未能按照标准价格进货的原因主要由以下几种。

    a. 市场价格或供应商价格变动。

    b. 未能及时订货造成的紧急订货或临时承接紧急订单,需要紧急备件的额外采购。

    c. 采购部门采取不恰当的采购方式,未按经济采购批量进货,导致材料价格上升。

    d. 由于服装订单交货期临近,材料供应紧急而采用快速运输方式,如船运该空运造成的材料价格提高,成本上升。

    e. 采购舍近求远使运费增加,导致材料价格提高。

    f. 企业因某种原因,必须按零售价进料而导致物料价格超过标准。

正常情况下,直接材料数量差异应由控制用料的生产部门负责,直接材料价格差异应由采购部门负责。但是,决定材料价格和影响材料耗用量的因素很多,有的因素是可控的,有的因素是不可控的,有的偏差原因是由其他部门或外部因素造成的。因此,在进行直接材料成本差异分析时,应从实际出发,在调查分析的基础上,明确责任,采取有针对性的措施加以改进。

4.5.2 直接人工费成本差异分析

直接差异是指直接人工实际成本与标准成本之间的差额。直接人工成本差异同样可区分为人工数量差异和人工价格差异两部分。

(1)直接人工成本差异计算

人工数量差异是指实际耗用工时脱离标准工时而导致的成本差异,是实际耗用工时和标准工时之间的差额与标准工资率的乘积,又称为直接人工效率差异。人工价格差异是实际工资率和标准工资率之间的差额与实际耗用工时之间的乘积,又称为工资率差异。直接人工的效率差异和工资率差异的计算公式如下:

    人工效率差异=(实际工时-标准工时)×标准工资率

    工资率差异=(实际工资率-标准工资率)×实际工时

    直接人工成本差异=工资率差异+人工效率差异

    或   =实际人工成本-标准人工成本

计算结果为负表示节约差异,是顺差,为有利差异;计算结果为正,表示超支,是逆差,为不利差异。

【例4-6】 承上例某服装厂本月生产某款女衬衫500件,实际耗用工时25 000工时,支付工资为11 500元,直接人工的标准成本是24元/件,单位产品的标准工时为48工时。根据上述计算公式计算直接人工成本差异如下:

标准工时＝48×500＝24 000(工时)

标准工资率＝24/48＝0.5(元/工时)

实际工资率＝11 500/25 000＝0.46(元/工时)

人工效率差异＝(25 000－24 000)×0.5＝500(元)

工资率差异＝(0.46－0.5)×25 000＝－1 000(元)

直接人工成本差异＝工资率差异＋人工效率差异

＝－1 000＋500＝－500(元)

直接人工成本差异＝实际人工成本－标准人工成本

＝11 500－500×48×0.5＝－500(元)

上述计算说明:直接人工成本差异为有利差异500元。其中人工效率差异500元,为不利差异,需查明原因,加以控制;工资率产生有利差异1 000元。工资率差异出现的原因复杂且难以控制;人工效率差异是考核生产能力的重要指标,因为降低单位产品成本的关键在不断提高单位工时的生产效率,因此,人工效率差异是企业管理人员研究的重点。

(2) 直接人工成本差异分析

① 人工效率差异分析:

a. 工人经验不足,技术不熟练。

b. 工作环境不良。

c. 工人劳动情绪不佳,消极怠工。

d. 设备或工具选用不当,故障较多。

e. 作业计划安排不当,造成员工停工待料或加班加点。

f. 产量太少,无法发挥批量节约优势。

② 工资率差异分析:

a. 工资率调整。

b. 员工加班、使用临时工或出勤率变化等。

c. 人事变动、工资制度和工资级别调整。

一般来说,直接人工的效率差异应由生产单位负责,直接人工工资率差异一般应由主管人事的部门负责,影响直接人工的效率和工资率的因素很多,有的因素是可控的,有的因素是不可控的,有的偏差原因是由其他部门或外部因素造成的。因此,在进行直接人工成本差异分析时,应从实际出发,在调查分析的基础上,采取一定的措施加以改进。

4.5.3 制造费用成市差异分析

(1) 变动制造费用差异分析

变动制造费用的差异,是指实际变动制造费用与标准变动制造费用之间的差额。变动制造费用成本差异包括变动制造费用效率差异和变动制造费用耗用差异两部分。变动制造费用效率差异是因实际耗用工时脱离标准工时而导致的成本差异,它是实际工时和标准工时之间的差额与变动费用标准分配率之间的乘积;变动制造费用耗费差异是因变动制造费用实际耗费脱离标准而导致的成本差异,它是变动费用实际分配率和变动费用标准分配率之间的差额与实际工时之间的乘积。变动制造费用效率差异与变动制造费用耗费差异的计算公式如下:

变动制造费用效率差异=(实际工时-标准工时)×变动费用标准分配率

变动制造费用耗费差异=(变动费用实际分配率-变动费用标准分配率)×实际工时

变动制造费用成本差异=变动制造费用效率差异+变动制造费用耗费差异

计算结果为负表示节约差异,是顺差,为有利差异;计算结果为正,表示超支,是逆差,为不利差异。

【例4-7】 承上例某服装厂本月生产某款女衬衫500件,实际耗用工时25 000工时,实际发生变动成本2 500元,标准的单位产品的标准工时为48工时。标准变动制造费用分配率为0.12元/工时。根据上述计算公式计算变动制造费用差异如下:

标准工时=48×500=24 000(工时)

变动制造费用实际分配率=2 500/25 000=0.1(元/工时)

变动制造费用效率差异=(25 000-24 000)×0.12=120(元)

变动制造费用耗费差异=(0.1-0.12)×25 000=-500(元)

变动制造费用成本差异=变动制造费用耗费差异+变动制造费用效率差异

=-500+120=-380(元)

变动制造费用成本差异=实际变动制造费用-标准变动制造费用

=25 000×0.1-24 000×0.12=-380(元)

上述计算说明:变动制造费用成本差异为有利差异380元。其中变动制造费用效率差异120元,为不利差异,变动制造费用效率差异是由于实际工时脱离了标准工时,多用工时导致费用增加;变动制造费用耗费差异为有利差异500元。

变动制造费用是一个综合性项目,对其差异的分析,应结合构成变动制造费用的明细项目作进一步的分析。在实际工作中,通常可以根据变动制造费用的弹性预算明细项目,结合同类项目的实际发生数,进行对比分析。此外,由于变动制造费用效率差异实际上反映的是产品生产过程中的工时利用率问题,在分析时应结合直接人工效率差异分析。

(2)固定制造费用差异计算

固定制造费用相对固定,一般不随产量的变动而变动,产量的变动只会影响单位固定制造费用。也就是说,实际产量与设计生产能力规定的产量或计划产量的差异会对产品应负担的固定制造费用发生影响。所以,固定制造费用成本差异的分析方法与其他费用成本差异的分析方法有所不同。

固定制造费用差异一般包括固定制造费用耗费差异和固定制造费用能力差异两部分。固定制造费用耗费差异是指在固定费用预算不变的情况下,制造费用的实际金额与固定制造费用预算金额之间的差额。固定费用与变工费用不同,不因业务量而变,在考核时,以原来的预算为标准,如果实际金额超过预算金额,则认为耗费过多。其计算公式如下:

固定制造费用耗费差异 ＝ 固定制造费用实际金额 － 固定制造费用预算金额

固定制造费用能力差异指固定制造费用预算金额与固定制造费用标准成本之间的差额,或者说是实际业务量的标准工时与生产能力的差额用标准分配率计算的金额。该项差异是由预计业务量变动引起的,它反映的是计划生产能力的利用程度及未能充分使用生产能力而造成的损失。其计算公式如下:

固定制造费用能力差异＝ 固定制造费预算金额 － 固定制造费用标准成本
＝（生产能力 － 实际产量标准工时）× 固定制造费用标准分配率

【例 4-8】 承上例某服装厂本月生产某款女衬衫生产能力为 550 件,实际生产女衬衫 500 件,实际耗用工时 25 000 工时,单位产品的标准工时为 48 工时,每件产品固定制造费用标准成本为 9.6 元,本月实际发生固定制造费 7 500 元。根据上述计算公式计算人工成本差异如下:

固定制造费用实际分配率 ＝ 9.6/48 ＝ 0.2(元 / 工时)
固定制造费用实际分配率 ＝ 7 500/25 000 ＝ 0.3(元 / 工时)
固定制造费用耗费差异 ＝ 7 500 － 550 × 48 × 0.2 ＝ 2 220(元)
固定制造费用能力差异 ＝ 550 × 48 × 0.2 － 500 × 48 × 0.2 ＝ 480(元)

固定制造费用耗费差异与固定制造费用能力差异之和,应等于固定制造费用总成本差异,并可据此验算固定制造费用成本差异分析计算的正确性。

固定制造费用成本差异＝ 固定制造费用耗费差异 ＋ 固定制造费用能力差异
＝ 2 220 ＋ 480 ＝ 2 700(元)

变动制造费用成本差异＝ 实际固定制造费用 － 标准固定制造费用
＝ 7 500 － 9.6 × 500 ＝ 2 700(元)

固定制造费用是一个综合性费用项目,企业应按制造费用各项目的预算数与其实际发生数对比,逐项分析原因,明确责任。固定制造费用耗费差异一般是由内部原因引起的,如临时购置固定资产、设备故障、超计划雇员、现场管理不善等。固定制造费用能力差异的出现主要是由于产销数量引起的,如经济萧条、销路不好,原材料不足、劳动力不足、开工不足或能源供应不足等原因造成生产能力得不到充分利用而产生的差异。

4.5.4 质量成本的差异分析

质量成本分析是质量成本管理的重点环节之一,通过质量成本的核算,对质量成本的形成和差异进行分析和评价,找出影响质量成本的关键因素和管理上的薄弱环节。

(1) 质量成本分析的内容

① 质量成本总额分析。计算本期(年度、季度或月度)质量成本总额,并与上一期质量成本总额进行比较,了解变动情况,找出差异产生原因和发展趋势。

② 质量成本构成分析。分别计算预防成本、鉴定成本、内部故障成本以及外部故障成本占质量运行成本的比率;质量运行成本和外部质量保证成本各占质量成本总额的比率。通过这些比率分析质量成本的构成项目是否合理,以便找出造成质量损失的重点原因,寻求降低质量成本的途径,探究适宜的质量成本水平。

服装生产管理学

③ 质量成本与比较基数的比较分析:

a. 故障成本总额与销售收入总额比较,计算百元销售收入故障成本率,它反映了由于产品质量不佳造成的经济损失对企业销售收入的影响程度。

b. 外部故障成本与销售收入总额比较,计算百元销售收入外部故障成本率,它反映了企业为用户服务的支出水平。

c. 预防成本与销售收入总额比较,计算百元销售收入预防成本率,它反映为预防发生质量不佳和提高产品质量的投入占企业销售收入的比重。

此外,也可采用产值、利润等作为比较基数,以反映产品质量故障对企业产值、利润等方面的影响,在实际应用中,企业应根据实际情况和需要选用比较基数。

(2) 质量成本分析的方法

质量成本分析的方法主要有以下几种。

① 指标分析法:

a. 质量成本目标指标。指在一定时期内质量成本总额及其四大质量成本构成项目的增减值或增减率。设 C, C_1, C_2, C_3, C_4 分别代表质量成本总额及预防成本、鉴定成本、内部故障成本以及外部故障成本在计划期与基期的差额,则:

$$C = 基期质量成本总额 - 计划期质量成本总额$$
$$C_1 = 基期预防成本总额 - 计划期预防成本总额$$
$$C_2 = 基期鉴定成本总额 - 计划期鉴定成本总额$$
$$C_3 = 基期内部故障成本总额 - 计划期内部故障总额$$
$$C_4 = 基期外部故障成本总额 - 计划期外部故障成本总额$$

设 P_1、P_2、P_3、P_4 分别表示上述四项质量成本增减率,则:

$$P_1 = \frac{预防成本差额}{基期质量总成本} = \frac{C_1}{基期质量总成本} \times 100\%$$

$$P_2 = \frac{鉴定成本差额}{基期鉴定总成本} = \frac{C_2}{基期鉴定总成本} \times 100\%$$

$$P_3 = \frac{内部损失差额}{基期内部故障成本} = \frac{C_3}{基期内部故障成本} \times 100\%$$

$$P_4 = \frac{外部损失差额}{基期外部故障成本} = \frac{C_4}{基期外部故障成本} \times 100\%$$

b. 质量成本结构指标。质量成本结构指标指预防成本、鉴定成本、内部故障成本以及外部故障成本各占质量成本的比例。设 r_1、r_2、r_3、r_4 分别代表上述四项费用的比例。则:

$$r_1 = \frac{计划期预防成本}{计划期质量总成本} \times 100\%$$

$$r_2 = \frac{计划期鉴定成本}{计划期质量总成本} \times 100\%$$

$$r_3 = \frac{计划期内部故障}{计划期质量总成本} \times 100\%$$

$$r_4 = \frac{计划期外部成本}{计划期质量总成本} \times 100\%$$

c. 质量成本相关指标。质量成本相关指标指质量成本与其他有关经济指标的比值,这些指标如下:

$$百元商品产值的质量成本 = \frac{质量成本总额}{商品产值总额} \times 100$$

$$百元销售收入的质量成本 = \frac{质量成本总额}{销售收入总额} \times 100$$

$$百元总成本的质量成本 = \frac{质量成本总额}{产品成本总额} \times 100$$

$$百元利润的质量成本 = \frac{质量成本总额}{产品销售总利润} \times 100$$

根据需要,还可以用百元销售收入的内外部故障、百元总成本的内外部故障等指标进行计算分析。

② 质量成本趋势分析法。质量成本趋势分析法指对质量成本在一定时期内的变动趋势进行分析,其中又可分短期趋势与长期趋势,如一年内各月的变动趋势(图 4-4)或五年内每年的变动趋势(图 4-5)。

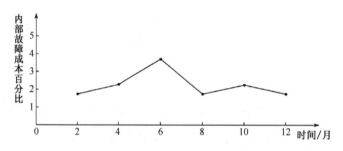

图 4-4　某公司某年内部故障成本占质量成本的比例趋势图

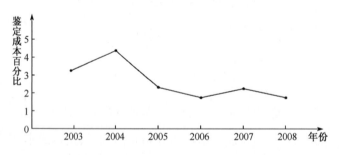

图 4-5　某公司 2003—2008 年鉴定成本占质量成本的比例趋势图

③ 排列图分析法。排列图又称帕累托(Pareto)图或主次因素分析图,是用以找出影响产品质量成本主要问题的一种有效分析方法。主次因素分析图如图 4-6 所示。

排列图有两个纵坐标,一个横坐标和一条曲线。左边的纵坐标表示频数(金额、件数等),右边的纵坐标表示累计频率(以百分比表示)。横坐标表示影响质量的各个因素,并按影响程度的大小从左到右排列。直方图的高度表示某个因素影响的大小,曲线表示各影响因素大小的累计百分数,这条曲线称为帕累托曲线。通常把累计百分数分为三类:累计百分数在 0～80% 的归为 A 类,显然它是重要因素,需要重点控制;累计百分数在 80%～90% 的归为 B

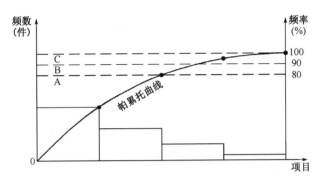

图 4-6　主次因素排列图

类,是次要因素;累计百分数在 90%～100% 的归为 C 类,在这一区间的是一般因素。

【例 4-9】　某服装厂生产的男式休闲茄克,其缺陷的项目和数量见表 4-11。

表 4-11　某服装厂生产某款男式休闲茄克终检缺陷项目

序号	缺陷项目	缺陷数量	累计百分数
1	勾纱、毛边	35	35
2	污渍	25	60
3	吊牌不牢	19	79
4	脱线	15	94
5	袖扭	12	106
6	门襟不平	10	116
7	领面不平服	7	123
8	下摆不平	5	128
9	口袋开裂	2	130

根据表 4-11 的统计资料就可以画出所生产服装的质量缺陷排列图,如图 4-7 所示。

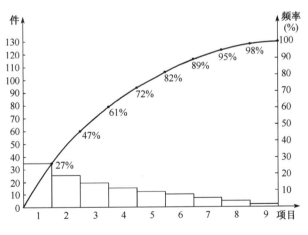

图 4-7　质量缺陷排列图

从以上质量缺陷排列图可以判断,该款式的主要质量缺陷是勾纱、毛边、污渍、吊牌不牢、脱线;次要缺陷是袖扭、门襟不平;一般缺陷是领面不平服、下摆不平、口袋开裂。

 思考题

1. 成本的构成要素有哪些? 成本与费用的区别是什么?
2. 成本计算的原则是什么? 成本计算的方法有哪些?
3. 如何计算服装加工费?
4. 如何确定单位产品标准生产成本?
5. 质量成本的构成有哪些?
6. 成本控制的分类有哪些?
7. 某服装企业生产某款牛仔裤,每件废品造成的质量损失为 25 元,检验与预防费用之和随合格品率与不合格品率的比值变化的系数为 0.01,试分析该款棉衣的最佳质量水平及单位产品的最佳质量成本。
8. 某服装厂本月生产某款短裙 750 件,实际耗用面料 360 m,该面料实际价格为 30 元/m,标准价格为 28 元/m,单位产品的标准用量为 0.45 m/件。试计算材料成本差异。
9. 某服装厂 8 月生产某款棉衣 500 件,实际耗用工时 28 800 min,支付工资为 8 250 元,直接人工标准成本是 15.5 元/件,单位产品的标准工时为 55 min。试计算直接人工成本的差异。

 知识拓展

代工服装企业的十字路口

中国服装企业必须由主要人力成本驱动向创新驱动转变,增强创新意识,做大做强自主品牌,从生产优势转向品牌优势转变。前有国际品牌的压力,后有东南亚地区的成本优势,中国的服装企业正处于不上不下、又不得不向上前进的尴尬时期。

曾几何时,服装行业曾是中国制造强大的标志,为中国创造了大量的就业机会和外汇收入。然而,中国服装企业的发展在走过一段前所未有的腾飞之路后,危机日渐显现。中国的服装企业持续地处于全球服装产业链的低端,仅仅赚取微薄的加工费,成为中国服装企业永远说不过去的痛。近年来东南亚地区服装加工业远胜中国的低成本优势,更加剧了中国的服装加工企业的危机。中国服装企业的未来之路该怎么走?

代工之痛

"这件售价 15 888 元的世界品牌西装,是我们生产的。我们自己进面料、制成品之后,卖给这家世界上最出名的服装公司的价格,连 888 元的零头都不到。"一位不愿透露姓名的服装加工厂老板苦笑了一下,对记者说。

对此,山东如意集团下属的三峡技术纺织有限公司的一位高层也有同感。尽管中国的消费者乃至全世界的消费者都以为,像阿玛尼、杰尼亚等国际一线奢侈品的面料都来自艺术之都的意大利,但实际上,绝大多数的面料来自包括这家纺织公司在内的中国纺织企业。更有甚者,不少国内服装公司推崇阿玛尼等品牌,花高价从海外进口同款面料,却不知道这些面料就是企业中国出口过去的。这种不知不觉中进行的出口转内销，只是无谓地提高了面料的价格，让海外企业不费丝毫之力赚了差价，增加了国内企业的负担。

"公司生产的面料，从每米从数十元到几百元不等。其中阿玛尼所采购的面料单价是每米 800 元。其实，这并不是我们公司最好的面料。"这家企业的负责人表示："有些国际品牌会选择采购价格更低的面料，甚至低于一些国内服装品牌企业。"

除了面料产自中国，世界奢侈品牌服装的辅料也大都来自中国。为了打上"made in Italia"这几个单词，"一些奢侈品牌的一整套衣服中，很可能只有几枚纽扣是意大利本地产的，其他的辅料统统是中国制造。"一位业内人士称"这些全部辅料的价格，大概有二三十块钱的样子"。

而衣服的的加工，则更是毫无疑问地在中国完成。东莞这些地方有着无数的服装加工厂。一家外贸西装加工公司的李老板给记者算了这么一笔账：他们每加工一件品牌西装，收取的加工费是一件 80 元。他的同行们的价格也差不多这个样子，绝少有超过 100 块的。几百块的面料，不到 100 块的加工费，再加上二三十块的辅料，这就是一件阿玛尼西装的成本价。阿玛尼为中国的制造、加工企业支付了不到 1 000 块钱，拿到了成品在中国销售，售价却是在 10 000 块左右。

可是，为什么同一条流水线上下来的产品，价格之差有如云泥之别呢？对此，《山东服饰》执行主编段嘉润很是遗憾，"以山东为例，山东的服装企业不可谓不多，但是能够拿出来、叫得响的品牌却是寥寥无几。当前仅山东一个省，年销售额过 2 000 万元的服装企业就有 1 400 余家，但拥有自主品牌的服装企业仅有 200 多个，至于能被消费者记住、不被当成是地摊货的服装品牌，也就舒朗、新郎这几个了。"

业内专家指出，中国的纺织行业规模巨大，配套完善，设施先进，伴随着中国经济的快速发展，中国业已成为世界上最大的品牌服装消费国，完全有能力打造一流品牌的服装企业。但是中国的一些企业观念相对保守，满足于为世界品牌代工、赚取加工费，对自己打造品牌的欲望不足。记者就日前沸沸扬扬的"如意集团为阿玛尼代工损失八成利润"一事，向山东如意集团进行证实。对此，如意集团表示，企业将继续当前为其他品牌做代工的工作，并没有打造自己服装品牌的计划。

不过，靠着为其他国际品牌代工就可以赚大钱的日子，似乎不会很久了。

优势不再

就像一个幽灵，除了长久地徘徊的产业链的低端之外，更大的危机也在日益威胁着中国的服装企业。零售巨头 UNY 计划在 2014 年完成在华服装生产比例从 74% 降至 65% 的工作，而将在泰国生产比例从 9% 提高至 13%；日本三阳商会在缅甸新设的工厂也已在去年开始投产，三菱商事更是计划在 2016 年之前，在印度尼西亚投入 60 亿日元新建 7 家合资工厂，以向日本和欧美服装企业提供贴牌生产。

"在东南亚、孟加拉国这些国家开设工厂的成本比在中国要低，而且低了不少。"三阳商会的一位负责人表示。三阳商会计划，三年后三阳的生产比例要发生明显的改变，中国所占份额将由当前的 55% 降至 45%，减少的 10% 转移到缅甸。三阳商会开始在缅甸生产一种女装品牌羽绒服，这种在日本的销售价格接近 3 万日元(约合人民币 2 400 元)的羽绒服，在缅甸生产，比在中国生产相比可以降低 5 千日元左右(约合人民币 400 元)的成本。三阳商会还计划将男裤等其他产品的生产也转移到缅甸去。

之所以向孟加拉国、缅甸转移，首要原因便是中国的人力成本持续增长，而孟加拉国、缅甸等国的人力成本稳定且远低于中国。甚至不少中国企业也将国内的服装厂转移到了东南亚。南通新高是最早到孟加拉国开设服装厂的国内公司之一，该公司董事长唐群这样介绍孟加拉国的人力成本之低："孟加拉国的人力成本非常低，月薪只有70到100美元（相当于人民币430元至614元），几乎是国内服装工人的五分之一。在孟加拉国生产的衬衫，可以做到18美元一打（12件）还赚钱，如果再国内生产那肯定是要赔钱的。"由于这些国家的人力成本低，即使加上物流、关税等费用，进口到国内再销售，整体成本也要比国内生产低15％以上。"不要小瞧了这15％的利润，这对于国内服装加工企业可是极大的诱惑。因为服装加工本来毛利率就很低，有的甚至还不到3％。"一位行业专家介绍。凭借廉价劳动力优势，孟加拉国已经成为仅次于中国的全球第二大针织品出口国。这简直就是1980—1990年代中国服装加工业迅速兴起的再现。

除此之外，东南亚欠发达国家还有着远比中国优惠的地租，以及更稳定的工人来源。"尽管现在服装工人的月薪已经上涨到2 000～3 000元，企业还有四险一金和食宿等方面的投入，但就是这样，很多企业依然招不到工人。"一位中国服装厂老板这样抱怨道。

如何转型

中国社会科学院陈昕教授指出："近年来中国劳动成本大幅上升，比东南亚的缅甸、孟加拉国、越南、印尼高出了很多。因此，低附加值的制衣业，把工厂迁到劳动力成本更低的东南亚地区是必然的趋势。从历史的角度来看，纺织服装产业就是一开始从欧美转移到日本，再转移到东南亚四小龙，再在20年前转移到中国。随着中国各种成本的上升，未来大部分产能肯定要被东南亚甚至非洲等相对落后的地区承接的。国内的相关企业须加快转型，否则将面临严重危机。"

前有国际品牌的压力，后有东南亚地区的成本优势，中国的服装企业正处于不上不下、又不得不向上前进的尴尬时期。当前中国经济的大势和服装企业的状况，要求中国服装企业必须由主要人力成本驱动向创新驱动转变，增强创新意识，做大做强自主品牌，升级运营模式，从生产优势转向品牌优势转变。只有这样，中国服装行业才有希望。

业内专家指出，即使是中国国内的服装市场，也已经进入了"比创意"、"拼品牌"的时代。中国的消费者，对品牌和产品背后所蕴含的文化底蕴的认同与需求与日俱增。这对服装行业来讲，既是巨大的压力，也是前所未有的际遇。闯过去，就会占据产业链的高端，成为行业的领军者。

当然，一个品牌从诞生到家喻户晓，需要时间的培育。陈昕认为，对于中国企业来讲，欧美持续疲软的经济状况，将给中国企业以机会。中国的服装企业，可以通过收购、参股等形式，与国际品牌企业进行合作，进而借助品牌的的经验，提升自主品牌的档次，使自主品牌实现飞跃。浙江富丽达股份有限公司副总裁钱珏美表示，富丽达集团收购加拿大纽西尔公司，就对富丽达的品牌提升起了积极的作用。

除此之外，深耕拥有世界上人口最多、经济总量第二的中国国内市场，也是转型的一个重要方向。乘着互联网尤其是移动互联网发展的东风，积极在第三方平台上设立旗舰店，甚至深度融入移动互联，打造O2O闭环，也成为中国服装企业转型的出路之一。

由于便于快递运输，毛利率远较3C品类高，服装品类可谓是最适合电商时代的商品。2013年中国的服装网购规模超过4 000亿元人民币，占了全部网购的四分之一以上，高居网

服装生产管理学

购榜首。2013年11月11日,淘宝和天猫商城共实现销售额350亿元。服装类目仅用41分钟便突破10亿元,堪称惊艳。在天猫双11单店销售榜前十位中,有5个是服装品牌。据业内专家估算,2016年中国服装网购交易规模有望达到1万亿元人民币,这将为中国服装企业的电商化转型提供巨大的空间。

在电子商务浩荡潮流的带动下,国内的服装品牌纷纷建立起了自己的专业电商运营团队。李宁、真维斯、美特斯邦威、报喜鸟、贵人鸟等企业将电子商务升格为事业部,并由集团董事长或副总裁直接分管。这些品牌服装企业加速了电子商务的步伐,并且取得了不俗的成绩。传统品牌企业电商化将是一个不可逆转的趋势。

以凡客、梦芭莎为代表的服装企业,更是建立起自己的垂直型B2C平台。电商市场依旧处于高速发展期,在可预见的未来一段时间内也将保持高速增长。把握好这段红利期,将是服装企业实现升级转型的重要机遇。

(引自《中国商界》杂志 http://www.efu.com.cn)

第五章 服装生产计划的设计与控制

知识要点 ··

1. 服装生产能力分析
2. 服装生产周期的构成
3. 作业日程计划的制定
4. 服装生产计划的制定
5. 服装生产作业控制的内容和方法

生产计划是服装企业管理的首要职能,它反映的是工业企业在计划期间达到的产品品种、质量、产量和生产进度等生产方面的指标,是指导工业企业计划期生产活动的纲领性文件。加强生产计划管理,对生产计划进行有效控制,就是要不断提高生产计划工作水平,为企业生产系统的运行提供一个优化的生产计划,以销售为基础,满足市场需求,合理利用企业内部人力、物力、财力等资源,最大限度地减少生产资源的浪费,使企业获得最大的经济效益。

5.1 服装生产能力及生产周期

5.1.1 生产能力的概念和种类

(1) 生产能力的概念

生产能力是指一定时期内(通常指一年)直接参与企业生产过程的固定资产和作业人员,在一定组织技术条件下,经过综合平衡,所能生产一定种类产品或加工处理一定原材料的最大数量的能力。生产能力体现企业的加工能力,同时反映企业的生产规模。

生产能力的概念突出了:

① 强调直接用于生产的厂房、机器设备等固定资产在决定企业生产能力的重要作用。

② 把生产组织、劳动组织、劳动对象以及工人的技术水平,抽象为"一定的组织技术条件"。

③ 企业的生产能力是指在一定时期内所能生产的产品数量,年、季、月、周、日等均可以作为计算生产能力的时间期,但通常按年计算,以便与年度生产计划任务相平衡。

④ 企业的生产能力是企业内部各个生产环节、各种固定资产的综合能力,不是孤立的以一个生产环节来确定企业的生产能力。

（2）生产能力的种类

企业的生产能力,在一定时间内是相对稳定的,但生产能力不是固定不变的。随着生产的发展及技术组织条件的变化,生产能力也会相应地发生变化。根据核算生产能力时所依据的条件不同,企业的生产能力可分为设计产能、查定产能和计划能力（现实能力）三种。见表5-1。

表5-1 生产能力的种类

类别	概 念
设计能力	指在理想状况下所能达到的最大产能,又称理想产能。设计能力是企业基本建设设计任务书和技术文件中规定的生产能力。它是按照工厂设计中规定的企业产品方案、技术装备和各种设计参数计算出来的应该达到的最大产能
查定能力	指由于产品方案和技术组织条件发生了很大变化,原有的设计能力已经不能反映实际情况,由企业重新调查核定的生产能力。查定生产能力时,以企业现有固定资产等条件为依据,并考虑采取各种技术组织措施或进行技术改造后所能达到的产能计算
计划能力	计划能力又称现实能力,是指企业在计划年度内实际可能达到的生产能力。它是根据企业现有的生产条件并考虑到企业产品组合、日程安排可能遇到的困难,质量问题及机器维护等因素之后的最大可能产出量

以上三种生产能力各有不同用途。当企业确定生产规模,编制长远规划和扩建、改建方案,采取重大技术组织措施时,应以设计能力为参考,以查定能力为依据,当企业编制年度生产计划、季度生产计划、确定生产计划指标时,应以计划能力为依据。

大部分情况下,生产能力都可以用企业生产的产品实物量或提供的服务所需设施来表示,服装企业的生产能力通常采用一年内该企业能够生产一定品种的服装产品数量为计量单位,也可以用一个月或一天内服装企业生产的产品数量来表示。年生产能力的数据,通常在制订年度计划时作为平衡、分析的参考依据。每月和每天的生产能力可以作为编制月度和每周作业计划的参考依据。

5.1.2 影响服装生产能力的因素

在实际生产过程中,生产能力的计算并非是数字的简单换算,产品品种的转换、生产流程的调整、生产技术的适应过程、工人技术的熟练程度以及生产管理水平等诸多因素都会影响的生产能力变化,许多复杂的问题要凭生产经验进行分析、研究和预测,从而准确计算实际的生产能力。具体因素如下:

（1）产品品种转换对生产能力的影响

每当产品种转换时,必然要对生产工具、工艺装备和流水线上的人员进行调整,另外生产技术的适应过程与工人技术的熟练程度,布置新工艺以及进行技术辅导等都会影响生产能力的变化。一般服装企业每更换一次品种至少要有两天的"磨合期",即"起步损失",由于不同产品工艺的复杂程度不同,其品种转换需要适应的时间也不完全一样,一般在品种转换生产的头两天至少会减少20%的产量。

（2）生产设备对生产能力的影响

这里主要是指设备是否合理配置以及设备的先进程度对生产能力的影响。服装设备,特别是高效率的专用设备的作用与服装生产效益具有相当密切的关系。假如专用设备不

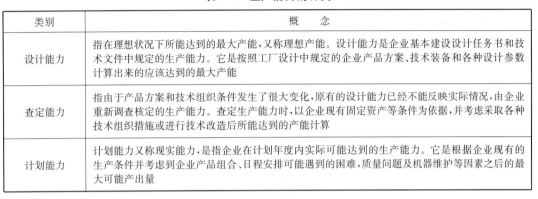

全,要用手工代替,那么至少要付出几倍的劳动力,有的先进设备比手工作业的效率可能高出几十倍。服装企业生产设备的数量、先进程度及生产空间的大小,是形成服装企业生产能力的物质基础。

（3）劳动组织对生产能力的影响

劳动组织对生产能力的影响包括各部门的劳动组织与人事安排不尽合理,忙闲不均,影响各环节作业的衔接;部门内部的劳动组织、流水线的组织与人事安排不妥,影响生产能力的发挥;工人的技术水平、操作熟练程度、工作内容及工作积极性等因素都对服装的生产能力产生较大的影响。

（4）产品质量缺陷对生产能力的影响

有的班组、车间在生产上只注重追求产量,忽视产品质量的提高;有的面料质地性能不佳、结构松散、伸缩性大、质地坚硬等质量缺陷为加工带来难度,影响原有的生产能力;或在生产过程中,工人责任心不强,产品制作不符合服装技术标准规定,人为造成了质量缺陷。如果产品质量不能达到标准,产品检验和返工增加,必然降低生产能力。

（5）生产季节性对生产能力的影响

由于季节气候的变化,一年四季穿衣不均衡,造成服装生产的淡季和旺季。淡季时有可能生产任务脱节,旺季时又来不及生产,这样都可能对服装生产能力的计算带来影响。在这种情况下,要充分利用协作单位的加工能力,掘高服装生产高峰期的调节能力。

（6）生产工艺难度对生产能力的影响

生产工艺难度包括产品的设计、产品的结构和产品的工艺等难度,由于服装生产品种更换频繁,批量大小也不同,每种产品的生产工艺难度的不同,导致在同样的设备和组织技术条件下,其生产能力也不同。

（7）企业管理水平对生产能力的影响

企业管理水平包括劳动组织、技术准备、物料管理、生产过程、进度安排、质量控制等方面的管理水平以及部门之间、工序之间的协调能力。生产管理水平的高低,直接影响服装生产过程的均衡程度,从而直接影响服装企业的生产能力。

基于上述七个方面的原因,在核算生产能力,编制生产计划时,应细心研究,综合分析,对可能影响生产能力的各种因素做出正确的估计和判断,采取相适应的对策,确保生产计划与生产能力的基本平衡。

5.1.3 服装生产能力分析

企业的生产能力是编制企业生产计划的基础,正确核算服装产品生产能力,有助于服装产品生产能力与服装生产计划的平衡,掌握生产周期,确保准时交货,同时有利于生产计划的实施和生产进度的控制,以取得生产平衡,努力提高生产效率。核定生产能力,应当从最基层的生产环节开始自下而上地进行。先核定设备、生产线、班组的生产能力,再核定车间的生产能力,最后确定企业的生产能力,这样就可以发现企业的生产能力的薄弱环节和富余部分,经过平衡和调整,使企业生产能力的核定建立在先进可靠的基础之上。

（1）生产能力分析的内容

对服装企业生产能力的分析,一般可从设备生产能力负荷和劳动生产能力负荷两方面进行分析计算。

(2) 生产能力分析的重点

① 设备生产能力负荷分析。根据生产能力的基本概念,企业的生产能力,主要由生产中的设备数量、设备的有效工作时间和设备的生产率定额所决定。

服装生产常用的设备有平缝机、特种缝纫机、整烫机等,计算设备产能时,要将机器按其生产特征进行分类,然后分别计算不同的设备种类的生产负荷。其计算公式为:

$$生产能力 = \frac{作业时间}{单件标准作业时间} \times 机器台数 \times 开机率$$

a. 机器台数。企业生产能力所涉及的机器台数是指企业在计划期内全部用于生产的设备数。其中包括:正在运转的机器设备台数;等待或正在修理、安装的设备台数;因生产任务不足或其它原因暂停使用的设备台数。对于已经判定不能修复或已决定报废的设备不能列入企业现有的生产能力之内。所以在计算设备生产能力负荷时,应考虑设备的开机率。

b. 设备作业时间。设备作业时间是按企业现行工作制度下设备计划期内有效工作时间总数。

c. 单件标准作业时间。单件标准作业时间为每台每件产品的标准作业时间,标准作业时间由正常时间(纯作业时间)和浮余时间组成。计算公式为:

$$标准时间 = 正常时间 + 浮余时间 = 正常时间 \times (1 + 浮余率)$$

d. 设备的生产率定额。设备的生产率定额是指设备在单位时间内应完成的出产量。在计算生产能力时,一般使用现行的定额资料。但由于定额的制定和修订是定期进行的,为了正确反映实际的生产率水平,要统计出实际台时产量或实际单位产品耗用的台时数,将它们与定额做出比较后对定额进行修正。

【例1】 假定某服装厂现有平缝机50台,每天工作时间为8 h,开机率为80%,每台每小时可生产裤子80件,假设标准时间浮余率为20%,则每台平缝机单件产品的标准作业时间为多少?设备组每天的生产能力为多少?

每台平缝机单件产品的标准作业时间计算公式为:

$$单件标准作业时间 = \frac{60 \times 60}{80} \times (1 + 20\%) = 54(s)$$

则设备组每天的生产能力为:

$$生产能力 = \frac{8 \times 60 \times 60}{54} \times 50 \times 80\% = 21\ 333(件 / 天)$$

一个设备组实际能提供的生产能力受到多种因素的影响,如设备的整体效率(设备的效率、设备加工的质量效率以及设备开机率)、工人的技术熟练程度和劳动积极性、管理工作的效率等都会使生产能力发生变化。

② 劳动生产能力负荷分析。劳动生产能力负荷分析主要是为了了解服装企业中劳动力的状况,依据生产计划计算出所需要的劳动力及劳动力的供需状况,进行产品生产的人员配置。每月有效劳动力和人员需求数计算公式如下:

$$有效劳动力 = (1 - 无效作业率) \times 作业效率 \times 工作天数 \times 出勤率 \times 人员数$$

$$无效作业率 = \frac{无效作业时间}{作业时间} \times 100\%$$

$$出勤率 = \frac{出勤人数}{出勤人数 + 缺勤人数} \times 100\%$$

每月生产所需劳动力人数为:

$$人员需求数 = \frac{计划生产总标准时间}{每人每天工作时间 \times 工作天数} \times (1 + 时间浮余率)$$

【例 2】 某童装厂 1 车间 2 组现有工人数 20 人,计划一个月生产开肩 T 恤 27 600 件,其每道缝纫工序的标准工时、计划产量等数据见表 5-2。

表 5-2　童装开肩 T 恤工时和产量表

项　目 ＼ 工　序	1	2	3	4	5	6	7	8	合计
标准工时(min)	0.86	1.40	1.67	0.96	0.48	0.36	0.44	0.46	6.63
计划产量（件）	27 600	27 600	27 600	55 200	27 600	27 600	55 200	27 600	276 000
需要工时(min)	23 736	38 640	46 092	52 992	13 248	9 936	24 288	12 696	221 628

a. 假设月工作天数是 23 天,每天工作 8 h,时间浮余率为 20%,人员需求计算如下:

$$计划生产总标准作业时间 = \sum_{i=1}^{8} (每道工序的标准作业时间 \times 计划产量)$$
$$= 221\ 628 (min)$$

$$人员需求数 = \frac{计划生产总标准时间}{每人每天工作时间 \times 工作天数} \times (1 + 时间浮余率)$$
$$= \frac{221\ 628}{60 \times 8 \times 23} \times (1 + 20\%) = 24(人)$$

因本组现有工人数 20 人,人员需求数为 24 人,则还需增加 4 人。

b. 假设现有缝纫工人数 20 人不变,月工作天数是 23 天,要一个月完成计划生产量,则每天的工作时间计算如下:

$$每天工作时间 = \frac{计划生产总标准作业时间}{缝纫工人数 \times 工作天数} \times (1 + 时间浮余率)$$
$$= \frac{221\ 628}{20 \times 23 \times 60} \times (1 + 20\%) = 9.64(h)$$

c. 假设现有缝纫工人数 20 人不变,每天工作 8 h,则完成计划生产量需要的天数计算如下:

$$工作天数 = \frac{计划生产总标准作业时间}{缝纫工人数 \times 每天工作天数} \times (1 + 时间浮余率)$$
$$= \frac{221\ 628}{20 \times 8 \times 60} \times (1 + 20\%) = 27.7(天)$$

计算生产能力的目的是使生产能力与生产任务相平衡,如果生产能力满足不了计划任务,应采取一定的措施扩大生产能力,如增加设备投入、增补操作工人数、增加工作天数、延长每天工作时间、转包外加工、提高工人技术熟练程度或改进设备等。如果生产能力大于计划任务,则应设法利用生产能力,以免造成浪费。

（3）查阅资料和实际测定

服装生产能力的分析有相当难度和复杂性,核算生产能力时,除了对设备和劳动力的生产能力进行核算外,还需要从查阅资料和实际测定两方面综合分析,尽可能使核算的生产能力符合实际生产能力。

① 查阅资料。收集和整理有关服装的生产资料,对比不同生产时期的品种、批量、单件工时定额、实际生产数或者实际耗用工时。为了使资料更具有参考价值,参阅时要注意如下客观因素:该参考产品的生产过程和生产秩序是否属于正常情况下生产的,排除不正常的生产因素;与该参考产品的繁简程度及工艺过程相近似;其产品的生产批量与生产周期基本雷同;其产品的单件生产工时基本相同;参考产品的工资分配形式与现行分配基本相同。如果查阅的生产资料与上述五个客观因素有所不同,那么就应对客观的条件进行具体分析,寻求真实的参考数据作为核算依据。

② 实际测定。在没有参考资料可查的情况下,可以在试制工艺时,请技术熟练的工人单件生产,测定实际的工时定额。测定的生产能力要通过合理的换算,无论是查阅资料或实际测定,总会出现一定的误差,因此,生产能力的核算转换为生产计划时,要注意动态变化,及时修正。

5.1.4 服装生产周期的构成

服装生产时间的构成包括生产准备期和生产实施期（生产周期）两部分。见表5-3。

表5-3 服装生产时间构成

构成	阶段	说明
生产准备期	材料准备期	指材料从供应商下订单开始到材料首次交货投产为止的这段时间,具体包括从材料采购、运输、入库、检验到首次投产的过程
	机器设备/工具准备期	指机器设备及工具从设计筹划、安装调试到全部完成为止的这段时间
	工艺准备期	指完成作业指导书、样板、标准等事项所需要的时间
生产实施期（生产周期）	加工时间	由单件产品的标准作业时间和产品数量决定,与产品工艺设计、工人熟练程度、管理水平有关
	搬运时间	指工序之间或工序至库位的搬运时间,由物料搬运路线和次数决定
	检查时间	由单件产品的检查时间和被检查产品数量决定。与产品合格率有关,产品合格率高,返工检查的时间少
	等待时间	指加工完成后等待运往下道工序或仓储库位的时间,等待时间往往由于下道工序能力不足或搬运设施不当造成

（1）生产准备期

生产准备期是指产品生产投入前的准备工作所耗费的时间。生产准备期包括材料准备

期、机器设备或工具准备期和工艺准备期三个过程。假设这三个过程是同时进行的,则以进展速度最慢的一个过程所需的时间为整体的生产准备期,若非同步进行,则以最后一个完成过程的期限为整体的生产准备期。

(2) 生产实施期(生产周期)

广义的生产实施期包括从开始生产到完成全部产品的整个时间,狭义的生产实施期仅指从生产投入到产出第一件合格产品为止的这一段时间,生产周期一般指生产实施期。

生产周期是指一种产品从投料开始,直至产品完成出货为止所经历的全部日程时间。服装工业生产中,生产周期指产品从原材料投入生产开始,经过加工,到产品完成、验收入库为止的全部时间。在服装企业生产中,生产周期一般可分为工序的生产周期、零部件的生产周期和产品的生产周期。产品的生产周期取决于零部件的生产周期,零部件的生产周期取决于零部件的各个工序阶段。

生产周期不仅包括加工时间,还包括搬运时间、检查时间、停放时间,因而生产周期不是固定不变。生产周期的长短,不仅取决于设备和工艺等技术物质条件,还受到计划和组织管理工作的重大影响。努力缩短生产周期是生产管理的重要目标,缩短生产周期,对于提高生产率、加速资金周转、减低生产成本、缩短交货期及保证按期交货具有重要作用。

5.1.5 制定服装生产周期的方法

(1) 确定工序生产周期的方法

① 资料调查法。资料调查法是以实际情况为依据,从产品的生产台账中收集各产品(或某工序)的投料时间、加工时间等资料,调查各项作业的实际完成情况,然后经作业现场和生产管理部门等有关人员商量决定生产周期。作业现场和生产管理部门等有关人员对作业情况最为了解,能够结合实际,提出缩短生产周期的意见和措施。

② 在制品流动数调查法。在制品流动数调查法是通过调查在制品的变化数量来计算该工序的生产周期。具体做法是根据某产品的生产台账,调查该工序在某一计划期内,每日在制品的结存数和产出数,从而算出该工序的平均生产周期,其计算公式如下:

$$\overline{T} = \sum_{i=1}^{n} Q_{ji} \Big/ \sum_{i=1}^{n} Q_{ti}$$

式中: $\overline{T}$ ——工序平均生产周期;

Q_{ji} ——计划期内第 i 天的在制品结存数;

Q_{ti} ——计划期内第 i 天的在制品生产数;

n ——计划期生产天数。

【例3】 某产品在制品数量变化的汇总表见表5-4,表中在某一计划期内是指某月的1~12日,每日在制品的领入数、领入累计、产出数、产出累计和在制品结存数。计算该工序的平均生产周期。

表 5-4　某连续生产工序在制品数量变化统计表　　　　　　　　　　单位:件

日期	1	2	3	4	5	6	7	8	9	10	11	12	合计
领入数	50	10	10	20	20	20	20	10	20	30	30	20	—
领入累计	50	60	70	90	110	130	150	160	180	210	240	260	260
产出数	0	10	10	20	20	30	10	20	20	20	30	20	—
产出累计	0	10	20	40	60	90	100	120	140	160	190	210	210
结存数	50	50	50	50	50	40	50	40	40	50	50	50	570

将表中的数据代入上述公式,可得到该计划期内工序的平均生产周期为:

$$\bar{T} = 570/210 \approx 3(天)$$

在批量间歇生产方式中,在制品数量是连续变化的,因此,工序的生产周期可以通过某计划期间在制品总结存除以总产出数求得。

③ 经验估计法。在多品种小批量生产中,每一台设备加工多种产品,生产不够稳定,因此,该生产类型的工序生产周期制定方法与连续或批量生产不同。当确定生产周期的资料不全时,可计算出工序的加工时间,再加上浮余时间来决定生产周期。

（2）确定产品生产周期的方法

确定产品的生产周期,首先要确定服装产品各加工阶段,即准备、裁剪、缝纫、整烫、包装等阶段的生产周期,在此基础之上确定产品的生产周期。

生产周期包括单件产品的生产周期和成批产品的生产周期。单件结构简单的产品,其生产周期为该产品在各个工序阶段生产周期的总和,若产品结构复杂,为缩短产品生产周期,一般采用将产品各工序在各工艺阶段交叉或平行生产的方式,交叉或平行生产的那部分时间应该在生产周期中扣除。成批产品的生产周期的计算原理与单件产品的生产周期基本相同,不同之处是还要考虑在制品在产品制造过程中的移动方式。成批生产中,生产批量发生变化时,生产周期也随之发生变化。尤其采用小批量多品种的生产方式,生产批量每次各异,因此,生产周期不是固定不变的,应根据实际批量和经验进行调整。

生产周期是在正常作业状态下确定的,但在实际生产中,常由于原材料供应不上或紧急插单等原因,打乱了正常的作业秩序,为了确保交货期,只能采取各种措施来缩短生产周期。

（3）作业日程计划的制定

① 作业日程计划概念。作业日程计划是使作业能按预定日完成,以日或小时为单位,妥善安排各工序的开始和结束日期,即自订货日至加工,到最后成品形成出货为止所需的工作日数。日程计划是企业能够按期交货的重要保证。若生产企业能以最快的时间交货,是争取订单及保持企业竞争优势的重要条件之一。通过制定日程计划,使生产各环节目标明确,各工序间的衔接一目了然,同时可以控制生产进度,协调计划期内各生产环节的加工能力与负荷之间平衡,减少积压或短缺。

日程计划一般以交货期为基准,依据生产周期来制定作业日程,逆工艺顺序来计算并安排各项作业或工序的开始和结束日期。作业日程与生产周期的关系如图 5-1 所示。

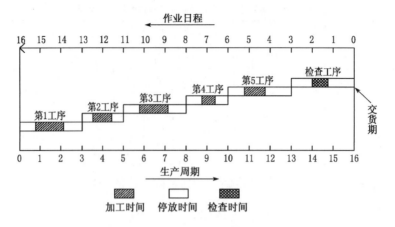

图 5-1 作业日程与生产周期的关系

② 作业日程计划的构成。作业日程的构成如图 5-2 所示。其中,作业日程计划包括以下几项内容。

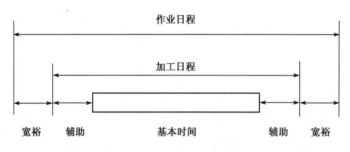

图 5-2 作业日程的构成

a. 产品设计时间。

b. 自承接订单到物料分析所需的时间。

c. 购买原材料所需的时间。

d. 材料运输所需的时间。

e. 生产所需的时间。

f. 检验入库到出货时间。

③ 日程计划表的确定。日程计划以计划表的形式来表达,将销售部接到订单到生产完成出货,规划成一个日程表,通过日程表将相关内容和计划汇集于表中。一般的服装订货型生产日程通常使用逆向排程法,以合同规定的出货日倒推确定生产计划、物料计划、采购计划等。

【例 4】 某服装厂 6 月 15 日签订某一订单,订单数为 1 500 件,要求出货日期为 7 月 30 日,总天数为 45 天。假设该批产品款式为原有生产的产品,产品无须重新设计。

a. 自签订订单到物料分析及采购购备所需时间为 3～10 天。

b. 物料运输所需的时间为 3 天。

c. 物料检验时间为 2 天。

d. 物料宽裕时间为 3 天。

e. 生产时间为 19 天。

f. 成品检验时间为 2～4 天。

g. 成品入库到出货时间为 3 天。

根据以上数据,从订购日到投产日所需时间为 16～19 天(物料分析、采购、运输及检验),从投产到出货(产品加工、检验、入库、出货)所需时间为 24～26 天。制定该订单生产日程计划表如图 5-3 所示。

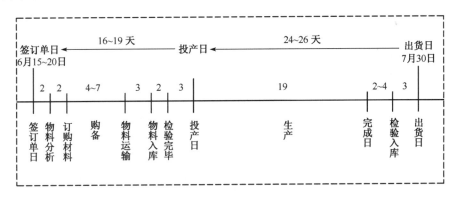

图 5-3 某订单生产日程计划表

从图 5-3 可知自承接订单到出货,其日程为 40～45 天,如果是新产品,则日程计划表应增加产品设计时间。本例中出货日为 7 月 30 日,则各阶段的计划时间逆推算为:

a. 成品入库时间为 7 月 30 日的前 3 天,即 7 月 27 日。

b. 成品完成日为 7 月 27 日的前 2～4 天,即 7 月 23 至 7 月 25 日。

c. 产品投产日为 7 月 23 至 7 月 25 日的前 19 天,即 7 月 4 至 7 月 6 日。

d. 物料检验完毕日为 7 月 4 至 7 月 6 日的前 3 天,即 7 月 1 至 7 月 3 日。

e. 物料入库日为 7 月 1 至 7 月 3 日的前 2 天,即 6 月 29 至 7 月 1 日。

f. 物料运出为 6 月 29 至 7 月 1 日的前 3 天,即 6 月 26 至 6 月 28 日。

g. 物料订购日为 6 月 26 至 6 月 28 日的前 4～7 天,即 6 月 19 至 6 月 24 日。

h. 物料分析完成日为 6 月 19 至 6 月 24 日的前 2 天,即 6 月 17 至 6 月 22 日。

i. 签订订单日为 6 月 17 至 6 月 22 日的前 2 天,即 6 月 15 至 6 月 20 日。

上述日程安排推算方法,适用于所有服装生产订单,对于一些大订单或重要订单,更应该严格按照日程计划执行。上述日程计划表明交货速度的快慢,不仅在生产环节,如果任何一个工作环节发生滞后,都会导致后续工作环节延后。如果生产周期长,所采购物料的数量大,可要求供应商分批送货,这样可以不耽误后续生产。

5.2 服装生产计划的制定

在管理的基本职能中,首要职能便是计划,即对未来行动的事先安排。生产计划是关于工业企业生产系统总体方面的计划,内容包括产品的品种、生产数量、生产时间、作业分配、产品质量标准、单位生产工时、面辅料消耗标准等,是指导企业计划期生产活动的纲领性文件。

生产计划是企业运作管理的主要内容,关系到生产系统能否在预计时间内保证企业生产经营及战略目标的实现。加强生产计划管理,对生产过程进行有效组织,有利于企业内部人力、物力、财力等资源的合理利用,确保生产任务按期完成,最大限度地减少生产资源的浪费和限制,以最低的总成本,按规定的质量和期限满足客户要求。

5.2.1 生产计划的准备

(1) 市场调查和预测

服装生产的形态有预测型生产(存货型)和订货型生产。预测型生产就是计划性生产,是企业依据市场需求现状,进行销售预测,依据预测设定最低的成品库存量来有计划的安排生产。而订货型生产是接到客户订单后,才开始组织生产。无论是存货型还是订货型生产,销售部门均应做市场调查,并进行预测。一般来说,对于特定企业的市场调查可以从以下几个方面进行。

① 市场需求和变化趋势。包括调查人口结构、收入水平、消费结构、产品的人均拥有量、替代产品的情况、流行趋势、国家经济政策等。

② 产品调查。包括产品的种类、产品的用途、产品的性能、产品的包装、产品的售后服务、顾客对产品的忠诚度及其他要求等调查,作为新产品开发、改进产品的依据。

③ 购买行为调查。包括调查消费者的购买力、购买欲望、购物方式、偏好和购买动机等消费行为特征的内容。

④ 价格研究调查。主调查研究顾客对产品的认知程度和对价格变化的理解和反映。

⑤ 销售渠道调查。包括调查分销渠道的结构、覆盖范围、批发商和零售商的经营情况和竞价实力、消费者对不同零售商的态度。

⑥ 市场竞争情况调查。市场竞争情况调查可以从两方面进行。一方面,针对某个具体竞争对手的调查,主要集中在产品结构、质量、价格、广告、产品的销售渠道等方面的调查,以此识别企业的优势和劣势;另一方面,对竞争群体的调查,主要包括不同企业的市场占有率、经营特征、竞争方式、行业竞争结构及变化趋势等。

通过市场调查结果,整理分析各方面调查资料,提出调研报告,为制定销售计划提供科学依据和数据支持。

(2) 销售计划的确定

在市场调查的基础上,编制以月为单位的年度销售计划,销售计划的形式以表格(表5-5)的形式表示。销售计划的项目主要有客户名称(客户编号)、产品名称、订单编号(货号)、订货数量和交货日期等。

表 5-5　年度销售计划表　　　　　　　　　　　单位:件

序号	品名	客户编号	货号	月份													合计
				1	2	3	4	5	6	7	8	9	10	11	12		
	合计																

服装生产企业往往出现许多混乱现象,如工作时间延长、经常加班、停工待料、生产计划频繁变更、交货期延迟等,其混乱现象的根本原因在于没有一个合理的销售计划,企业缺乏良好的销售计划会产生以下不良后果:

a. 原材料、配件供应不上,购置时间延长,导致停工待料,生产交货期延长。

b. 机器设备没有充足的时间准备,影响产量。

c. 缺乏对销售或生产的淡季和旺季的事先把握,导致人员补充及裁减处于无序状态,旺季时人员招聘跟不上或淡季时大量裁员,影响生产效率和产品品质的稳定。

d. 销售计划不合理,产销计划不平衡,销售部门每月接受的订单数量落差太大,造成整个工厂的物料部门、生产部门和人事部门等无所适从,生产紊乱。

所以,只有合理的销售计划,才可能有合理的生产计划及组织顺畅的生产,确保产品按期交货。计划的目的是为了有充足的时间来准备,便于计划的执行与控制,生产管理部门可依此进行生产规划,做好生产前的物料、人员、设备、车间等方面的准备。

(3)产品的分析

为了有效地实施生产计划,确定产品的销售计划后,就要对产品的品种、结构、生产工艺进行分析和研究。服装产品包含各种各样的技术因素,当接到订货合同或产品设计任务书及生产通知单后,首先要弄清产品所包含的全部技术要求。一般来说,有关产品包含的技术条件和因素包含如下几个方面。

① 原材料的基本性能。弄清原材料的品名、规格、花色、颜色、色牢度、缩水率等各种物理或化学性能。

② 产品的各项技术要求:

a. 产品的名称和号型系列。

b. 产品的规格尺寸要求和数量搭配。

c. 产品的工艺组合方法。将服装产品分解成衣片、小部件,弄清产品的结构和工艺组合方法,分析产品加工的组合顺序。

③ 产品采用的标准。产品采用的标准是国家标准还是部颁标准或是企业自行制定的标准。

④ 产品的商标及其他标志。使用何种商标、吊牌、成分标志、尺寸标志、洗水唛等有关标志,各类标志的具体缝订方法和安放位置,标志的内容是否与合同要求相符。

⑤ 熨烫方法和要求。使用何种熨烫工具(如电烫斗、各种蒸汽熨烫工具、定型设备等),各部位的熨烫方法和要求等。

⑥ 包装要求。包装的方法有多种,如平摊装、立包装、折装、盒装、袋装、纸箱装、木箱装等。弄清包装所使用的材料、规格、形状及要求;具体的折叠方法和折叠尺寸;内外包装所使用的胶带、纸袋以及小包装、大包装的尺寸、规格、颜色、数量搭配等;包装物的唛头和标志。

⑦ 其他要求。品种的变更或补充要求,超出正常标准范围的要求及质量评定指标等特殊要求。

依据产品的订货要求或工艺单,列出相关衣片、部件等的加工内容,并由此确定最佳的作业方法、使用的设备和辅助工具、设计合理的加工流程和人员配备等。

（4）做好作业准备工作

为有效地落实生产计划，使生产有条不紊地进行，首先要做好与生产有关的各项准备工作，包括技术、材料、人员、设备和工作地等五个方面的准备工作。具体内容见表5-6。

表5-6　作业准备工作的内容

项目	内容
技术准备	投入生产的样品试制和工艺改进
	编制批量生产的工艺文件
	制作好裁剪样板、辅助样板和缝纫过程中使用的工艺样板
	进行工艺工序分析，明确工艺操作规程，编制最佳生产作业流程
材料准备	明确原材料的品种、数量、质量是否符合生产技术要求
	制定物料需求与供应计划，严格控制物料进度，保证顺利投产
人员配备	包括生产技术人员、管理人员以及操作工人。部门之间、车间之间及班组人员的人员配备结构要合理，比例要与生产计划相适应，防止配备不当，造成流水生产不均衡
设备配备	包括执行生产计划所需要的设备和工艺装备。除现有设备外，还需添置的设备种类和数量，设备的准备既要先进，又要经济合理
	做好设备的检修工作，设备和工艺装备处在标准技术状态，才能进入生产，对日常使用的工艺装备，要定期检查磨损情况，及时更换
工作地准备	完成生产计划所需要的生产场地准备，设计合理的空间组织和时间组织

（5）服装生产任务书的编制

服装生产任务书又称服装生产制造单，它是依据产品的规格、使用的原材料、加工方法等方面的要求而编制的一种生产计划性文件。服装生产计划主要以生产制造单的形式下达给车间、班组，使每个部门都掌握本产品的操作方法、技术要求、质量要求及生产进度要求等，明确本岗位的任务和责任。生产制造单一旦下达给生产相关部门后，就成为一种命令性文件，各部门都应按照生产制造单的指示组织生产。在下达服装生产任务书的同时，还要对所有员工进行讲解和培训，让每位员工都理解文件的每项细则和要求，车间工艺员还要加强对生产操作工人的技术辅导，根据工艺要求，严格检查每道工序的操作。

生产制造单是各生产部门组织生产和企业核算成本的依据，因此，生产制造单必须完整、准确，具有可操作性等特点。生产制造单的编制包括订单资料的收集、整理、编写、审核、存档和分发等过程。生产制造单的主要内容如下：

① 生产制造单的属性。一般包括生产制造单的编号、订单编号、客户名称、产品名称、款式编号、生产数量、交货日期、编制日期等。

② 产品生产技术资料。主要包括产品的规格、尺码、数量分配、颜色搭配、面辅料数量规格、缝制工艺说明和要求、后整理方式、包装要求等内容。

③ 生产制造单编制。生产制造单的编制可根据企业的实际情况进行设计，以表格配图解说明较为普遍，如表5-7所示。

表 5-7　某体育用品有限公司生产制造单

制单编号：

品名：		合同号：		数量：		制单日期：	
货号：		加工厂：		新单/翻单：新单		交货日期：	

款式图解：	特殊说明：

配比数量(单位：件)							
色组编号	颜色描述	XS	S	M	L	XL	合计

尺寸表(单位：cm)					
序号	部位	XS	S	M	L	XL

面料说明			
序号	面料名称	面料颜色、结构与成分	面料实样

辅料(包括缝线、衬料、拉链、扣、吊牌、主唛、尺码唛、洗水唛等)说明			
序号	辅料名称	辅料描述和位置说明	辅料实样

裁剪要求	
缝制工艺要求	
后整理要求	
包装材料和要求	

制单：　　　　　　　　　　　　　　　　　　　　　　　　审核：

生产制造单作为生产企业法规,一经批准发布不得随意更改,企业所有部门必须严格遵守,认真执行。若遇到特殊情况,必须通过规定手续变更,如订货单位提出合理的变更要求;原材料供应突然中断或不可抗拒的原因;有更先进的合理化建议或在生产执行过程中发现原有的工艺方法不当,影响产品的制作和品质。变更生产制造单,需要主管厂长的批准后才能执行变更手续,并通报所有有关部门和相关人员。

5.2.2 生产计划体系

现代企业的生产是规模化生产,为了实现企业的经营目标,企业的内部要有科学的分工和严密的组织体系,这就需要有一个统一的计划并站在全局的高度来指挥和协调整个生产活动。生产计划是企业执行生产任务的行动纲领,它是一个体系,根据产品销售计划、生产能力等有关指标进行编制。

生产计划工作由一系列不同类别的计划所组成,按照企业生产经营中所处的地位和时间的长度,企业的生产计划划分为长期生产计划、中期生产计划和短期生产计划三个层次。这三个层次的计划紧密相关、相互依存,构成一个完整的生产计划体系。生产计划体系的结构和层次如图5-4所示。

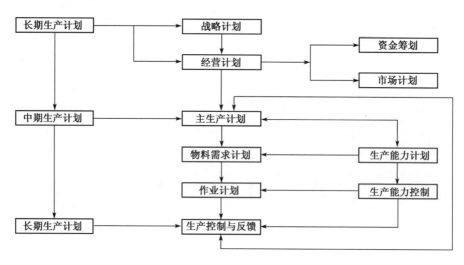

图5-4 生产计划体系的结构和层次

（1）长期生产计划

长期生产计划是一种战略计划,反映企业的基本目标和组织方针,时间长度一般为1~5年,甚至更长时间。它的主要任务是制定企业经营方针和政策,进行投资决策、产品决策、生产能力决策及确立何种竞争优势的决策,涉及企业生产技术发展规划、产品发展方向、生产发展规模、基本建设和重大技术改造、生产组织形式的调整、新生产设施的投资及人力资源发展规划等。

长期生产计划是企业长远规划的一个主要组成部分,是指导年度计划的一个重要文件,长期生产计划具有高度的综合性,一般由企业的高层管理者制定,对于保证企业生产经营目标的实现、调动员工积极性、合理有效地利用企业资源并进行企业改造具有重大意义。

（2）中期生产计划

中期生产计划的时间长度为一年或以一季,故也称年(季)度生产计划。年度生产计划是指执行期为一年的生产计划。年度计划是企业年度方针目标中的重要项目,它以长期计划为指导,主要任务是对未来一年内的产品需求、资源的调配和利用进行筹划,以确定在现有资源条件下所从事的生产经营活动应达到的目标,如产量、品种、质量、产值和利润。

季度生产计划是指时间跨度为一个季度的生产计划,季度计划是年度计划的分解,也是完成年度计划的基础。根据服装产品的特点,年度计划生产的产品,季节跨度较大,一年四季的生产是不均衡的,季度产品的积压或脱销都会影响企业年度技术经济指标的完成,为此,制订年度生产计划时应注意到这一因素。

（3）短期生产计划

短期生产计划是一种运行计划,时间长度一般为月度以内的计划,是年度计划和季度计划的分解。短期生产计划是年度计划的具体执行计划,是组织日常各项活动进行的依据和基础,也称生产作业计划。短期计划与长期和中期计划相比,内容更为明确、具体和稳定。短期计划具有一定的灵活性,一般会依据客户的需求和市场的变化做出相应的调整。

短期生产计划涉及生产计划的具体方面,主要包括以下内容。

① 日程计划。短期生产计划根据时间的长短,又可分为大日程计划(月计划)、中日程计划(周计划)和小日程计划(日计划)。短期生产计划是对企业近期生产运作活动做出的较为详细的日程计划,不仅规定生产的期限,还要制定确切的完工天数及时间。

② 主生产计划。是对每一具体的最终产品在每一具体的时间段内生产的数量所进行的具体安排。这里的最终产品,对于企业来说指最终完成、要出厂的完成品。对服装企业来说,主生产计划是生产计划的核心,是所有短期生产活动的依据。主生产计划的对象是产品,它按生产计划规定的任务和实际的客户订货合同制定作业计划,规定产品的品种、数量、加工进度和完工时间(出厂期),规定每个生产单位的任务和投入产出进度。

③ 物料需求计划。是根据主生产计划的要求,对所需的全部物料(零部件)所作出的安排。这是一项复杂而又细化的工作,尤其是当企业的产品结构复杂、零部件种类又多的情况下,要根据具体日程计划安排,预测所需的面辅料种类、数量及生产周期,制定详细的材料计划,合理控制库存水平,面辅料消耗的种类和数量必须与生产进度相吻合。

④ 作业计划。根据日程计划表,按各种品种款式的产量和交货期,确定具体的作业量及人员和机器设备的需要量,并与实际的生产能力进行对照、调整,制定详细的作业数计划。

⑤ 生产控制与反馈。其任务是控制整个生产活动,并将生产过程的作业状态信息,如生产进度、库存变化、质量问题、设备故障、人员短缺等及时反馈,以便计划部门及时采取措施,确保计划顺利实施。

以上三种层次的计划都应当建立在科学预见的基础之上,从不同侧重点制定未来的行动方案。但是,在具体的实施过程中,有时往往会有许多主观或客观上的不确定因素,使生产进度比原定计划推迟或提前,因而要求计划不仅要有准确性和严肃性,还要具备一定的灵活性和应变性。为此,可以依据现有计划的执行情况和市场变化,以及产、供、销对生产实际的影响,对原定的生产计划进行滚动式的调整或修订,以确保生产任务如期完成。

5.2.3 订货型服装生产计划的制定

（1）服装生产计划指标

生产计划指标是指企业在计划期内生产活动各方面达到的技术经济目标和发展水平，常用具体的数值表示。服装企业生产计划的主要指标主要有产品品种指标、产量指标、质量指标、产值指标和出厂期指标，它们从不同的侧面反映了企业生产产品的要求。

① 品种指标。品种指标是指企业在计划期内生产的产品名称、型号、规格和品种数。品种指标能够在一定程度上反映企业适应市场的能力，一般来说，品种越多，超能满足不同的需求，但是，过多的品种会分散企业生产能力，难以形成规模优势。因此，企业应综合考虑，合理确定产品品种，加快产品的更新换代.努力开发新产品。

产品品种是按服装产品的款式、用途、型号、规格来划分的。确定品种指标的目的，一是根据企业现有的生产、技术能力，尽可能地满足市场对产品品种的需要；二是根据潜在的生产技术能力以及市场对产品品种的潜在需求，发展新品种，以扩大企业的技术贮备。

② 产量指标。产量指标，是指企业在计划期内应当生产可供销售的合格产品数量。服装产品产量指标常用"件""套""打"等表示。产量指标是表明企业生产成果的一个重要指标，它反映了企业的生产能力、专业技术和综合管理水平。产量指标是企业进行产销平衡预算和安排生产作业计划的依据，是企业计算和分析劳动生产率、原材料消耗、生产成本和利润的基础。

③ 质量指标。质量指标是指企业在计划期内生产的各种产品应该达到的质量水平。产品质量指标是企业生产的产品能够满足用户使用要求和社会需要程度的重要标志，也反映了企业的生产技术水平和管理水平，是企业赢得市场竞争的关键因索。

产品质量指标通常以产品的等级品率来表示，即以企业计划期内出产的各种质量等级产品产量在全部产品产量中应达到的百分比表示，如合格率、一等品率、优等品率等，除了产品质量指标以外，生产计划中还列有反映生产过程工作质量的指标，如废品率、返修率、换片率、成品交验一次合格率等。

④ 产值指标。产值是用货币单位表示和计算企业在计划期内完成的产品数量的价值指标。产值指标解决了企业生产多种产品时，不同产品产量之间不能相加的问题。产值指标可以综合反映企业生产的总成果，表明企业在一定时期内的生产规模和发展速度，是计算全体工人劳动生产率和产值资金率等指标的依据。根据产值指标的内容及作用不同，可分为商品产值、总产值和净产值三种。

a. 商品产值。商品产值是指企业在计划期内出产的可供销售的产品价值。它包括用自备原材料生产的可供销售的成品和半成品价值，及用订货者来料生产的产品加工价值。商品产值一般按现行价格计算，是编制成本计划、销售计划和利润计划的重要依据。

b. 总产值。总产值是用货币表示企业在计划期内应该完成的工作总量。总产值包括自备原材料生产的产品价值、对外加工费收入、在制品和半成品期末期初差额。总产值一般按不变价格计算。它反映了企业的生产规模、发展速度，常用于计算劳动生产率等。

c. 净产值。净产值是指企业在计划期内新创造的价值，即在总产值扣除转移掉的生产资料的价值，就是净产值。净产值一般用现行价格计算，其计算方法有两种：

• 生产法。生产法是从总产值中直接扣除生产资料的转移价值，其计算公式为：

$$P_j = P_z - \sum P_w$$

式中：P_j——指净产值；

    P_z——指总产值；

    $\sum P_w$——指各种消耗掉的物质资料之和。

• 分配法。分配法是根据生产新创造价值中属于收入初次分配的各项要素费用相加求得的净产值。其计算公式为：

$$P_j = g + m + P_e$$

式中：g——指工资总额；

    m——指产品销售利润、税金、提取的职工福利；

    P_e——指其他属于国民收入初次分配性质的支出，包括差旅费、市内交通费、利息支出、罚金支出、培训费用等。

⑤ 出产期。出产期是指为了保证按期交货确定的产品出产期限，是编制生产运作计划的一个重要指标。正确制定出产期很重要，出产期太紧，可能无法保证按期交货，给企业和客户造成损失；出产期太松，易造成生产能力浪费，也不利于企业竞争。

（2）生产计划制定的原则

生产计划是企业生产活动的主线，是企业生产系统正常、高效工作的关键。要制订出科学合理、切实可行的生产计划，需要遵守以下原则。

① 以销定产原则。企业生产的目的是为了销售，产销平衡是生产计划中的首要问题。企业生产多少不是取决于企业的主观愿望，而是取决于市场需求的大小，因此企业在制订生产计划时必须遵守以销定产的原则。所谓以销定产，就是企业根据市场需求来制订生产计划和组织生产，按期、按品种、按质、按量，向市场提供所需的产品或劳务。销售数量的确定可以参照企业历年的订货资料和市场动向，将订货与市场销售预测相结合，制定生产计划。

② 生产计划与生产能力平衡原则。制定生产计划时要正确评估企业的生产能力能否与生产任务平衡，这关系到生产计划能否顺利执行。企业的生产计划同企业的生产能力与负荷要相适应，才能合理地充分利用生产能力。如果制订的生产计划低于生产能力，则会造成生产能力浪费；反之，生产能力不足，则使生产计划落空。合理利用生产能力，首先要做好订货分析和市场预测，改进企业的计划工作、物资供应与厂外协作；其次，要提高设备利用率，减少工作时间内的设备停工；另外可以通过技术革新和技术改造，改进工艺和设备工具，改善劳动组织，提高工人技术水平，以及尽量减少非生产面积等。

③ 生产各环节的平衡原则。生产计划的确定不是孤立的，而是受各方面的制约，服装工业生产一般采用流水生产的作业方式，要涉及若干个部门、环节、车间、班组和工序。服装生产较多以多品种小批量的方式生产，品种繁多，工艺繁简不一，其技术准备、裁剪、缝纫、整烫、包装等部门的工作量不可能一成不变，工作量的不均衡会造成生产流水作业的堵塞或脱节。因此，制定生产计划时，必须对产品设计、设备生产能力、技术准备、物料采购与供应、资金、劳动力等环节进行综合平衡，确保企业生产稳定。

④ 各项指标平衡原则。生产计划指标的确定不是孤立的，服装企业在编制生产计划时，要以生产任务为中心，通过对产品的品种、产量、质量指标同消耗、成本、利润、资金等指

标进行综合比较,弄清各项指标之间的协调状况,在统筹兼顾、合理安排的基础上,使确定的生产指标达到最优的经济效益。同时,编制生产计划要考虑季度、月度之间的计划衔接,对一些跨期安排的生产品种或订单,在安排生产时要以动态的观念和系统的观念编制计划、组织生产。只有经过综合平衡后确定的生产计划指标,才是先进的,切合实际的。

（3）制定订货型生产计划的步骤

订货型生产,其产品的品种、款式、数量、交货期都是根据用户的要求确定的,厂家根据订货合同编制日程计划,包括服装设计、物料采购、裁剪、缝制、整烫、包装等阶段的开工期和完工期。编制日程计划的目的是为了确保产品按期交货。

销售部门按照订单的紧急程度和供货周期进行订单分类,安排订单生产的先后顺序,下达到生产部及相关部门执行,生产部根据订单合同制定生产的日程计划。订货型生产的日程计划由大、中、小三种日程计划构成,具体编制过程如下。

① 订单接受评审。订货的产品,有可能是本企业从来没有生产过的产品,参加洽谈的人员必须熟悉产品的设计和缝制工艺流程,掌握本企业的生产能力与生产负荷状况,能够在综合考虑客户要求和本企业的生产技术能力基础之上,决定产品的交货期。所以企业在接受订货前必须由销售部组织相关部门进行订货评审,以进一步明确客户的要求,并在一定程度上进行风险防范。接受订货评审的内容如图5-5所示。

a. 产品定价。产品定价要合理,符合本企业常规定价政策,不能接受无利润或亏损的订货。

b. 技术保证能力。包括产品采用的结构和工艺、要求的加工精度、性能指标、包装要求、规格尺寸以及客户的其他要求等,不能过多接受超出本企业技术保证能力范围内的订货。

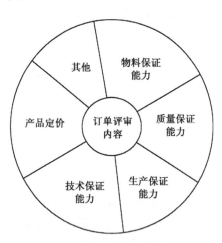

图5-5　订单评审的内容

c. 生产保证能力。企业的生产能力和负荷能力是否满足客户要求的订货数量和交货期,不能接受过多超出企业的生产能力的订货,不能随便同意客户变更产品设计、交货期。

d. 质量保证能力。包括质量标准、质量验收方式、特殊质量要求、质量责任的确定方法和质量纠纷的仲裁,不能接受超出企业质量保证能力范围的订货。

e. 物料保证能力。包括物料有无库存、是否采用新材料、材料质量状况、是否需要采购,采购周期能否满足生产供货要求。

f. 其他。包括资金周转状况、付款条件、交货方式、运输方式、保险费、运输费等费用承担情况,以及违约责任和经济赔偿等相关问题。

订单接受评审合格后签订合同,销售部根据销售计划及时下达生产订单,传递到生产部门及相关部门执行,生产部根据订单制定生产计划,并下达到各生产单位实施生产。若订单接受评审不合格,由销售部与客户沟通进行退单处理。

② 编制大日程计划。大日程计划是以订货合同规定的交货期为依据,将生产计划的各项作业,按作业分工的要求,规定作业的开始和完工日期,并落实到有关车间、部门、班组,明

确各个部门在计划中所承担的任务及责任。

大日程计划一般按月度制定月计划(表5-8),在每月的固定日期,由销售部门根据订单状况和生产负荷能力,编制下月销售计划草案,随后,生产部门依据销售计划制定下月生产计划。

表5-8　月度生产计划表

车间：　　　　　　　　　　　　　　　　　　　　　　　　　　　　　　　　　　月份：

款名：				客户：			订单号：			
班组	色组	订单数	排产数	净生产天数	日产量	产前样确认期	开裁日期	上线日期	下线日期	出货日期

编制的月度生产计划应考虑订单状况和生产部门的生产能力,同时注意与上月、本月、下月及今后数月的生产计划连贯性,并充分考虑各项生产要素(物料、劳动力、机器设备等)的配合问题。月计划的生产总量,应注意不要安排过满,应保留5%左右的作业空间,以应对生产紧急插单或其他不可控因素导致的延误。

③ 编制中日程计划。中日程计划是以大日程计划为依据,对大日程计划进行调整和修正,细化订单实际进度。中日程计划一般以周计,制定周计划。周计划一般是计划员根据下达的订单任务,制定的周生产计划,包括订单分解、采购到位计划、检验计划、技术资料到位计划、配料计划、发料计划、日程计划、产品交货计划等。

周计划的准确度应达到95%以上,一般不允许随意更改。制定周计划因统筹兼顾,合理安排各种产品的加工顺序,做好生产能力与负荷的平衡工作,确保生产按计划如期完成(表5-9)。

表5-9　周日程生产计划表

车间：　　　　　　　　　　　　　　　　　　　　　　　　　　　　　　　　　　月份：

班组	人数	款名	款号	订单号	色组	订单数	投入工时	单价	目标小时工资率	目标总产值	目标人均产值	目标总产量
101A												
102A												
103A												

班组	周		第一周							第二周						
	天	1	2	3	4	5	6	7	8	9	10	11	12	13	14
101A	计划产量														
102A	计划产量														
103A	计划产量														

制定周计划时,应注意安排物料与生产相适应的具体计划,并精确到每一天。周计划下发后,有关部门应立即做好生产前的各项准备工作,以避免实施小日程计划时措手不及。

④ 编制小日程计划。小日程计划是具体的作业实施计划,一般是日计划。日计划是依据中日程计划的内容对每天的生产作业任务进行安排,并规定作业的开始时间和完工时间。各项作业应严格按照日程规定,才能保证各环节、各工序的时间衔接,确保生产计划顺利实施。日计划的作业安排通常于每日上班前公示在"广告牌"或"通知栏"上,让每位员工明确每日的工作任务,机器使用较多的部门,为了便于管理,可以按机器安排当日的作业。

5.3 服装生产计划的实施

5.3.1 生产计划实施的任务

(1)确定工艺流程

根据产品的技术要求,结合本企业实际的生产技术条件,选择能够保证产品质量并取得最大经济效益的最佳工艺方法和流程。工艺流程的确定是生产作业实施的起点和基础。

(2)安排生产进度

根据产品的品种、数量、生产周期和交货期限的要求,在生产能力平衡和资源落实的基础上,确定每种产品的投入与产出日程和每道工序完成的目标日期,并把计划具体落实到每个操作者、每一机台和工作地,做到负荷均衡、饱满。

(3)做好各项作业准备

根据产品生产进度计划要求,提前下达生产准备指令,做好各项作业准备,如技术准备、材料准备、设备准备、人员准备和工作地准备。及时地把设备调整好,给作业人员分配工作,把工艺资料、原材料、辅助工具、送到工作地,然后下达生产指令和检查生产作业计划落实情况。

(4)用料计划与控制

根据订单及生产实际进度,与采购部、仓管部协调沟通,制定物料需求计划,保证物料供应。

(5)生产进度控制

生产进度是生产作业实施的关键,必须严格控制生产进度,及时发现各种可能造成偏差的因素。企业的生产活动,从生产准备到每一道工序的完成及产品入库的全部过程,要对产品生产活动实行全程追踪检查,及时掌握产品生产动态和静态方面的信息,发现问题,采取措施消除计划与实际进度的偏差,保证计划按进度完成。

(6)定期检查生产计划实施情况

定期检查核实、统计和分析作业进度及生产计划执行情况,针对品质异常,设备异常等情况,及时与品管部、采购部、仓管部等相关部门沟通,提出纠偏和改进措施。

5.3.2 作业分配原则

作业分配是按服装生产计划指标的各项要求,根据作业日程计划,将作业妥善分配到每个作业者和设备中,安排加工顺序和作业进度,同时指派相关部门和人员做好作业准备工作,确保计划顺利实施。

作业分配是实施生产计划活动中的一个重要环节,直接影响订单的出货期。作业分配要分析产品的工艺流程复杂程度,测算一般熟练工人完成每道工序耗用的时间,合理安排班组和人员分工,并考虑适当的外发加工数量,以保证在节约成本的情况下按期完成计划生产任务。作业分配的原则如下:

(1)生产流程衔接要顺畅

产品生产流程的时间安排上要能衔接,保证在制品在各工位之间的流动顺畅,部门与部门之间保留三分之一或半天的缓冲量,避免衔接不上或制品堆积太多;产品生产准备工作要与生产进度衔接,以免生产技术准备不足,物料供应不上使生产中断。

(2)作业分配要均衡,保持稳定的工作流量

根据产品品种、数量、期限和生产成本指标的要求,妥善安排作业进度和生产能力负荷,使设备和劳动力负荷均衡、稳定,避免忙闲不均,保证产品质量稳定。

(3)严格按照生产制造单组织生产

生产制造单是组织实施生产任务的一种指令性文件,应严格按照生产制造单要求,确定作业日程计划和组织生产。

(4)遵循作业分配优先原则

在编制作业计划时,常遇到如下情况:有几项不同的生产任务,要在一组设备上加工,每种产品的加工都有不同的加工时间和完成时间,由于不能同时在一组设备上加工,只能按一定的顺序依次加工。在安排作业时,一般可遵循以下作业排序优先原则:

a. 交期先后原则。根据不同客户提出的交货期要求,妥善安排各种产品的作业顺序,交货期短、时间紧的订单优先安排,这是编制日程计划的基本原则。

b. 客户分类原则。在众多的客户中,有轻、重之分,重要客户的订单应优先安排。

c. 产能平衡原则。产品生产在各环节、各工序间的速度均衡,不会产生停工待料的订单优先安排。

d. 工序流程原则。对工艺复杂的产品应重点关注,优先安排。

e. 剩余缓冲时间最小原则。剩余缓冲时间等于从当前时间起到交货期的剩余时间减去产品剩余的加工时间。按剩余缓冲时间最少的优先安排。

以上几个优先排序原则各有不同的特点,生产管理人员应当根据不同的目标选择恰当的排序准则。

5.3.3　作业分配的内容和要点

(1)作业分配内容

① 制定期量标准。期量标准反映产品生产中各个环节在生产数量和时间期限上的内在联系。它规定了各生产环节的投入量、产出量和生产进度标准。

② 生产作业准备和服务。

③ 给操作者分配工作。

④ 安排产品生产优先顺序。

⑤ 提供必要的物料。

⑥ 准备作业所需要的机器设备,并根据需要,对作业方法进行指导。

⑦ 下达指令并检查作业准备状况。

（2）作业分配要点

① 生产人员的配备上要量才录用，使操作者的技能与熟练程度要与所承担的工序相适应，关键工序要派技术熟练的员工承担。如将装领、袖、拉链等主要工序分配给技能熟练、操作稳定的工人，或将该工序的主要工作与辅助工作分开，辅助工作（如修剪边角、运送制品、核实数量等）可以调配给其他有时间富余的作业员或辅助工人。

② 为实现流水线平衡，需要将作业要素进行适当的合并，工序合并应尽量在同类和具相容性的工序间进行，并分配给每个工作地，每个工作地的实际作业时间尽量接近流水线节拍或流水线节拍的整数倍，以保证流水线生产的均衡性。

③ 头道工序要选择有判断能力、工作稳定的人员担任，与主流结合的工序要尽量安排注意力集中且对前道工序有判断能力的作业人员。

④ 划分的工序单元越小越容易达到工序平衡，同时也容易调整改进，但是分工太细会造成平衡工作的工作量大，使人力机械的数量增加造成浪费，特别是对于小批量、多品种的生产而言更是如此。

⑤ 作业分配时，必须注意作业员生产的熟练程度对生产的影响，因为在制定标准加工时间时，是根据工人的平均技能水平而定的。在小批量多品种的流水生产时，起步阶段的加工速度慢，起步到熟练阶段的加工时间占整个生产周期中的比例大，而大批量的生产从起步到熟练阶段的加工时间占整个生产周期中的比例小，可以忽略起步加工损失的问题。

⑥ 做好上下环节和上下工序在制品的传递和衔接工作，准确控制各工序的生产数据，及时汇总和掌握生产进度。

5.3.4 作业分配的方法

生产车间负责分配作业的人员一般是派工员、班组长或车间主任，在安排具体工作时一般采用简单明了的方式向操作者下达作业指令。其具体方法因企业的实际情况采用不同的方法。常有的方法有出库票、作业传票、搬运票、检查票、工具票、作业指导书等。

（1）作业传票

作业传票是一种比较传统的生产安排方法，由生产管理部门依据日程计划，以发放传票的方式向有关部门和人员分配作业，指示作业内容和要求，并按日程计划实施作业。作业传票主要包括以下几种：

① 出库票。出库票指示仓库管理人员按规定数量及时发放生产作业所需的物料。使用出库票便于进行物料管理和控制，可确保物料按计划出库，防止浪费或短缺，使仓库管理有条不紊。

② 作业票（工票）。作业票根据短期生产计划发放，用于指示作业人员或作业班组开始某项作业的时间和完工时间。作业票分单工序作业票和多工序作业票，使用作业票让操作者按照计划实施作业，防止生产盲目性，保证产品按期交货，同时便于掌握作业进度和实际工时耗用情况，作为计算产品工时费用的依据。

③ 搬运票。搬运票是指示搬运工把物料由一个场所运送到另一场所的作业传票。

④ 检查票。检查票用于记录检查结果。作业结果的检查常设在作业票上，而不另行使用检查票，但对于某些需要保留的重要检查结果，则需要使用专用检查票。

⑤ 工具票。工具票用于指示工具管理部门为某项作业准备必要的工具,一般与作业票同时发放。

　　⑥ 作业指导书。作业指导书用于指导现场的操作人员如何进行正确的作业。作业指导书一般以图表配文字说明的形式,直观地向操作者说明所承担工序的作业方法。

　　通过对上述完工后的各种传票的整理、汇总和分析,掌握日程计划的执行情况并进行作业控制。作业传票尤其适合品种固定、产量大的生产方式。

　　(2) 管理看板

　　管理看板是由负责派工的人员根据日程计划的要求,在管理看板上列出每位操作人员的各项作业内容及开工日期和完工日期的作业分配方式。通过各类管理看板,清晰直观的揭示所管理项目的各种信息,使生产状况一目了然、众人皆知。管理看板的形式有多种,可以依据不同企业生产实际情况采用不同的样式。如在流水线前端制作"生产状况显示屏",在显示屏上,随时显示生产信息(如计划生产件、实际生产件数、差异数等),使各级管理者随时都能把握生产状况,及时了解车间内每个操作者的工作状态和生产负荷,使信息的流程缩短,可以灵活的适应日程变化和调整。

　　管理看板是"目视管理"的工具,所编制的管理看板应根据不同产品、种类、存放场所、位置,采用不同的颜色或标志;书写应简单、清晰、易读懂,可采用丰富多彩的插图,并使正反面都能看清,易于识别;悬挂或张贴的位置宜选在通道或人员往来多的地方,采光好,对新张贴的内容或重要事项应在早会时强调,失去失效的内容要及时跟正。

　　管理看板尤其适合多品种、小批量的生产方式,在此种生产方式中,一般以3天到一周为期编制小日程计划,并进行作业分配。在计划期内,常会出现不可预料的情况,致使日程计划不能如期完成,需要及时调整日程计划表和更改各类作业传票,工作量大而繁琐。利用管理看板则可适应各种意外变化,既能代替小日程计划,又能进行作业分配,因而是一种有效的现场管理工具。

5.4　服装生产作业控制

5.4.1　作业控制的内容

　　作业控制是对生产作业计划执行情况进行监督与检查,将执行结果与既定标准比较,发现偏差,分析原因并及时采取措施纠正偏差,目的是保证生产计划的圆满完成。作业控制贯穿于生产活动的始终,作业控制的活动内容十分广泛,涉及生产过程中各种生产要素、各个生产环节,其内容主要有产品投入控制、作业进度控制、在制品数量控制等。作业进度控制为其核心。生产作业控制的步骤如图5-6所示。

　　(1) 产品投入控制

　　产品投入控制是指服装生产作业开始之前,对生产要素实施的先行控制,即产品开始投入的日期、数量和品种是否符合生产作业计划的要求,以及对物料、设备、劳动力、各项技术文件等投入使用日期的控制。其目的是保证各生产要素按期、按量、按质、按要求投入,保证产品生产投入的均衡性,避免造成计划外生产和产品积压现象,保持在制品正常流转,从而使生产作业活动能按预定计划和标准执行。

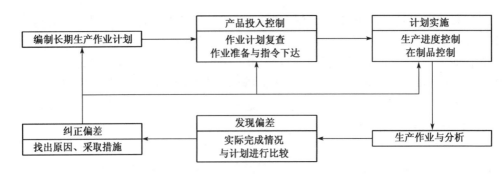

图 5-6 生产作业控制步骤

① 生产作业计划的复查和调整。生产作业计划是实施生产作业控制的基本依据。为了有效实施生产控制,有必要对生产计划进行复查和调整,以进一步验证生产计划是否正确和完善。

a. 计划员与采购部、检验组、技术部、备料组确认各项计划的到位时间,考虑是否存在脱节的可能,尽可能消除影响生产计划实施的因素。

b. 检查生产计划的计算方法是否正确、合理,各项数据的单位和计算结果是否准确。根据各部门实际到位计划的反馈,修改周生产作业计划,经项目经理审核后上报计划主管。

c. 检查所安排的日程计划是否周全、合理,确保生产按期完成。

② 跟踪生产作业准备执行情况:

a. 计划员至少提前两天,对各项计划的执行情况进行追踪,督促各部门按照计划到位时间完成相应工作,保证周计划的稳定性。

b. 物控员根据生产作业准备计划落实相关资料,包括原辅料、检验报告、配料卡、样板、样衣、工艺单等的到位情况,核对备料组物料备料明细,跟踪工厂的收料情况,要求工厂在规定时间内清点并反馈缺料情况,对差异情况进行统计分析。

c. 计划主管督促计划员和物控员及时汇报工作进展状况,检查各项生产要素是否按要求和标准准备到位,包括:各类技术文件是否备齐、成套;机器设备和工艺装备是否检修合格,处于标准状态,可以投入生产;各类人员是否齐全、培训合格;所需物料能否保质保量、按期送达生产现场等。

③ 投产指令的下达。在复查和调整了生产作业计划,并确认生产作业准备工作无误后,即可按计划要求下达生产指令。具体下达方式根据生产类型而有所区别。对大批大量的流水生产或定期成批生产的班组,通常以周计划任务的形式下达。对多品种、小批量、不定期生产的班组,投产指令一般随技术文件、生产任务和物料等一同下达。

(2) 作业进度控制

生产作业计划下达以后,当车间和班组启动作业时,生产管理人员的工作重点应移至生产第一线,控制生产的产量、质量和进度,加强生产过程的动态管理。其中作业进度控制是生产作业控制最重要的内容,它贯穿从产品投入到产品制成的全部生产过程。排单员应跟踪产品的生产进度,密切关注工厂的产能动态并制作产能分析表,定期制定工厂完成情况统计表,并保持与跟单员的密切沟通,及时发现和处理生产中存在的问题,调整订单产品日程计划,交项目经理审核后报计划主管。

生产进度控制主要是对生产量和生产期限的控制,其主要目的是保证完成生产进度计划所规定的生产量和交货期限,这是生产控制的基本方面。其他方面的控制水平,诸如库存控制、质量控制、物料控制等都对生产进度产生不同程度的影响,在某种程度上,生产系统运行过程中的各个方面问题都会反映到生产作业进度上。因此,在实际生产管理过程中,企业的生产计划与控制部门通过对生产作业进度的控制,协调其他各部门和生产部门之间的合作,可以达到整个生产系统运行控制的协调、统一。

① 控制日产量。日产量是完成总体作业计划的基础,每个车间、班组的日产量不可能完全均等,可以根据各班组的生产能力,采取等额或差额的方式安排作业进度。

a. 等额进度作业。各班组的日产量虽不均等,但在最后截止日期都能完成,这取决于各班组对新品种的适应能力及生产潜力,可以等额下达作业计划。等额进度作业见表5-10。

表 5-10　等额进度作业控制表

制单号：　　　　　　　　　　　　　　　　　　　　　　　　　　　　　　　　　日期：

品名：××			货号：××				总件数：4 500 件			生产期限：5 天		
生产日程		1			2			3			4		
班组	数量	计划产量	实际完成	累计完成	计划产量	实际完成	累计完成	计划产量	实际完成	累计完成	计划产量	实际完成	累计完成

续上表(生产日程 3/4/5)：

班组	数量	计划产量(1)	实际完成(1)	累计完成(1)	计划产量(2)	实际完成(2)	累计完成(2)	计划产量(3)	实际完成(3)	累计完成(3)	计划产量(4)	实际完成(4)	累计完成(4)	计划产量(5)	实际完成(5)	累计完成(5)
1	900	180	175	175	180	180	355	180	180	535	180	185	720	180	180	900
2	900	180	170	170	180	175	345	180	180	525	180	185	710	180	190	900
3	900	180	165	165	180	175	340	180	180	520	180	185	705	180	195	900
4	900	180	160	160	180	170	330	180	180	510	180	190	700	180	200	900
5	900	180	160	160	180	170	330	180	190	520	180	190	710	180	190	900
合计	4 500	900	830	830	900	870	1 700	900	910	2 610	900	935	3 545	900	955	4 500

从表5-9可以看到,无论是班组生产能力强还是生产能力弱,最终总要如期完成生产计划。为此,在生产任务相当饱满,组与组之间不能调剂的情况下,发现或预测不能如期完成作业计划的班组,应明确该班组要加班来完成当日计划,而不是不分班组进度全厂加班,这样才有利于督促生产班组在计划工作期内努力完成生产计划,按期交货。

b. 差额进度作业。班组之间的生产能力有强有弱,生产能力强的班组,转换品种时,适应能力强,日产量计划马上就能达到,并能逐日上升,遥遥领先,与其他班组的差距越来越大,管理人员应预测各班组完成计划的可能性,依据各班组的生产能力,差额下达生产作业计划。差额进度作业见表5-11。

表 5-11　差额进度作业控制表

制单号：　　　　　　　　　　　　　　　　　　　　　　　　　　　　　　　　　日期：

品名：××			货号：××				总件数：4 500 件			生产期限：5 天		
生产日程		1			2			3			4		

班组	数量	计划产量(1)	实际完成(1)	累计完成(1)	计划产量(2)	实际完成(2)	累计完成(2)	计划产量(3)	实际完成(3)	累计完成(3)	计划产量(4)	实际完成(4)	累计完成(4)	计划产量(5)	实际完成(5)	累计完成(5)
1	900	180	175	175	180	185	360	180	190	550	180	200	750	180	200	950
2	900	180	150	150	180	160	310	180	160	470	180	180	650	180	190	840

品名：××		货号：××			总件数：4 500 件			生产期限：5 天					
生产日程 数量 班组		1			2			3			4			5
		计划产量	实际完成	累计完成	计划产量	实际完成	累计完成	计划产量	实际完成	累计完成	计划产量	实际完成	累计完成	计划产量 实际完成 累计完成

班组	数量	计划产量	实际完成	累计完成	计划产量	实际完成	累计完成	计划产量	实际完成	累计完成	计划产量	实际完成	累计完成	计划产量	实际完成	累计完成
3	900	180	160	160	180	170	330	180	180	510	180	190	700	180	200	900
4	900	180	160	160	180	170	330	180	170	500	180	190	690	180	190	880
5	900	180	170	170	180	185	355	180	185	540	180	190	730	180	200	930
合计	4 500	900	815	815	900	870	1 685	900	885	2 570	900	950	3 520	900	980	4 500

生产过程中由于各种原因使生产进度未按原计划进展，造成生产延误，这在许多服装加工厂生产过程中都是常有的事，出现延误一定会有各种各样的原因（如停电、设备故障、新员工作业等），生产现场的车间主任、班组长应该及时分析产生偏差的原因，找出改善对策，调整生产计划进行补救，补救生产计划尽量在工作时间内完成，而不宜采用那种累计起来集中到某一休息日（如星期天）进行加班生产来达到补救生产。

② 在制品作业进度控制。影响服装作业进度的因素很多，如工艺技术难度大、操作工人技术水平不均、设备机器故障、原材料供应不及时、紧急插单生产、组织管理不善等原因，而相当部分生产工期的延误是由于生产计划不周、组织管理不善所致。因此，要对生产各环节的进度计划进行周密的审核，控制生产进度，及时纠正偏差，确保合同交货期。

服装生产的过程主要由裁剪、缝制、后道整理构成，对这些环节的生产过程、生产进度、生产数量、质量进行有效控制，有利于生产计划的按期完成。

a. 裁剪作业控制：

• 裁剪车间负责人根据生产计划表、生产制造单、标准样衣、面料样卡、工艺单、物料清单开出领料单到仓库领料，并开出裁剪通知单。

• 排料员按技术部的排料图编排排料计划，经主管审核后投入大货裁剪，裁剪员审查排料图无误后开始裁剪。

• 排单员跟踪所下订单实裁数量，每单裁剪完工后，校对产品实裁数并输入电脑，及时将信息反馈给物控员。

• 裁剪车间负责人组织人员检查裁片质量并按缝制车间生产计划发放裁片；裁剪车间统计员做好裁剪明细登记工作，编制裁床生产日报表（表 5-12）和裁剪车间日报表（表 5-13），并报计划部门和财务部门。

表 5-12 裁床生产日报表

编号：　　　　　　　　　　　　　　　　　　　　　　　　　日期：

品名	款号	床号	门幅	单耗	数量（件）					领布数	余料	备注
					S	M	L	XL	小计			

表 5-13　裁剪车间日报表

编号：　　　　　　　　　　　　　　　　　　　　　　　　　　　　　　　　　　　日期：

款号	订单号	色号	面料(m)							配比数量(件)					裁剪(件)			移交数
			编号	门幅	实领数	实用数	余数	报损	退料	S	M	L	XL	小计	计划数	当日数	累计数	

制表：　　　　　　　　　　　　　　　　　　　　　　　　　　　　　　　　　　　审核：

b. 缝制作业控制。缝制作业控制内容如下：

• 新款投产前,缝制车间要召开生产会议,按照生产计划,分配各车间、班组和员工生产任务。正确拆分和合并工序,合理安排作业人员,使员工生产技术能力与工序相适应。

• 制定班组目标产量,进行产前操作培训,加强工艺教育。投产前必须对班组的每位员工进行作业指导,说明产品质量标准生产进度,使每位员工都明确本工序的工艺操作规程和缝制进度要求。

• 裁片按生产任务和进度分发给班组,组长及巡检员要加强对裁片和制品的质量检查,不合格的裁片不准进入缝纫车间使用。在流水作业中,只要有一道工序制作不合格,就会使整批产品返修,甚至退货和索赔,为此,要加强每道工序质量的控制,不合格的上道工序制品不准流入下道工序。

• 加强工序生产过程和质量控制,注意工序之间的衔接控制,保证流水线按设定的节拍均衡生产,避免停工待料。

• 车间收发员或统计员统计好车间各组成品数,做好车间生产日报表(表5-14),交车间负责人审核,并按月汇总交计划部和财务部。

表 5-14　缝制车间生产日报表

编号：　　　　　　　　　　　　　　　　　　　　　　　　　　　　　　　　　　　日期：

品名	货号	订单号	订单数	客户名	1组			2组			3组			合计		
					发料数	半成品	移交数	发料数	半成品	移交数	发料数	半成品	移交数	发料数	半成品	移交数

制表：　　　　　　　　　　　　　　　　　　　　　　　　　　　　　　　　　　　审核：

c. 后道整理控制。后道作业控制内容如下：

• 后道车间负责人要根据服装成品工艺要求,将需要锁钉、整烫的在制品分配到各整理组,按需要量开出辅料领料单到辅料仓库领料并交给各整理组。

• 锁钉、整烫前按工艺要求首件封样并经技术部门确认后再批量投产。整理好的产品要进行全面检查,检查合格后及时移交包装部包装。

• 包装负责人要根据计划开出包装领料单到辅料仓库领取包装材料,包装样品要经过技术部门确认后才能进入大货包装,包装完工后的产品清点数量后及时移交成品仓库,并填制装箱清单、入库单,后道整理车间还要编制后道整理车间月报表(表 5-15),报计划部、财务部。

表 5-15　后道车间日报表

编号：　　　　　　　　　　　　　　　　　　　　　　　　　　　日期：

品名	货号	订单号	客户名	上期余数	缝制移交数	入库数	本期余数	返工数	报废数

制表：　　　　　　　　　　　　　　　　　　　　　　　　　　审核：

（3）在制品数量控制

在制品控制是生产作业控制的重要组成部分。在服装流水生产线上,一定数量的在制品是流水线均衡生产的前提条件。如果在制品数量不足,就会造成生产停滞,相反,保持过多的在制品,会造成在制品积压,延长生产周期,增加生产成本,不利资金周转;在制品数量过多还会占用有限的生产空间,使生产现场环境恶化,造成裁片和半成品之间混淆,导致色差、错片等现象,增加管理难度。

① 在制品数量的关联因素。流水线上在制品数量受到半成品流量和流速两方面因素的影响。流量是指在流水生产线上制品每次移动的单位数量,流速为一个移动单位从一个工作地移到下一个工作地的时间间隔。服装生产的产量和生产周期都会受到这两个因素的影响。在制品数量、移动速度、生产周期和计划产量之间的关系如下：

$$在制品数量 = 生产线工作地数 \times 每次移动的数量$$

$$在制品的移动速度 = \frac{每天作业时间}{每天目标产量} \times 每次移动的单位数量$$

$$生产周期 = 在制品的移动工作位 \times 在制品的移动速度$$

② 在制品移动单位大小对生产的影响。服装流水线生产中,采用不同的在制品移动单位,会造成在线品数量、在制品移动速度和服装生产周期很大的差异。

【例 5】 如一条茄克衫生产线由 30 个工位数组成,每天工作 10 h,计划产量为 150 件。当采用不同的在线品移动单位时,在制品数量、移动数量和生产周期计算如下：

a. 单件移动

$$在制品数量 = 30 \times 1 = 30(件)$$

$$在制品移动速度 = \frac{10 \times 60}{150} \times 1 = 4(min)$$

$$生产周期 = 30 \times 4 = 120(min)$$

如果考虑到另外提供首道工序 20 件存量和整条生产线上有 20% 的在线品宽余量,则：

$$在制品数量 = (20 - 1) + 30 \times 1 \times (1 + 20\%) = 55(件)$$

服装生产管理学

b. 以 20 件为移动单位

$$在制品数量＝30×20＝600(件)$$

$$在制品移动速度＝\frac{10×60}{150}×20＝80(min)$$

$$生产周期＝30×80＝2\ 400(min)$$

由于是多件移动,可以不考虑在制品的宽余量。

通过以上计算可以发现,同样的作业人员数和同样的目标产量,但以不同的在制品移动单位,流水线上在制品数量有很大的差异。表 5-16 列出由 30 个工作地组成的一条生产线,不同移动单位对在制品数量、移动速度和生产周期所产生的影响。

表 5-16　不同在制品移动单位对在制品数量、移动速度和生产周期的影响

流水线工位数/个	30			
计划产量(件/天)	150			
人均目标日产量(件/人)	5			
在线品移动单位/件	1	5	10	20
移动速度(min/次)	4	20	40	80
生产周期/min	120	600	1 200	2 400
在线品宽余量/%	20	10	5	0
在线品总数量/件	55	180	325	600

注:首道工序在制品数量均为 20 件。

从表中理论数据分析可知在制品移动单位为 1 时的关联指标最好,生产线移动速度最快为 4 min/次,生产周期最短为 120 min,在制品数量最少为 55 件,在制品所占用的资金也最少;而当在制品移动单位为 20 时,生产线移动速度增加到 80 min/次,生产周期达 2 400 min,在制品数量明显增加为 600 件,在制品所占用的资金显然要增加许多。可见,随着在制品移动单位的增加,在制品数量也迅速增加,移动速度明显下降,生产周期大幅度提高。因此,在采用捆扎式方法进行服装生产时,必须重视在制品移动单位这个要素,以控制生产的节奏、在制品占用的资金量和生产周期。

然而,对于多数服装厂而言,采用在制品移动单位为 1 只是理想状态,因为在实际生产过程中,往往受到工厂各种条件限制,如员工短缺、管理跟不上,操作工技术水平不平衡等问题常是困扰流水线优化生产实施的最大障碍。所以,选择单件流或多件流,必须综合考虑工厂的实际状况,如工厂的规模,员工数量和习惯等,从而选择相应的生产方式。

5.4.2　生产作业统计的方法

生产作业统计是实行作业控制的基础,也是企业重要的管理工作之一,按照计划主管的要求,定期进行有关订单生产情况的各种统计工作,如实记录各部门逾期情况和出错情况,依据逾期情况和各环节实际完成情况,对总计划进行修改。

(1)生产作业统计的内容

生产作业统计是对生产过程各阶段的产品、零部件投入、流转、产出以及作业完工情况

等生产活动的动态数据进行收集、整理、汇总和分析。它的内容主要包括：

① 生产进度统计。记录产品、零部件加工过程中各工序的投入期、投入数量、出产日期、出产数量、废品数、返修品数的统计和分析以及产品完成计划任务的统计。

② 在制品统计。在制品、半成品出入库和库存量以及在制品资金占用量的统计和分析。

③ 计划完成情况统计。对产品或零部件的完工统计，各班组和个人完成计划任务情况和工作量的统计。

生产作业统计工作要求数据准确、资料完整、分析正确、上报及时。生产作业统计是进行作业控制的依据，作业统计分析的结果，可以向上级和有关部门提供实际生产过程的信息，判断作业效率、制定作业事故的预防措施，便于有效实现作业管理和控制。

(2) 生产作业统计的方法

① 原始票据(凭证)。生产作业统计的原始票据是以报表、卡或票据的形式，用数字和文字对生产活动所做的最初的直接记录。原始票据可以真实地放映生产过程的实际情况，所有的作业统计都基于原始票据，原始票据也是计算机运势输入的依据，所以对原始票据的填写要求十分严格，做到准确、清晰、完整、及时，同时要妥善保管，并定期对原始票据进行整理、分析和汇总。

原始票据的内容包括原始票据的种类、表达形式、项目内容、填写分数和传递路线等，原始凭证的设计应根据企业的实际情况和生产管理的特点，保证统计数据统一、口径一致，力求数出一源，避免凭证过多、各行一套、重复统计。

与生产控制相关的原始票据有很多，如：工序工票(表 5-17)，零部件(或原材料、工具)的进、出库单，检验单，搬运单等。票据所做的记录反映了生产作业活动最原始的信息，是生产控制的基础信息。

表 5-17　工序工票

班组：　　　　　　　　　　　　　　　组员：

日期	款号	床号	颜色	尺码	包号	编号	工序	件数	备注

② 台账。台账是把原始票据按时间顺序(一般是按日)整理汇集在一起的记录册。台账的特点是逐日登账，逐日汇总，以反映整个报告期各个生产单位的作业情况，便于及时掌握生产动态，控制生产进度，为编制统计图表和统计报表提供方便。

企业各级生产管理机构(厂部、车间、班组、仓库)均要根据工作需要，设置不同的台账。班组根据发生的原始记录登陆台账，填写日报表，厂部生产部门根据各车间报来的日报表予以登陆，填写企业对外报表。台账的形式和内容要根据需要而设计，力求简明清晰，合理严密。台账可以以表或图的形式，如缝制车间月生产台账(表 5-18)，常用来核算车间、班组生产进度。

表 5-18 缝制车间月生产台账

车间：   月份：

班组	人数	款号	投入工时	单价	目标小时工资率	目标总产值	目标人均产值	目标总产量	实际小时工资率	实际总产值	实际人均产值	实际总产量
101A												
102A												
103A												

班组	周	第一周							第二周						
	天	1	2	3	4	5	6	7	8	9	10	11	12	13	14
101A	计划产量														
	实际产量														
102A	计划产量														
	实际产量														
103A	计划产量														
	实际产量														

制表：   审核：

③ 生产报表。生产报表是企业内部生产管理部门互通情报，传递信息的常用手段和方法。生产报表主要有生产日报表（表5-13～表5-15）、生产月报表（表5-18）、生产进度跟踪表（表5-19）、生产进度周报表（表5-20）等，这些生产报表反映了不同时间段内生产作业的完成情况。生产报表的内容、格式应根据管理工作的不同需求进行设计，确保统计数据统一、口径一致。

表 5-19 生产进度跟踪表

　　　　　　年　　　月　　　日

品名	订单号	批次	下单量（件）	实裁量（件）	下单日	生产动态							计划完工时间	实际完工时间	备注
						裁床（件）	发料室（件）	流水线			后整	进仓			
								组别	人数	在产量（件）					

制表：   审核：

表 5-20 生产进度周报表

　　　　　　年　　　月

序号	品名	订单号	批次	下单量（件）	本月周程				备注
					第一周	第二周	第三周	第四周	
1									
2									
3									
说明：									

制表：   审核：

生产进度日跟踪报表是现场管理的重要图表之一,能反映实际工作状况,生产进度日跟踪报表通常还要再加工整理,汇总成生产日报总表(表5-21),由生产管理部门核查调整每天的生产进度。

表5-21　生产日报汇总表

年　　月　　日至年　　月　　日

部门\日期	1	2	3	4	5	6	26	27	28	计划产量	实际产量	日均产量	落后时间	超前时间
裁剪														
车缝1组														
车缝2组														
整烫														
包装														
说明超前落后原因:														

制表:　　　　　　　　　　　　　　　　　　　　　　　　　　审核:

④甘特管理图。甘特管理图是一种反映每项作业的工作计划或进度与时间关系的条形图,它以亨利·L·甘持先生的名字命名。在生产运作管理中,甘特图被广泛应用,常用来反映计划的时间安排及检查计划完成的情况。通过甘特图,可以直观地反映服装生产的各个阶段,包括服装的材料准备、技术准备以及裁剪、缝制、锁钉、整烫、包装、检验等每一过程作业的起止时间和各部门之间的衔接状况。甘特管理图表实例见表5-22。

表5-22　甘特管理图表实例

项目\进度	1	2	3	4	5	6	7	8	9	10	11	12	13	14	15
材料准备	▬	▬													
技术准备	▬	▬													
裁剪					▬	▬	▬								
缝纫							▬	▬	▬	▬					
锁钉								▬	▬	▬	▬				
整烫								▬	▬	▬	▬				
包装												▬	▬		
出厂检验													▬	▬	
托运															▬
注:粗线表示作业起止日															

⑤坐标图法。为了使投入和产出的进度(计划的和实际的)便于直观了解与掌握,还可以利用坐标图来表示计划产量与实际产量随时间而变动的情况。如图5-7所示为表5-11中第1班组和第2班组实际生产进度及累计产量与计划产量的比较。

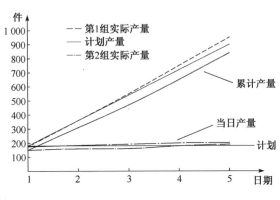

图 5-7　计划与实际生产进度比较图

5.4.3　现场物料管理

服装生产现场物料管理是根据构成产品的原材料品种和数量关系,以每个订单所需物料为计划对象,以交货期为时间基准倒排日程,按提前期长短的顺序下达物料计划。

（1）现场物料管理目标

① 根据生产进度要求,及时获取生产所需的各类原材料及零部件,保证物料按质、按量、按期满足现场车间生产需求。

② 合理部署和安排所需物料,控制库存水平,使企业内部的物料供需平衡。

③ 物料采购活动与生产计划要相适宜,确保原材料、零部件的供应与产品生产在时间和数量上准确衔接。

④ 充分利用现有物料,减少和杜绝浪费,降低成本,加速资金周转,以提高企业经济效益。

（2）现场物料需求构成

① 确定物料需求量。根据产品在具体时间段内的计划生产数量,确定所需物料清单（表 5-23）,清单应明确物料供应的数量和时间。

表 5-23　物料需求清单

编号：　　　　　　　　　　　　　　　　　　　　　　　　　　　　　　　　日期：

品名：		订单号：		款式图：					
货号：		客户名：							
订单数：		交货期：							
序号	物料名称	物料编号	规格	数量	单位	单价	损耗率	订购提前期	物料样品

制表：　　　　　　　　　　　　　　　　　　　　　　　　　　　　　　　　审核：

② 物料供应计划与控制。物料供应计划与控制,简而言之就是在正确的时间、正确的

地点,获得正确的原材料和零部件。物料的进料时间由成品的交货期计算出生产进度日程和物料的采购日程,物料何时进货,每次进多少,不仅与物料需求量有关,还与库存水平有关。物料供应计划与控制目的就是把存储投资降到最低,使生产运行效率达到最高,当缺乏物料会耽误生产时,就应加快物料的供应,当生产进度落后或推迟需要时,就要放慢物料的供应。物料过量供应会造成资金积压、占用有限的空间和生产场地,恶化生产现场环境,增加管理难度,影响生产计划进度的执行。表 5-24 为存量订货型物料供应计划。

表 5-24 物料供应计划

物料名称	周次									
	1	2	3	4	5	6	7	8	9	10
总需要量					200			400		300
预计到货量		300								
现有数量	80	380	380	380	180	180	180	−220	−220	−520
净需要量								220		300
计划发出订货量						220		300		

表 5-24 中,现有数为相应时间的当前库存量,现有数的时间节点为周末时间,其余时间(总需求量、预计到货量、净需求量和计划发出订货量)均为一周开始时的数量。预计到货量为已发出的订货量、开始生产的零部件预计到货量或预计完成的数量。表中,第 1 周库存量为 80 m,到第 2 周,由于预计到货 300 m,则现有数为 380 m,到第 6 周用去 200 m,则现有数为 180 m,到第 8 周需要数为 400 m,现有数已不能满足需要,还缺 220 m,现有数将为负值,这时需要发出订货,但发出订货的时间要提前一段时间。

③ 确定物料净需求量。一般情况下,计划发出订货量等于净需求量,当考虑订货批量或有生产批量限制时,计划发出订货量大于或等于净需求量。净需求量的计算公式为:

$$净需求量=总需求量-预计到货量-现有数$$

如果考虑安全库存量,则净需求量的计算公式为:

$$净需求量=总需求量-预计到货量-现有数+安全库存量$$

(3)物料进度落后的处理

物料短缺,会影响生产计划排期,导致交货期延迟,进而影响企业信誉。所以现场物料管理,要对物料供应情况进行监控,防止物料进度落后,保证生产作业进度按计划顺利进行。

① 物料进度落后原因。物料进度落后,造成物料短缺的原因有多方面,有采购方面的原因、有生产方面的原因,也有业务方面的原因,具体原因如下:

a. 物料请购前置时间不足或采购前置时间不足,物料交货期过短,造成物料进料滞后。

b. 库存信息有误差,数据错误,造成料、账不符。

c. 请购准备不充分,造成物料申购遗漏。

d. 没有做好采购审核工作,物料采购量与申请购置量不符。

e. 没有做好采购跟踪或物料品质要求不明确,造成物料不良率过高。

f. 用料计划不准确,与实际生产能力脱节。

g. 生产计划不完善,临时生产插单或安排生产变更的提前通知时间不足。

h. 用料管理不善,领料和退料管理不严密,用料标准未考虑损耗,造成物料短缺。

② 预防物料短缺的措施。在生产现场管理中,可采取以下措施,预防物料短缺。

a. 做好物料需求计划与控制工作。根据不同的物料控制对象,制定具体措施,编制完善的用料计划,确保物料清单准确无误。

b. 做好物料采购工作。深入市场,做好市场调研,收集供应商资源,更好地满足公司对材料质量、成本和交期的要求;做好采购前的审核工作,与供应商建立产长期稳定的合作伙伴关系,及时跟催物料,跟踪面料生产过程,提前将样品送回公司进行有关检验,保证材料的交期和质量。

c. 完善物料管理制度。定期盘点,及时调整库存信息,避免数据错误,设定安全库存量,完善领料和退料手续,及时追踪物料使用情况,做到料、账相符。

d. 做好发料、补料计划和具体落实工作。现场落实发料、补料工作,根据企业产品走势进行预测,适当备货,以应对订单变化,及时与销售部或客户沟通,尽量减少生产插单。

e. 完善物料异常处理程序。熟悉实际产能,掌握生产动态,根据物料供应状况,适当调整生产计划,跟催物料欠缺需求和超耗情况,及时反馈处理。

思考题

1. 生产能力的概念和种类是什么?

2. 生产能力分析的重点有哪些?

3. 某服装厂现有平缝机 60 台,每天工作时间为 9 小时,开机率为 85%,每台平缝机单件产品的标准作业时间为 0.48 小时,假设标准时间浮余率为 20%,则每小时可生产棉衣几件? 设备组每天的生产能力为多少?

4. 服装生产周期的构成是什么? 如何制定作业日程计划?

5. 生产计划系统的构成是什么? 服装生产计划指标主要有哪些?

6. 作业分配的内容和要点是什么? 如何进行物料验收入库与发放?

7. 作业控制的内容是什么? 常用的生产作业统计的方法有哪些?

知识拓展

"跟单员"的魅力所在

一个企业之存在,一个企业之生存与发展,都是以订单为主线条的,作为订单的跟进者,跟单员的工作跨越了一个企业运作体系的每一个环节。

站在订单和客户要求的角度,跟单员的"官"虽然小,但是,"权力"却大着呢! 问题的关键只在于,你是否能把它用好。跟单员的"权力"是做事做出来的,事是别人在做,而你又不是别人的顶头上司,于是,你的沟通技巧、借力使力、四两拨千斤的能力和手法就特别重要。

一个公司的客户资料,对公司里的很多人都会保密,但是不可能对跟单员保密,事实上,跟单员每日都在经手着公司的客户资料。于是,一方面要求跟单员对公司忠诚,另一方面,老板、总经理们对跟单员自然会"疼爱有加"。

在企业管理来讲,跟单员前途无量。企业以订单为主线,生产以客户为中心,管理则以

跟单为核心,作为一名跟单员——面对客户、面对订单开展工作的跟单员,在当今社会竞争日益激烈的市场经济环境下,重要性不断突显出来,在很多公司,跟单员成了老板们的"特别助理"。跟单员的重要性体现在:

• 随着商品市场的多样化、小批量化以及节奏的加快,跟单员工作质量的好坏直接影响公司的服务品质和企业形象。

• 跟单员工作是一项非常具有"综合性"和"边缘性"的"学科":对外要有业务员的素质,对内要有生产管理的能力。

• 作为一个企业的接单、跟单、出货的窗口,跟单员不了解工厂生产环节的运作情况,那是难以想象的。

• 在订单的生产来说,执行者是生产部门,跟单员对客户负责而追求的交期达成率就几乎"掌握在"生产部门的手里了,于是,沟通、跟催等能力就特别致命,这正是跟单员工作的挑战性所在。

• 有些时候,跟单员是业务经理的助理;有些时候,跟单员是业务部门所有业务人员的助理;有些时候,跟单员是老板的助理;更多的时候,跟单员是客户的助理。

• 跟单员工作的管理性。如果你想学管理,最好就是从跟单员开始。毫不夸张地讲,在一个工厂里,相对而言,除跟单员外,几乎所有的工作都是执行性质的,唯跟单员工作是计划性、管理性的。——奇怪吗? 不奇怪。一个工厂所有的工作都是以客户和订单为中心去展开,作为站在"订单的高度上"去工作的跟单员,当然就没有谁比他更抽象、更有管理性了。

• 跟单员这个岗位是对传统组织架构的一种超越。它可能挂在业务部,也可能挂在总经理室或厂长室,但它的工作却是跨部门的,它似乎要去"指挥"很多部门。于是它不只是对传统组织形式的一种超越,同时更是对传统"官本位"组织作风的一种超越。是的,可以不必夸张地说,自从有了跟单员这个岗位,中国企业的管理似乎也上了一个新的台阶。

(引自世界经理人网站 www. ceconline.com)

服装生产管理学

第六章　服装质量管理与检验

知识要点 ·······························

1. 质量管理的概念和发展过程
2. 服装标准的内容
3. 服装品质控制内容
4. 服装抽样检验的方式和方法
5. 服装成品质量检验的内容与方法

　　质量是人类生活和社会稳定的保障,是企业赖以生存与发展的基石。美国著名质量管理专家朱兰(J. M. Juran)博士曾指出:"20世纪是生产力的世纪,21世纪是质量的世纪,质量是和平占领市场最有效的武器。"在市场竞争日趋激烈的今天,以质量求生存、以市场和顾客满意为导向的经营理念已经深入人心,成为各行各业普遍奉行的经营方针和策略。

6.1　质量管理的概念

6.1.1　质量管理的概念

　　(1) 质量的含义
　　国际标准化组织(ISO)在不同时期对质量的三个定义,反映了质量内涵的演变。
　　ISO 8402—1986 对质量的定义是:反映产品或服务满足明确或隐含需要能力的特征和特性的总和;
　　ISO 8402—1994 对质量的定义是:反映实体满足明确和隐含需要的能力的特性总和;
　　ISO 9000—2000 对质量的定义是:一组固有特性满足要求的程度。
　　从质量的定义及内涵的演变可以看出,质量最初仅用于产品,以后逐渐扩展到过程、服务、组织和体系,从而形成狭义和广义上的质量含义。
　　狭义上的质量含义是指产品本身的质量,就服装产品质量来说,包括款式新颖、裁剪合体、工艺精良、穿着舒适等。广义上的质量含义则除了服装产品质量外,还包括工作质量、工程质量、服务质量等多方面的内容。
　　① 产品质量。产品质量指产品满足一定用途,适应消费者需要所具备的特性。产品的质量特性因产品的特点不同而有所不同,表现出来的参数和指标也多种多样。就服装产品而言,依据顾客使用需要,服装产品质量特性指标归纳起来一般有6个方面,即性能、寿命(耐用性)、可靠性、安全性、适应性和经济性。

② 工程质量。工程质量指企业为保证生产合格产品而应具备的全部手段和条件所达到的水平。

③ 工作质量。工作质量指与产品质量有关的生产、技术、经营管理的一切活动,对产品质量的保证程度。工作质量决定产品质量,工作质量的衡量,可以通过工作标准,制定工作质量责任制度,依照标准进行考评。

④ 服务质量。服务质量主要体现在服务的技能、服务的态度和服务的及时性等。服务质量特性依行业不同而不同,就服装产品而言,其主要的服务特性有 5 个方面:功能性、经济性、安全性、耐用性、舒适性。

(2) 质量管理的概念

质量管理(quality Management)是在质量方面指导和控制组织中关于质量的相互协调的活动。质量管理是组织管理的重要组成部分,是组织围绕着质量而开展的各种计划、组织、指挥、控制和协调等所有管理活动的总和。质量管理通常包括制定质量方针、目标和职责,并通过质量策划、质量控制、质量保证和质量改进等活动。质量管理必须以产品质量为中心,与组织其他方面的管理如生产管理、财务管理、人力资源管理等紧密结合,才能在实现组织经营目标的同时实现质量目标。

① 质量方针。由组织的最高管理者发布的该组织总的质量宗旨和方向。

② 质量目标。在质量方面所追求的具体目标。

③ 质量策划。为实现质量目标而制定的组织生产经营运行过程、采用的技术手段和相关资源的获取。包活产品策划、作业和过程策划、制定质量计划等。

④ 质量控制。致力于满足质量要求所采取的技术和活动。

⑤ 质量保证。使顾客确信产品或服务能达到规定的质量要求所采取的有计划、系统的活动。质量保证帮助企业建立信誉,强化内部质量管理。

⑥ 持续改进。致力于增强满足质量要求的工作水平和能力。

6.1.2　质量管理的目的

质量管理追求的是用最小的消耗,生产出适合客户要求的产品,及为保证与提高产品质量所开展的一系列有效活动,质量管理的目的主要是以下几个方面:

① 为用户提供满意的产品和服务;

② 使产品品质要与成本相适应;

③ 激励公司员工士气,提高工作效率,减少工作失误和责任事故,规避风险,降低成本,增加企业经济效益;

④ 在市场和顾客中建立良好的口碑,为公司实现品牌化战略与发展作基础铺垫和准备;

⑤ 建立一套系统、科学、完整的质量管理体系。

建立质量管理体系能确保企业具有稳定地提供满足顾客、适用法律法规和组织自身要求的产品生产能力。通过体系的正常运行与持续改进,使各部门工作过程更加规范 ,产品质量更能符合设计要求与合同要求;提高全体员工的服务意识与服务能力,使公司售后服务质量得到稳定并逐步提高,提升公司品牌形象,增加市场竞争力。

6.1.3 质量管理的发展过程

随着商品竞争的需要和科学技术的发展,质量管理从产生、形成、发展和日益完善过程大致经历了四个主要阶段。

(1)产品质量检验阶段(Q.C,Quality Check)

这一阶段是从20世纪20年代到40年代初,是质量管理的初级阶段。20世纪前,主要依靠手工操作者的手艺和经验对产品质量进行把关,工人既是操作者又是质量检验员,且以经验为"标准"、所以又称为"操作者的质量管理"。1918年前后,美国出现了以泰罗为代表的"科学管理运动",强调工长在保证质量方面的作用,质量管理的责任由工长承担,随着工业大生产的发展,美国企业管理专家提出对产品进行检验,设置了专职检验部门,由专职检验员负责产品质量检验工作,使质量检验的职能得到了进一步的加强。

检验工作是这一阶段执行质量管理职能的主要内容,根据产品质量标准,通过严格检验来控制和转入下一道工序或出厂进入市场,质量检验的专业化及其重要性至今仍不可忽视。但这一阶段的检验均属于事后检验,不可避免地暴露出它的缺点:

① 这种"事后检验"的质量管理方法,只能起到"把关"作用,很难在生产过程中完全起到预防、控制的作用,不能从根本上解决产品的质量问题。

② 检验方法以对成品进行全数检验及筛选为主,由于检验数量大,工人劳动强度大,花费的时间及检验费用也多,在经济上并不合理,有时在技术上也可能做不到,如破坏性检验。这样,不仅影响产品交货时间,且使成本提高。

(2)统计质量控制阶段(S.Q.C,Statistical Quality Control)

20世纪40年代初,恰逢二战时期,许多企业制造的军需品无法进行成品检验,因其检验多为破坏性的,美国政府和国防部组织数理统计学家去解决这些实际问题,由此,在质量管理中引入了数理统计方法。数理统计方法是运用数理统计原理对可能影响产品质量的各种因素进行预测,以期事先采取必要措施对半成品或成品质量进行控制,以防次品产生。

统计质量控制强调对生产制造过程的预防性控制,使质量管理由单纯依靠质量检验,事后把关,发展到对产品质量的预防性控制与事后检验相结合的工序管理,实现了从事后把关到在生产过程中积极预防的转变,起到事前预测、预防质量事故发生的积极作用。由于采用统计质量控制方法给企业带来巨大成效,战后许多企业继续延用这个方法,20世纪50年代初期达到高峰,但由于它依然以满足产品标准为目的,偏重于工序管理,过分强调数理统计的作用,而忽视员工的能动性和组织管理作用,加上统计技术难度大,限制了它的普及推广应用,无法适应现代工业生产发展的需要。

(3)全面质量控制阶段(T.Q.C,Total Quality Control)

20世纪50年代后期,随着科学技术和工业化大生产的迅猛发展,在高、精、尖产品的质量要求下,仅仅依赖质量检验和运用数理统计方法已难以保证和提高产品质量,也不能满足社会进步的要求,这就对质量管理提出了更高的要求,使质量管理理论从统计质量控制阶段向更高级的全面质量控制管理发展。

20世纪60年代初,美国通用电气公司(GE)质量总经理菲根堡姆(A. V. Feigenbaum)和著名的质量管理专家朱兰(J. M. Juran)等人先后提出了"全面质量控制管理"的概念。菲根堡姆在《全面质量管理》书中指出"全面质量管理是为了能够在最经济的水平上并考虑充

分满足用户要求的条件下进行市场研究、设计、生产和服务,把企业各部门的研制质量、维持质量和提高质量的活动构成一体的有效体系",朱兰提出全面质量管理有三个环节:质量策划、质量控制和质量改进,并于 1951 年首次出版了《质量控制手册》,成为质量管理领域的权威著作。质量控制到质量管理问题不在同外部环境相隔离,只能将其作为企业管理系统的一个子系统,把质量问题作为一个有机整体加以综合分析研究,实施全员、全过程、全企业的管理。日本接受了这个崭新思想,并结合本国特点提出了"全公司质量管理"的概念,并在实践中总结出一套全企业综合管理思想特点和方法,取得巨大效益。

(4) 全面质量管理阶段(T. Q. M, Total Quality Management)

全面质量控制(T. Q. C)针对的是企业内部管理,有助于提高产品质量和竞争力,并没有考虑到顾客层面的实际需求,基于这种需要,全面质量管理(T. Q. M)于 20 世纪 80 年代应运而生。T. Q. M 最重要的意义在于突破了质量管理只作用于生产技术领域的局限,使质量管理直接与市场和顾客相联系。

所谓全面质量管理,是以质量为中心,以全员参与为基础,旨在通过顾客和所有相关方受益而达到长期成功的一种管理模式,它强调了所有相关方受益。目前举世瞩目的美国波多里奇奖、欧洲质量奖、日本戴明奖等各种质量奖及卓越经营模式、六西格玛管理模式等丰富了全面质量控制理论,尤其是由国际标准化组织(International Organization for Standardization, ISO)及质量管理和质量保证技术委员公(ISO/TC176)制定的 ISO 9000 国际标准,都是以全面质量管理的理论和方法为基础的。全面质量管理的特点如下。

① 以"过程控制与预防"为主的事先控制的质量管理方针。管理对象不仅仅是产品质量,还包括过程质量和工作质量等。

② 进行"全员、全过程、全面"的质量管理。把质量管理活动贯穿于产品的设计研发、生产、后整理等产品形成的全过程,企业全体人员全员参与,全面落实以预防和过程控制为主的方针,做到防范于未然。

③ 以"顾客满意"为企业经营导向。树立以顾客为中心,使产品的产品质量和服务质量全面的满足顾客需求,产品的质量最终以客户满意程度为标准。

④ 运用系统科学的管理方法。全面质量管理继承和发展了传统管理的方法,广泛采用数理统计、概率论、运筹学和系统工程等现代科学管理的方法,形成一套科学的质量管理系统。

从质量管理的历史发展过程可以看出,由单纯的质量检验发展到全面质量管理,质量管理的思想、方法、理论在实践中不断得到应用和发展。全面质量管理阶段相比质量检验阶段,经历了从量到质的飞跃,全面质量管理更加适应现代化大生产对质量管理整体性、综合性的客观要求。21 世纪,随着新技术的不断出现及计算机支持的信息管理系统的发展,全面质量管理被赋予了新的内容和展望。质量管理需要不断改进体系和过程,以求不断提高产品质量、过程质量、工作质量、服务质量和信息质量,质量管理理论的发展必将进入一个新的阶段。

6.2 标准与服装标准

6.2.1 标准的概念

标准是指为在一定范围内取得最佳效果,对重复事物和概念所做的统一规定,它以科学、技术和实践经验的综合成果为依据,经有关方面协商一致,并由主管机构批准,以特定的程序和形式颁发,作为共同遵守的准则和依据。

标准化则是在经济、技术、科学及管理等社会实践活动中,对重复性事物或概念通过制定、发布和实施标准,获得最佳秩序和效益的活动过程。标准是质量管理的基础和依据,标准化的活动员穿于质量管理的始终,标准在实践中要不断修正、完善。

6.2.2 标准的分类

服装质量标准按内容大致可分为基础标准、产品标准、方法标准,这些都称为服装技术标准。

(1) 基础标准

基础标准指具有一般共性和广泛指导意义的标准。如 GB/T 1335 服装号型、GB/T 15557 服装术语、GB 4515 缝纫线迹、GB 6676 服装制图等。基础标准是制定其他标准的前提。

(2) 产品标准

产品标准指国家及有关部门对某一大类产品或特定产品的造型款式、规格尺寸、技术要求、质量标准以及检验、包装、运输等方面所作出的统一规定。产品标准如 GB/T 2664 男西服、GB/T 2667 男、女衬衫规格、GB/T 14272 羽绒服装、GB 8878 棉针织内衣等。产品标准是衡量产品质量的依据。

(3) 工艺标准

工艺标准是指根据产品质量要求,把产品加工的工艺特点、过程、要素和有关工艺文件,结合企业具体情况及客户要求加以统一而形成的标准。在实际应用中,工艺标准多为企业标准,数量很多,变化频繁。

6.2.3 标准的使用范围

标准体系中按标准使用范围和审批权限,将标准划分为国际标准、区域标准、国家标准、行业标准、地方标准和企业标准。

(1) 国际标准

国际标准是由国际标推化团体制定、颁布,并在全世界各国贸易组织和团体所认可的标准。目前,国际标准化团体有国际标推化组织(ISO)、国际羊毛局(IWS)、国际电信联盟(ITU)等。这些标准往往在国际贸易与交往中作为双方共同遵守的基础,起着重要的作用。

(2) 区域标准

区域标准指世界某一区域标准化团体所通过的标准。通常提到的区域标准,主要是指欧洲标准化委员会、非洲地区标准化组织等地区组织所制定和使用的标准。

(3) 国家标准

国家标准是各国在全国范围内统一的技术要求。如 ANSI(美国国家标准)、BSI(英国标准)、JSA(日本标准)等,GB(中华人民共和国国家标准)等。我国的国家标准是由国家标准化机构批准,多家行业协会和组织(如国家纺织工业局、轻工业局、皮革协会等)共同制定,并在全国范围内同一使用的标准。

国家标准分为强制性国家标准(GB)和推荐性国家标准(GB/T)。强制性国家标准是强

制执行的国家标难,推荐性国家标准是指生产、交换、使用等方面,通过经济手段或市场调节而自愿采用的国家标准。但推荐性国家标准一经接受并采用,或各方商定同意纳入经济合同中,就成为各方必须共同遵守的技术依据,具有法律上的约束性。目前,经国家标准总局批准并颁布的服装标准有"服装号型""男女单服装"等数十种国家标准。随着对服装要求的逐步提高,以及与国际服装标准进一步接轨,国家标准也在不断升级与更新。

（4）行业标准(部颁标准或专业标准)

行业标准是指行业的标准化主管部门批准颁布的,在全国行业范围内统一的标准。行业标准分为强制性标准和推荐性标准,行业标准往往等于或高于国家标准。服装行业标准如 FZ 81006 牛仔服装、FZ/T 01057—1999 纺织品纤维鉴别试验方法、FZ/T 81008 夹克衫等。

（5）地方标准

地方标准是对没有国家标准和行业标准而又需要在省、自治区、直辖市范围内统一的技术要求,可以制定地方标准。在公布国家标准或行业标准之后,该地方标准即行废止。

（6）企业标准

企业标准是由企业按自身条件和产品特性自行制定的技术标准,作为企业生产技术、组织工作规范统一的依据,仅限于本企业范围内使用。企业的产品标准须报当地政府标准化行政主管部门和有关行政主管部门备案。已有国家标准或者行业标准的,企业标准不能与国家、行业标准相抵触,通常,企业标准制定严于国家标准或者行业标准。

6.2.4 ISO 9000 族质量体系认证标准

（1）ISO 组织及 ISO 9000 族标准简介

ISO 是国际标准化组织(The International Organization For Standardization)的英文简称,该组织于 1947 年成立,总部位于瑞士日内瓦,是世界上最主要的非政府间国际标准化机构。该组织成立的目的是在世界范围内促进标准化及有关工作的发展,以利于国际贸易的交流和服务,并发展在知识、科学、技术和经济活动中的合作,以促进产品和服务贸易的全球化。

为提高产品的信誉、减少重复检验、削弱和消除贸易技术壁垒、维护生产者、经销者、消费者各方权益,这个第三认证方不受产销双方经济利益支配,公证、科学,成为各国对产品和企业进行质量评价和监督的通行证,为顾客对供方质量体系审核提供依据。

ISO 9000 不是指一个标准,而是一组标准的统称。ISO 9000 族认证标准是由 ISO/Tc 176(国际标准化组织质量管理和质量保证技术委员会)在总结和参照世界有关国家标准和实践经验的基础上,通过广泛协商,于 1987 年发布的世界上第一个质量管理和质量保证系列国际标准——ISO 9000 族系列标准。该标准的诞生是世界范围质量管理和质量保证工作的一个新纪元,对推动世界各国工业企业的质量管理和供需双方的质量保证,促进国际贸易交往起到了重大的作用。

ISO 通过它的 2 856 个技术机构开展技术活动,覆盖的技术领域十分广泛,主要涉及各行各业各种产品(包括服务产品、知识产品等)的技术规范。到目前为止,ISO 已制定国际标准共 12 000 多个,其中最成功、运用最普遍的是 ISO 9000 族标准和 ISO 14000 系列标准。

（2）ISO 9000 族标准的结构

随着国际贸易发展的需要和标准实施中出现的问题,特别是服务业在世界经济的比重所占的比例越来越大,ISO/TC176 分别于 1994 年、2000 年对 ISO 9000 质量管理标准进行了两次全面的修订。目前全球已有几十万家工厂企业、政府机构、服务组织及其它各类组织导入 ISO 9000 并获得第三方认证,在中国也有超过 13 万家单位通过 ISO 9000 认证。ISO组织最新颁布的是 ISO 9000:2008 系列标准。

2008 版 ISO 9000 族标准的结构包括:四个核心标准、一个支持性标准、若干个技术报告和宣传性小册子。其中核心标准(表 6-1)有 ISO 9000 质量管理体系基础和术语、ISO9001 质量管理体系要求、ISO 9004 质量管理体系业绩指南、ISO 19011 质量和(或)环境管理体系审核指南。

表 6-1　ISO 9000 族系列核心标准

ISO 9000:2008	质量管理体系——基础和术语。起着奠定理论基础、统一术语概念和明确指导思想的作用,具有很重要的地位
ISO 9001:2008	质量管理体系——要求。取代了 1994 版 ISO 9001、ISO 9002 和 ISO 9003 三个质量保证模式标准,成为用于审核和第三方认证的唯一标准
ISO 9004:2009	质量管理体系——业绩改进指南。对组织改进其质量管理体系总体绩效提供了指导和帮助,是指南性质的标准,不能用于认证、审核、法规或合同的目的
ISO 19011:2002	质量和(或)环境管理体系审核指南。标准兼容了质量管理体系审核和环境管理体系审核的特点,适用于需要实施质量和(或)环境管理体系内部或外部审核或需要管理审核方案的所有组织

ISO 制定出来的国际标准除了有规范的名称之外,还有编号,编号的格式是:ISO＋标准号＋[杠＋分标准号]＋冒号＋发布年号,方括号中的内容可有可无,例如 ISO 8402:1987、ISO 9000—1:2000 等,分别是某一个标准的编号。ISO 9000 颁布的认证证书有以下几种。

① 1994 版证书。原 1994 版标准证书的有效期从 2000 版标准发布日起最长 3 年。如果没换成 2000 版证书,1994 版证书均失效。

② 2000 版证书。一般有效期为 3 年,但每 12 个月内要通过监督审核或复审。ISO9001:2008 版标准于 2008 年 11 月 25 日发布后,过渡期为 2 年。

③ 2008 版证书。从 2009 年 11 月 25 日开始颁发,过渡期内 2000 版证书同时有效。

6.2.5　服装标准

（1）服装制图国家标准

代号为 GB 6667—1986,内容如下:

① 适用范围。

② 图纸幅面。

③ 图纸布局。

④ 制图比例。

⑤ 图线画法。

⑥ 字体。

⑦ 尺寸标注:

a. 服装各部位和零部件的实际大小,以图样所注的尺寸数据为标准。

b. 以厘米为单位。

c. 只标注一次,结构要清晰。

⑧ 服装制图符号:

a. 服装制图主要部位代号。

b. 使用服装专用术语:服装专用术语可分为四部分,即检验工艺名词、裁剪工艺名词、缝纫工艺名词和整理工艺名词。

（2）服装产品标准

以男式茄克为例,按 GB/T 5296.4 规定,将产品标准的主要内容介绍如下:

① 适用范围。以纺织品为原料,成批生产的男式茄克、棉衣、派克、风衣的产品检验标准。

② 规格系列:

a. 号型设置。国内销售服装按 GB/T 1335.1、1335.2 规定选用。

b. 成品主要部位规格。上衣至少要给出胸围、衣长、袖长、肩宽、领大五个关键数据,此外还可以根据生产实际情况及客户要求选定成品规格尺寸。

③ 材料规定。材料标准中明确洋明材料的各项要求,包括面料、里料、衬垫料、缝纫线、纽扣等附件,并在工艺文件上附上面料小样,对材料用量、使用部位及装饰材料使用,均应详细标明。

a. 面料。按有关纺织面料标准选用适用于男式茄克、棉衣、派克、风衣的面料。

b. 里料。采用与所用面料性能、缩水率、色泽等相适宜的里料(特殊设计除外)。

c. 衬布、垫肩。采用与所用面料性能、缩水率、色泽等相适宜的衬布和垫肩,其质量应符合相应的产品标准的规定。

d. 缝纫线。采用适合所用面辅料质量的缝纫线;绣花线的缩率要与面料相适应;钉扣线应与扣的色泽相适宜;钉商标线应与商标底色相适宜。

e. 纽扣、附件。采用适合所用面料的纽扣(除装饰扣)、拉链及金属附件,无残疵。纽扣、附件经洗涤、熨烫后不变形、不变色、不生锈。

④ 技术要求。明确规定产品必须具备的技术指标和外观质量要求。具体包括经纬纱向的规定、对条对格、倒顺毛(绒)、阴阳条格、特殊图案、拼接范围、色差、外观疵点的规定,缝制技术规定和外观质量要求等方面。

a. 经纬纱向的规定。详细规定服装成品不同部位纬斜允许程度。

b. 对条对格规定。详细规定条格面料(有明显条格 0.5 cm 以上)及遇有阴阳条格面料时,服装成品不同部位的条格互差允许范围。

c. 倒顺毛(绒)。全身上下顺向一致。

d. 特殊图案。特殊图案面料以主图为主,全身向上一致。

e. 拼接。装饰性拼接除外,没有另外要求的不允许拼接。

f. 色差允许程度。包括各部位允许色差的程度,色差的分级按 GB 250—1995《评定变色用灰色样卡》的 5 级标准。里布、衬布、袖缝、摆缝色差不低于 4 级,其他部位色差高于 4～5 级。

服装生产管理学

g. 外观疵点规定。包括疵点名称、各部位疵点允许程度，并附分布图说明。

h. 缝制规定。包括针距密度规定；各部位缝制顺直、整洁、牢固等缝纫质量要求。

i. 整烫外观规定。各部位熨烫平服、整洁，无烫黄、水渍及亮光；敷黏合衬部位不允许有脱胶、渗胶及起皱；对有倒顺绒织物的熨烫要求规定。

j. 规格允许偏差。详细规定服装成品各部位规格尺寸测量方法、成品主要部位规格允许偏差范围。

⑤ 理化性能要求。标准中对服装成品水洗后尺寸变化率、敷黏合衬部位剥离强度、面里料色牢度允许程度、起毛起球允许程度、缝子纰裂程度、甲醛含量、pH 值限量、原料的成分和含量等方面的规定。

⑥ 检验规则：

a. 检验(检测)使用工具。卷尺、评定变色用灰色样卡(GB 250)、疵点、外观、缝制起皱样卡等检验工具要求。

b. 检验(检测)方法规定。对服装成品各部位规格尺寸测量方法、主要性能指标测定、缝制质量水平判定以及成品外观测定方法等的规定。

c. 质量等级和缺陷划分规则。服装成品依照检验结果划分等级，成品质量等级划分以缺陷是否存在及其轻重程度为依据，缺陷的判定依照成品质量缺陷判定标准。

d. 抽样规定。抽样数量按产品批量及抽样标准抽样。

⑦ 标志、包装、运输和储存。规定包装标志的内容、位置；规定包装使用材料、规格；包装方式、技术；运输条件、储存条件及年限等。

（3）服装工艺标准

对于服装而言，每一批产品都要有相应服装工艺标准，服装工艺标准以工艺标准书来明确规定。工艺标准书主要内容有：

① 服装结构图。

② 规格表。包含号型规格与服装成品规格。

③ 原辅材料数量、规格。

④ 裁剪工艺要求。包括排料、拉布、裁剪、编号、分包、验片、换片、修片、配包等相关规定。

⑤ 缝制工艺要求。

⑥ 锁眼、钉扣要求。

⑦ 整烫要求。

⑧ 包装要求。

6.3 服装质量控制

所谓质量控制，是指为达到产品质量要求，在产品形成过程中，按照产品的技术标准和工艺要求所采取的技术作业和措施。质量控制是以预防为主的管理方式，其目的在于跟踪监控质量形成的整个过程，从被动检验转为主动控制，将质量控制关口前移，尽量消除生产各个阶段质量隐患，使产品质量问题在生产过程中得以及时纠正，有效控制不良品发生率，减少质量成本。

6.3.1 服装质量指标

企业为了有效控制产品质量,设定服装生产必须达到的相关质量指标,质量指标有工作质量指标和实物质量指标,主要包括以下内容。

（1）产品合格率指标

产品合格率是指全部送检产品中,经过检验确定的合格品数量占检验数量（合格品、次品、废品）的比例。计算公式如下:

$$产品合格率 = \frac{合格品数量}{合格品数量 + 次品数量 + 废品数量} \times 100\%$$

（2）产品等级率指标

产品等级率指某等级的产品在合格品中所占的比例。计算公式如下:

$$产品等级率 = \frac{某等级产品数量}{合格品数量} \times 100\%$$

（3）返修率指标

返修率指标是指返修品数量占全部送检产品数量的比例。返修品是经过检验不合格,但可以返工修整的产品。对重复返修的产品,在统计返修品率时有两种方法:一是每重复返修一次,都要在返修率的分子、分母中计入;二是以产品为计算单位,不论返修次数多少,只作为一次计入。

（4）调片率指标

在服装生产中,调片有两种情况:一是在裁剪好的衣片上发现由于原料本身的缺陷,如织疵、色差、破损等需要掉片的,属于原材料织疵调片;二是由于工作疏忽或技术原因,造成裁坏、缝坏、烫坏、轧坏、沾污等需要调片的,属于人为事故调片。

调片率的计算方法有两种:一种是按损失原料的比例来计算,其计算公式为:

$$调片率 = \frac{调片耗用原料数}{正常耗用原料数} \times 100\%$$

另一种是将调片的大片数折算成件数来计算。如一般衬衫可以五大片（两前片、一后片、两袖片）折算成一件,裤子以四片（两前裤片、两后裤片）折算成一件。其计算公式为:

$$调片率 = \frac{（折算后的）调片数量}{生产总数量} \times 100\%$$

（5）漏验率指标

生产过程中造成的不合格品,经过前道检验应查出而未查出,漏过检验关口,后来由质量监督部门在抽查时发现,称为漏验。漏验率可以作为考核质检员的工作质量的一项指标,其计算方法可以根据主管部门规定,统一口径进行计算,其计算公式如下:

$$漏验率 = \frac{被查出的不合格品数量}{抽查已检验过的产品数量} \times 100\%$$

6.3.2 服装生产过程品质控制

（1）原材料质量控制

严格控制入库材料，对原材料设专职人员进行数量和质量上的验收，不合格的原材料不进仓，确保采用合格的原材料，把好产品质量第一关。

① 采购控制。严格按照公司材料内控标准采购面辅料，对批量大、档次高的服装产品，可以前往现场追踪材料生产的各个环节，并对工厂打面料颜色小样、中样和大货头缸样、大货生产等过程进行控制，保证面辅料质量。

② 验收。根据原料的标准与协议对厂家出具的合格证书、包装和标志的内容进行验收。

③ 入库检验。检验和试验的类别、项目和方法均按原料标准的规定执行。入库检验内容包括原材料外观质量；内在质量检验；原材料的品名、牌号、规格、数量检验和包装检验等。原料入库检验的内容和方法详见 2.4.2。

（2）样板质量控制

在服装的工业生产中，样板是裁剪和缝制的主要依据。常用的样板主要有毛样板、净样板、面子样板、里子样板、衬料样板、定位样板、工艺样板等。

样板的检查和复核主要有以下几个方面：

① 核对样板款式结构。核对样板款式结构与订货单效果图（或实样）是否相符，样板数量是否正确、完整，检查是否有遗漏。

② 检查样板规格及部位尺寸。服装工业化生产，其规格设置一般是系列化的，由多个规格组成。核对样板的规格是否与生产工艺单一致，有否遗漏；测量样板的规格及主要部位尺寸（如胸围、腰围、肩宽、衣长、袖长、裤长等）是否正确，同时测量时应考虑面料的缩水率、缝份、贴边等因素。

③ 检查样板组合部位。样板组合部位有两个要求：一是检查样板组合部位（如袖窿组合、前后肩缝组合、领圈组合、摆缝组合、裤子侧缝组合、裤下档缝组合、裤后档缝组合）是否圆顺；二是核对样板主要组合部位（如领圈与领长组合、袖窿与袖子组合、前后肩缝组合、前后摆缝组合、裤子内外侧缝）长度是否吻合。

④ 检查样板的文字标准。检查样板的文字标准是否准确、清晰、齐全。样板文字标准的内容和要求如下：

a. 样板上是否标明产品编号及名称、号型规格、样板名称、丝缕方向和裁片数等。

b. 需要借用光边的部位，是否在样板上标明。

c. 上下左右不对称款式的样板，要标明上、下、左、右方向和正反面。

d. 样板上的文字书写要准确、端正、清晰，不可涂改，保持样板整洁。

⑤ 核对各类定位标记。核对样板上的各类定位标记是否准确、规范、齐全，是否有遗漏。定位标记的方法主要有钻孔、打剪口、打线订等。各类定位标记主要包括对位标记、缝份、折边、省道、褶裥、袋位、扣位、开口和开叉起止位置和宽度等。

制板人对样本自检后，应交技术部或主管复查，复核后要填写样板复核记录单（表6-2）。

表 6-2 样板复核记录单

款名:			款号:			客户名:	
产品数量:			订单号:			交货期:	
样板编号:				样板总数:			
面料样板数		块	里料样板数		块	衬料样板数	块
净样板数		块	定位板数		块	其他	块
尺寸核对							
复核部位	标准尺寸		实际尺寸	样板合格否		备注	
1/2 胸围							
1/2 下摆							
后长							
肩宽							
袖长							
袖口宽							
领围							
样本组合部位是否吻合、圆顺、整齐:							
样本放缝是否正确、规范:							
样板放码尺寸是否正确、规范:							
样板文字标注、定位标记是否齐全、正确:							

样板制作: 复核:

（3）工艺技术文件复核

工艺技术文件对于服装工业生产而言是非常重要的技术指导性文件,必须做到准确、完整,因此,产前需对工艺技术文件进行复核与检查,检查的内容如下:

① 工艺技术文件表头检查。表头主要包括客户名、订单号、品名、款号、数量、交货期等主要信息。

② 号型规格检查。产品的规格分档及各主要部位的偏差允许范围是否符合国家标准或合同规定,尺寸度量方式示意图是否准确、清晰。

③ 款式图检查。检查所绘制的款式图及款式细节图是否与款式图及客户确认的样衣一致、比列恰当,能准确表达服装结构。

④ 用料与定额检查。工艺技术文件所列出的原辅材料项目,包括材料名称、要求、编号、单耗、损耗、颜色、订单数、总用量等是否正确,用量是否符合节约原则。

⑤ 工艺要求的检查。检查所制定的工艺要求是否与款式图及客户确认的样衣一致。工艺要求包括裁剪要求、各部位缝制要求和注意事项、整烫要求及应达到的外观质量要求等。

⑥ 各类商标、吊牌、唛头的检查。检查各类商标(主唛、旗唛、织带)、号标、洗水唛、成分标、吊牌等的车缝位置和要求,是否与产品及客户要求相符。

⑦ 包装设计检查。检查所采用的包装材料、包装形式、箱唛是否符合产品特点和客户要求,装箱单设计应符合客户对尺码、数量级颜色搭配的要求。成衣的装箱包括单码单色、单码混色、单色混码、混色混码四种装箱方法。表 6-3 为某公司外单单色混码装箱单实例。

服装生产管理学

表 6-3 某公司外单单色混码装箱单

款号:20132—HTR			订单号:812				合同号:12C7865		日期:	
箱号	箱数	颜色	配码						每箱件数	总件数	毛重KGS	净重KGS
			46	48	50	52	54	56				
1-2	2	深灰色	10						10	20		
3-6	4	深灰色		10					10	40		
7-12	6	深灰色			10				10	60		
13-19	7	深灰色				10			10	70		
20-25	6	深灰色					10		10	60		
26-31	6	深灰色						10	10	60		
总计箱数			31箱				总计件数			310件		
建议箱规 CM×CM×CM							41×37×22					

（4）裁剪阶段质量控制

裁片是服装的组成部分,裁剪质量是缝制质量的前提和保证,所以裁剪前需严把原辅材料和工艺文件质量关,裁剪阶段的工作流程多而复杂,需严格控制裁剪各阶段的工作质量。

① 排图。排图前要先对原材料的幅宽进行归类,分次计划排图,并根据面料测试报告、配料卡上注明的面料特性、生产通知单上的下单数量和要求进行排图,不允许幅宽有误差3 cm以上的面料一起排图。排完图自检后,经领班确认,方可传递到下道工序。

② 拉布。拉布前要先检查原材料与生产通知单、布卡、排图幅宽相符后,并把所要生产的原材料按幅宽进行归类,打开凉放20小时后放可拉布;拉布过程中要注意检查原布质量问题或标识好的不合格部位累计会超过规定的换片率情况时,应及时反馈,不允许出现不合格裁片;拉布方式要符合面料性能和工艺技术要求,拉布层数要与裁剪方案一致,接匹距离要符合规定;拉布按排料图的用量不得超过1.5 cm;拉布时要顺拉,不能拉同边,拉布后要做好记录(匹米数、拉布层数、余布数、缺布数等);拉布时要按换片标准留好布头,布头要留中间,并做好布头、床、扎号记录。

③ 裁剪。裁剪前要看清排料图面,不明之处应咨询排图人员;排料图摆放在布面上时,要摆放准确,如出现布面不及排料图宽时,应及时向领班反馈,处理好后方可动刀裁剪,不得出现裁片不够宽或缺角现象;裁剪各部位时应按划线裁准,裁片边缘光滑、圆顺,上、中、下层要平齐,误差不能超过0.15 cm,刀眼要准确,深度为0.4 cm,不得漏打、错打;裁剪后的衣片要摆放整齐、不得乱堆放,以免混淆导致编号错乱。

④ 编号。对裁剪后的裁片进行清点归类分包,核对有无错包现象,若发现有少料现象,应及时向领班反馈;核对生产通知单和流程图相符后,正确填写发料清单;根据发料单上的顺序在裁片的规定部位上打流水号,打号要清晰,准确,不能有错编、漏编或重复编号,浅色面料不能用黑色字迹打号,不能有打号字迹透出现象;不能用打号机打号的,可以用打号纸打号;打包时应检查辅件是否配齐,一包里是否为同一货号,包外标签(注明床号、规格、样板号、数量等)是否与包内裁片相符。

⑤ 验片。先验大片,后验小片,同规格要配套检验,要把原材料的一切质量问题检验出

来,做上标识,并做好相关记录;统计检验出的不合格裁片的换片率,如有超过领料时换片率,应通知领班和换片员做好换片计划。

⑥ 换片。对检验出的原材料次品,能处理好的一定要处理好,不能处理的再进行换片;要配套换片,先换大片,后换小片,利用大片换小片,不能出现无布换片时,剩下的是一个部位的裁片;换片时要保持换好的裁片与原布无色差,布纹条格、号型、款号一致;换好的裁片上要编上原片的编号,按编号顺序放回原位,摆放整齐,如有放行的要在方面做好标识;在确认已经换完片后,要统计好每床的次品片数,对裁床所剩的面布进行统计,报送生产科。

⑦ 压胶。压胶前要根据面料的测试报告选用衬布,调好温度、压力、时间;分清正反面,面料与衬布的搭配按配料卡执行;压胶后检查裁片是否有变色、极光、压痕、正面渗胶、起泡、黏度不牢等不良现象;接片人员要按编号顺序摆好压胶后的裁片,不能有错号,打号油渍不能透出;每天上班前要对机台进行清扫,下班后要对皮带上黏附的胶粒清除干净。

⑧ 修片。修片应等压衬后凉放 8 小时后才能进行修片,修片前先看清打包标签上的规格、尺寸、款式,检查各部位压衬是否规范;理布要按布的直纱向一层层铺好,后中缝腰节下要抽成直纱或修剪号再理片,要求每层的纱向一致,前片要以前止口取直纱后铺好;修剪时要求厚度在 3~4 cm 内,样板的直纱向对裁片的直纱向用夹订把裁片与样本夹牢、夹平服;沿样板四周修剪准确,误差不超过 0.1 cm,刀眼要齐全、准确,刀眼深度不能超过 0.5 cm;条格面料要对格,直纱条格不允许倾斜,横纱条格误差不超过 0.1 cm。

⑨ 订布条。检查是否按规定位置订布条,订法是否规范。

(5)缝制阶段质量控制

服装缝制阶段是生产阶段的主要环节,所涉及的人员、设备、工序较多,是生产质量控制的重点。

① 做好首件封样。在大货生产前应制作首件生产试样,送交技术部再次评审,并制作封样表(表 6-4),封样必须是全过程的,未经封样合格的班组不准领取裁片,不准投入生产,封样合格的产品可以作为班组生产的标样。

表 6-4　首件封样表

客户名:		品名:		组别:		日期:	
订单号:		款号:		制作者:		规格:	
主要部位尺寸测量记录						责任人:	
测量部位	标准尺寸	样衣尺寸	尺寸差异	纸样尺寸	调整后的纸样尺寸		
首件生产时的问题点:						责任人	

QC组长:　　　　　　车间主管:　　　　　　QC经理:　　　　　　IQC:

② 组织召开厂前会。新款上线前,组织召开加工厂技术人员、班组长及质检员的厂前会,明确生产进度、操作规程、质量标准。班组长对本组员工进行产前操作培训,向本组每位操作工详细说明操作规程和技术要领。

③ 领料后裁片检查。领料后,需核对裁片是否与生产通知单中的批号、规格及款式相符,对裁片质量进行检查,清点每包或每扎裁片数量,核对各部件裁片是否匹配。

④ 在制品质量控制:

a. 跟单员应对流水线首包料成品进行检验,保存记录,反馈给片区跟单负责人。跟踪产品品质,加强生产过程中质量跟踪,并填写巡检记录,及时发现和处理生产中存在的质量隐患,避免批量质量问题的出现。

b. 每位操作员对自己所做的工序进行自检,自检合格后方可流入下道工序,同时操作员收到上道工序在制品时,要对其质量进行检验,如发现不合格品,要退回上道工序返修,确保不合格的在制品不流入下道工序。

c. 检验员要定期和不定期的对各道工序进行巡回检验,做好检验记录,对新上线的加工产品和不熟练的操作工要增加检查频次,加强重点和难点工序的质量检验,不合格制品要退回返工,跟踪返工质量,直至合格。

d. 质检员如实记录员工个人返修情况,统计车间小组返工率(表6-5),控制返修品率,扩大一次合格品率,质量返修指标要列入考核,对质量偏低的班组要进行教育,限期改进。

表 6-5　小组返工率统计表

日期:

第二车间　第三小组 9 月下旬返工率统计								
姓名	款号	规格	颜色	交验数	返工数	返工率	检验员	备注

（6）后道整理质量控制

① 锁眼钉扣。锁钉、整烫前需按工艺要求首件封样并经技术部门确认后方可批量投产,锁钉质检员根据生产工艺单和首件封样对锁钉质量进行检验,检查锁眼位置、大小、密度是否正确,外观是否整洁、平服;钉扣是否牢固、吻合适度、松紧适宜。

② 整烫。整烫质检先由整烫操作员自检,整烫组长按照工艺单和样衣要求,对整烫质量进行控制。后道质检员对已完成整烫的成衣进行全检,检查熨烫外观是否平挺、整洁,符合设计要求,无烫黄、烫焦、变硬、水渍、亮光,敷黏合衬部位不允许有脱胶、渗胶及起皱现象。

③ 整理。检查线头、污渍是否清楚干净,线尾是否过长,有否残留断针等现象。

（7）服装成品检验

服装成品检验手段,包括感官检验、物理检验、化学检验,服装成品检验的项目很广,主要包括对服装的质量、规格、数量、包装、安全、卫生环保等项目进行检验,归纳起来主要有如下三方面的内容。

① 外观质量检验:

a. 成衣外观检验。主要对服装的款式、整体改观面貌、平整度、面辅料的缺陷、外观疵

点、缝制质量、整烫水平、折叠包装质量、有无线头、污渍等方面的检验。

b. 规格检验。对抽取的样品进行检验，测量样品的规格与产品标准是否相符，规格与标准的偏差程度。

c. 数量检验。核对小包装件数、规格、颜色是否符合包装要求，检查规格总件数、总装箱数是否与订单规定一致。

② 内在质量检验。内在质量检验主要是根据相关的服装产品标准，如国家标准、行业标准等，如果是出口服装，则根据合同、信用证的要求，对产品内在性能进行物理、化学测试和感官检验，如测试产品的缩率、色牢度、色差、缝合强度、起毛起球程度及安全卫生等各项指标。

③ 包装检验。不同的客户有不同的包装要求，质检员应检查所采用的包装材料、包装方法、装箱材料、装箱配码是否符合产品特点和客户要求，不能混淆。包装样品需经过技术部门确认后才能进入大货包装，组长在大货包装过程中随时巡查包装所使用的材料和包装方法是否符合要求。

a. 内包装检验。成品装入小包装盒内时要松紧适宜，折叠整齐、排放端正，捆扎适宜；包装材料不破损、干燥、清洁，盒内外标志字迹清晰；胶袋大小需与实物相适宜，不得有开胶、破损现象。

b. 外包装检验。外包装应保持内外清洁、干燥、牢固，方便运输，包装要完好无损、不能有破损，塌陷。封口要严密、牢固，封箱纸要贴正，加固带要正、松紧适宜、不得脱落；箱外唛头标记要清晰、端正，装箱上的主唛（如品牌、箱号、货运目的地、出厂日期、条形码等）与侧唛（如品名、装箱配码、件数、毛重、净重、外箱尺寸等）应标注的内容是否完整、正确；装箱的数量、颜色、规格、搭配应符合装箱规定。

6.4 服装质量检验

6.4.1 检验的概念

朱兰（J. M. Juran）博士认为："所谓检验，就是这样的业务活动，决定产品是否在下道工序使用时适合要求，或是在出厂检验场合，决定是否向消费者提供。"

国际标准化组织（ISO）对检验的定义是"通过观察和判断，适当结合测量、试验所进行的符合性评价。"

对于服装产品而言，检验就是用一定的方法和手段，对原材料、半成品、产成品等的质量特性进行测定，并将测得的结果与质量评定标准加以比较，从而判断其合格与否的过程。符合标准范围内的产品为合格品，予以通过；不符合标准范围内的产品为不合格品，不予通过；需要根据具体情况予以返修、降级或报废。检验是控制产品质量的基本手段，通过检验，可以对产品质量起到把关、预防和区分等级的作用，减少因不合格产品而带来的直接或间接的损失。

6.4.2 检验的职能

检验是质量管理中不可或缺的重要组成部分，检验的基本职能，可概括为以下四个方面：

（1）把关的职能

把关是质量检验最基本的职能。根据技术标准和规范要求，从原材料采购进厂开始，对原材料、在制品、半成品、产成品和设备等进行多层次的检验和测试，做到"不合格原材料不投产、不合格在制品、半成品不转入下道工序、不合格产成品不出厂"的目的，从而保证产品质量，起到把关作用。

（2）预防和纠正的职能

通过对原材料的检测和对生产的各个环节进行严格质量检验与控制，及时发现生产中出现的技术和工艺问题，以及生产过程出现的异常状态，及时采取适当的措施加以纠正，防止或减少不合格品的产生，使各工序处于稳定的生产状态。做好预防工作，尤其要重视首件检验工作，当一批产品处于初始加工状态或设备进行修理和重新调整后，一般要进行首件检验，预防后面的批量生产中出现大批不合格品，同时在生产中还要定期或不定期进行现场巡检，一旦发现问题，应及时采取措施，预防不合格品的产生。

（3）报告的职能

报告的职能也就是信息反馈的职能，是指通过检验活动，系统地收集、积累、整理各种质量信息，根据需要编制成各类报告或报表，反馈给有关部门，为企业质量决策提供及时、可靠的依据。管理决策部门和相关质量管理部门根据质量报告或报表，进行分析、评价生产过程中的实际质量水平，以便做出判断和采取有效的措施，提出改进意见。报告的主要内容包括以下几个方面：

① 原材料、外购件、外协件等进厂检验情况。

② 各生产车间和分小组质量信息，如平均合格率、调片率、返修率、报废率及相应的经济损失。

③ 不合格品的原因分析和处理方法报告。

④ 重大质量问题的调查、分析和处理报告。

⑤ 成品出厂检验报告。包括成品的合格率、返修率、降级率、报废率等。

⑥ 改进产品质量建议的报告。

（4）质量改进的职能

质量改进是充分发挥质量检验把关与预防作用的关键。质量检验人员最好由具有一定生产管理经验、熟悉业务的技术人员或熟练技术操作工担任，他们熟悉生产现场，对生产中的员工、设备、物料状况和生产各个环节比较了解，可以对质量改进提出切实可行的意见和措施。如果设计、工艺、检验人员和现场熟练操作工联合起来，共同参与质量改进，可以取得更好的效果。质量检验的改进作用主要体现在以下几个方面：

① 在检验和试验中发现的原材料的质量问题及时反馈给采购供应职能部门，帮助其对供方提供的原材料质量及供方质量保证能力进行审查。

② 对通过检验活动获取的生产过程中出现的质量问题及暴露的设计问题提出改进意见。

③ 向工艺部门提供有关加工、转运和装配等方面的质量信息，帮助工艺部门对其工艺方案、工艺流程和工艺路线的质量保证能力进行整改。

6.4.3　质量检验的方式

质量检验方式有很多,按不同的特征进行分类,可以有如下方式。

(1) 按产品检验的数量分类

① 全数检验。全数检验指对产品批中全部单位产品逐一进行检验。全数检验比其他任何检验更全面、更可靠,但全数检验存在工作量大、周期长、成本高,占用的检验人员和设备较多,难以适应现代化大生产的要求,不能适用于破坏性的或检验费用昂贵的产品。全数检验一般适合于以下几种情况。

a. 各工序在制品、半成品、成品的检验。

b. 精度要求较高的产品和部件。

c. 对后续工序影响较大的工序。

d. 质量不太稳定的工序和工艺难度大的工序。

e. 需要对不合格交验的产品进行 100% 重检及筛选的产品。

f. 漏验会引起重大损失的产品或工序。

② 抽样检验。抽样检验是按照数理统计原理预先设计的抽样方案,从产品批中随机抽取部分样品进行检验,检验结果和相应标准比较,从而对产品批作出合格与否的判断,并决定接受还是拒收该批产品。由于抽样检验只是检验总体的一部分个休,工作量小、周期短、成本低,其优点是显而易见的。然而,抽样检验也有其固有的缺陷。如在被判为合格的产品批中,会混杂一些不合格品,可能造成错判,而抽样检验的结论是对整批产品而言,错判造成的损失可能会很大。因此,运用数理统计原理精心设计的抽样方案可以减小和控制错判风险,但不可能绝对避免。抽样检验适用于以下几种情况:

a. 破坏性检验。若不破坏产品,就无法判定产品的质量。

b. 批量大,质量比较稳定的产品或工序。

c. 检验成本较高的产品或工序。

(2) 按检验的人员和方式分类

① 自检。自检是操作者对自己生产的工序或产品,根据工序质量控制的技术标准,进行自我检查。自检最显著的特点是检验工作基本上和生产加工过程同步进行,通过自我检查,使操作者充分了解自己生产的产品质量上存在的问题,并主动采取措施整改。自检也是企业全员参与质量管理和落实质量责任制度的重要形式,是检验工作取得实际效果的基础。

② 互检。互检就是操作者相互之间进行检验。互检主要有:下道工序对上道流转过来的工序进行检验;同一机台、同一工序交接时进行的互检;班组长或小组检验员对本组成员加工出来的产品进行抽检。互检有利于保证加工质量,防止疏忽大意而造成批量废品,有利于班组团结协作。

③ 专检。专检就是设置专职人员对各道工序进行检验与验收,同时对工序质量的好坏予以评价。专职是现代流水线生产的客观要求,它是自检和互检不能取代的,且三种检验必须以专职检验为主导。现代生产中,检验已成为专门的工种和技术,专职检验人员无论对产品的技术要求,工艺知识和检验技能,都比操作工人熟练,所用检验装备也比较专业,检验结果比较可靠,检验效率也比较高;其次,操作工人由于受生产定额及自身情绪的影响,容易发生漏检和错检。

服
装
生
产
管
理
学

（3）按成品的生产流程分类

① 进货检验。进货检验是对外购货品的质量验证,防止不合格的原材料、外购件、外协件流入生产环节。进货检验的深度主要取决于对供方质量保证体系的信任程度,需方也应对供方进行尽可能多的质量验证,以减少不合格品的流入和产出。对成批进货的检验对象,可按重要程度分为 A、B、C 三类,A 类是关键,必须全检;B 类是较重要的,可以全检或抽检;C 类是一般的,可以抽检或免检。这样,即保证了质量,又可以达到减少工作量和减低成本的目的。

② 首件检验。所谓首件检验,是指一批产品开始投产时或加工过程中因换人、换品种、换工序、该工艺及调整设备等改变时,对加工的首件样品或最初若干件产品进行检验。实践证明,首检制度是一项尽早发现问题,及时采取纠正措施或改进措施,防止出现批次性不合格品的有效方法。

③ 中间检验。中间检验指服装生产过程中,对在制品、半成品进行的检验,又可以细分为逐道工序检验和几道工序合并检验。逐道工序检验工作量大,但对质量保证程度高,一旦发现问题,可迅速采取措施予以纠正,一般在产品刚开始投产时的最初一段时间采用,当生产质量稳定时,可改用工序合并检验。

④ 尾件检验。为了判断某种工艺装备或模具的完好性,而对批量加工完成后的最后一件或若干件制品进行检查验证的活动。尾件检验的主要目的是为下批生产做好技术准备,保证下批生产时能有较好的生产技术状态。尾件检验一般由检验人员和操作人员共同进行。

⑤ 完工检验。完工检验又称最终检验,是对零部件或半成品加工完成后的全面检验。完工检验是全面考核半成品或成品质量是否满足设计标准的重要手段。成品质量的完工检验有两种,即成品验收检验和成品质量审核,须有用户的参与并得到用户的最终认可。完工检验可以是全数检验,也可以是抽样检验,应该视产品特点及工序检验情况而定。

（4）按检验的性质分类

① 理化检验。理化检验是应用物理或化学的方法,使用某种量具、仪器及设备装置等对服装成品及面料、辅料进行检验。通常理化检验测得的数据精度高,人为误差小。理化检验是各种检验方式的主体,特别受到人们的关注。随着技术的进步,理化检验的技术和装备不断得到改进和发展,如过去的破坏性试验有些已用无损检测手段来代替。

② 感官检验。感官检验就是依靠人的感觉器官对质量特征作出评价和判断。如依靠人的视觉、听觉、触觉、嗅觉等感觉器官的功能,对服装及面料的颜色、手感和外观进行检查和评价。感官质量的判定不易用数值表达,因此,感官检验的结果往往依赖于检验人员的经验,并有较大的波动性。虽然如此,但由于目前理化检验技术发展的局限性以及质量检验问题的多样性,感官检验在某些场合仍然是质量检验方式的一种选择和补充。

（5）按检验的设置地点分类

① 集中检验。是指在生产车间内设立固定的检验站,如班组检验台、车间检验台、成品检验台等,各工作地上的产品加工完成以后送到检验站集中检验。固定检验站专业化水平高,检验结果比较可靠,但也有不足之处,如需要占用生产车间一定的空间,易使生产工人对检验人员产生对立情绪,以及可能造成待检和完检部件或成品的混杂等。

② 巡回检验。巡回检验就是由检验人员定时或随机巡回于各工作地,对各道工序进行

检验。巡回检验不受固定检验站的束缚,检验人员可以随机深入生产现场,能够及时了解生产过程质量动态,也有助于减少生产车间内的在制品的占用,节省操作者排队待检时间。

6.5 服装成品质量检验的规则和方法

6.5.1 服装抽样检验

(1) 抽样检验概念

抽样检验是指从批产品中抽取部分样品进行检验,根据样品中产品的检验结果来推测整批产品的质量特征,并由此判断该批产品是否合格及属于何种等级。在质量管理过程中,逐批验收抽样检验方案是最常见的抽样方案。抽样检验方法是一门技术,通过对检验部分产品的质量特征来评估整批产品的质量水平。这种方法的检验有四个环节,即批量大小、抽样方案、可接受的质量水平和可接受数量。

服装抽样检验的具体做法通常是从交验的批产品中随机抽取预定样本容量的产品,对照标准逐个检验样本的尺寸、性能和外观,如果样本中所含不合格品数不大于抽样方案中规定的数目,则判定该批产品合格,予以接收;反之,则判定为不合格,不予接收。

(2) 抽样方法

① 随机抽样。随机抽样是在批产品中任意抽取一定数量的样品。

② 系统抽样。系统抽样时,按一定时间或数量间隔生产出的产品来抽取样品。如对在制品抽检时,可确定每隔 20 min 或每隔 10 件生产出的那道工序,而对服装成品抽样时,可先对批产品进行编号,然后按一定规则间隔抽取样品。

(3) 抽样数量

① 按百分比抽检。按比例抽检即按送检批产品的总数量的百分比抽样检验。按比例抽检是使用较广的一种检验方案,抽检样品的数量通常按照以往的经验制定出。如批产品中有 900 件服装,按 10% 抽取即 90 件服装进行检验。

这种抽检方案往往不够科学,会使批量大的产品批抽取的样品量太大,而批量小的产品批抽取的样品量反而太少,所以采用按百分比抽样方案抽检时,一般要根据情况略作调整,如按产品批 10% 进行抽检,1000 件的 10% 是 90 件,可以适当减少到 75 件;若只有 100 件,那么 10% 就是 10 件,抽样数量太小,不足以客观反映产品批的质量水平,这时可适当增加到 15 件来进行调整,这样可以弥补按比例抽检的不足。

② 技数调整型抽检。技数调整型抽检是根据批产品质量的实际情况,按设定的标准选用某种抽样方案确定的抽样数量进行检验的一种抽检方法。技数调整型抽检确定的抽样数量较为科学,是目前应用较为广泛的一种抽样方案,可以根据产品质量检验情况,采用正常、宽松、严格三个严格程度不同的检验方案,并按一定的转换规则进行调整。

6.5.2 AQL 抽样检验

(1) AQL 的含义

AQL(Acceptable Quality Level)意思就是可接受的质量水平,也可称为合格质量水平,指在抽样检验中,可以接受连续提交检查批的过程平均上限值。AQL 是技数调整型抽检方案设计体系的主要依据,最初由美军兵工署所提出,以贝尔电话实验室的工程师为主成立小组,通过测算、研究于 1942 年发表,以后经过反复的修正与补充,被广泛推广应用于各种对象,成为现在国际通用抽样检验标准。

AQL 常用于服装的原材料、半成品、成品的检验,AQL 建立了由客户和服装生产者双方可接受的疵点百分比来判断产品是否合格的方法。AQL 给出了一系列的检验水平和可接受的质量水平,使用时,可以根据产品的不同种类、不同价值和档次,由客户和生产者共同决定,也可由客户规定并在合同中予以明确。

(2) AQL 的主要内容

① AQL 值。AQL 值规定了 26 种不同的质量水平或要求,从 0.010～1 000,不同的数值体现不同的质量水平,一般数值越小,代表的质量要求越高,越是重要的检查项目或质量不佳的产品,在使用中造成的损失越大,采用的 AQL 值也越严格。AQL 值反映了抽样检验中可接受和不可接受的界限,根据服装加工的特征,常用的 AQL 数值有 1.0、1.5、2.5、4.0 和 6.5,其中又以 4.0 和 6.5 应用最为广泛。

② 抽样检验水平。抽样检验水平体现产品批量与所抽取的样本量的关系,在 AQL 中,有三种普通检验水平和四种特殊检验水平,三种普通检验水平是 LEVEI Ⅰ、LEVEI Ⅱ、LEVEI Ⅲ,四种特殊检验水平是 S-1、S-2、S-3、S-4。见表 6-6,在三种普通检验水平中,LEVEI Ⅱ 是常规水平,也是经常采用的水平,从 LEVEI Ⅰ 到 LEVEI Ⅲ,检验的数量逐渐增加。若以 LEVEI Ⅱ 为中间值,LEVEI Ⅰ 抽检数量约为 LEVEI Ⅱ 的 40%,而 LEVEI Ⅲ 抽检的数量约为 LEVEI Ⅱ 的 160%。

表 6-6 抽样样本字码表

批量	普通检验			特殊检验			
	LEVEI Ⅰ	LEVEI Ⅱ	LEVEI Ⅲ	S-1	S-2	S-3	S-4
2～8	A	A	B	A	A	A	A
9～15	A	B	C	A	A	A	A
16～25	B	C	D	A	A	B	B
26～50	C	D	E	A	B	B	C
51～90	C	E	F	B	B	C	C
91～150	D	F	G	B	B	C	D
151～280	E	G	F	B	C	D	E
281～500	F	H	J	B	C	D	E
501～1 200	G	J	K	C	C	E	F
1 201～3 200	H	K	L	C	D	E	G
3 201～10 000	J	L	M	C	D	F	G
10 001～35 000	K	M	N	C	D	F	H
35 001～150 000	L	N	P	D	E	G	J
150 001～500 000	M	P	Q	D	E	G	J
≥500 001	N	Q	R	D	E	H	K

检验的样本越大，客户接受不合格品批的概率越小，客户可以根据产品的品种、价值和产品质量的状况的不同，选用不同的抽样检验水平。

例如：一批男士休闲裤，数量为 1 000 件，分别采用 AQL2.5 标准和 AQL4.0，如果采用普通检验水平检验，这批休闲裤的抽样数和可接受的不合格数见表 6-7。

表 6-7　普通检验水平表

LEVEI	I		II		III	
AQL 值	2.5	4.0	2.5	4.0	2.5	4.0
抽样检验数	32	32	80	80	125	125
可接受的疵点数	2	3	5	7	7	10

上例中，如果采用四种特殊检验水平检验，则这批休闲裤的抽样数和可接受的不合格数如表 6-8 所示。

表 6-8　特殊检验水平表

LEVEI	S-1		S-2		S-3		S-4	
AQL 值	2.5	4.0	2.5	4.0	2.5	4.0	2.5	4.0
抽样检验数	5	5	5	5	13	13	20	20
可接受的疵点数	0	0	0	0	1	1	1	2

四种特殊检验水平的特点是抽样数量少，从 S-1 到 S-4，抽样数量逐步增加。特殊检验水平的使用场合如：破坏性检；检验成本较高、花费时间长的检验；质量具有整批稳定性的产品（如单一重复生产的产品）检验；使用要求低，错判不会造成损失等场合的检验。对于质量特性变化大、生产质量不稳定的产品，应避免使用特殊检验水平。

③ 抽样方案转换规则。在生产过程中，随着生产条件的改变、原材料的变化或由于人员变动等因素，产品的质量有可能发生波动，为此，AQL 抽样检验方案中，制定了三种检验严格程度，即正常（NORMAL）、严格（TIGHTENED）、宽松（REDUCED），且制定了三种检验严格程度的转换制度。

a. 正常检验。用于产品质量稳定、正常的情况，正常检验是常用的检验。

b. 从正常检验转换为严格检验。一般首批检验从正常检验开始，当进行正常检验时，只要初次检查连续 5 批次或不到 5 批次检验中，就有 2 批次不合格，从下批次开始转为严格检验。

c. 从严格检验转换为正常检验。当采用严格检验时，若连续 5 批次检验都合格，从第 6 批次恢复正常检验。

d. 从正常检验转换为宽松检验。当采用正常检验时，如果连续 10 批次检验都合格，并且生产处于稳定状态，客户也同意，这时可采用宽松检验。

e. 从宽松检验转换为正常检验。当采用宽松检验时，只要一次检验不合格，或者生产处于波动状态，这时应立即转换为正常检验。

f. 终止检验。自采用严格检验开始，不合格批次累积到 5 批次，说明生产厂家的品质状况恶劣，原则上应暂停检查，待生产厂家采取了改善产品质量的措施后，才能恢复严格检查。

服装生产管理学

（3）AQL 抽样检验的方法和步骤

抽样方案通常有三种：一次抽样、二次抽样和多次抽样，每个抽样方案分三个等级实施，即正常型、宽松型和严格型。抽样方案选择时，可以根据不同类型产品对应抽样方案的管理费用和平均检验费用的大小决定抽样方式，一般情况下采取二次抽样方式；而对于检验费时多、检验费用高的检验，宜采用一次抽样检验。在服装生产中，一般采用一次抽样检验和二次抽样检验。

① 正常一次抽样检验步骤。假定某企业生产服装 2 500 件，所要求的期末检验方案为普通检验 LEVEI Ⅱ，AQL 值为 4.0，则正常一次抽样检验步骤（图 6-1）如下：

a. 查抽样样本字码表（见表 6-6 所示），在批量范围一列中找出 2 500 件所处的范围（1 201～3 200），再在普通检验 LEVEI Ⅱ 栏中，找到字母 K。

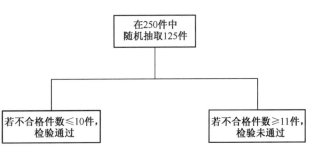

图 6-1　正常一次抽样检验步骤

b. 在正常一次抽样检验方案（表 6-9）中，找到字母 K 行，从 K 行中查出样本量为 125，对应的在 AQL 值为 4.0 的列中，查到 AC＝10，RE＝11。AC（Accept）表示合格判定数；RE（Reject）表示不合格判定数。

c. 则抽样方案为从该批产品中随机抽取 125 件服装进行检验，若检验出 10 件或少于10 件的不合格产品，则判定该批产品可接受；反之，若不合格产品大于 10 件，则判定该批产品不可接受。

② 正常二次抽样检验步骤。同样假定某企业生产服装 2 500 件，所要求的期末检验方案为普通检验 LEVEI Ⅱ，AQL 值为 4.0，则正常二次抽样检验步骤（图 6-2）如下：

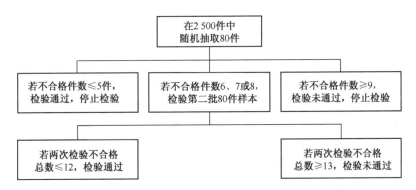

图 6-2　正常二次抽样检验步骤

a. 查抽样样本字码表（表 6-6），在批量范围一列中找出 2 500 件所处的范围（1 201～3 200），再在普通检验 LEVEI Ⅱ 栏中，找到字母 K。

b. 在正常二次抽样检验方案（表 6-10）中，找到字母 K 行，从 K 行中查出第一次样本量为 80，对应的在 AQL 值为 4.0 的列中，查到 AC＝5，RE＝9。则从该批产品中随机抽取 80

件服装进行检验,若检验出 5 件或少于 5 件的不合格产品,则判定该批产品可接受;若不合格产品大于 9 件(包括 9 件),则判定该批产品不合格,不予接受;若不合格产品数在 5 件和 9 件之间,则要进行第二次抽样。

c. 进行第二次抽样时,继续查表 6-10,从字母 K 行中查出第二次样本量为 80(累计第一次样本量为 160 件),对应的在 AQL 值为 4.0 的列中,查到 AC=12,RE=13。则从该批产品中再随机抽取 80 件服装进行检验,若检验出 12 件或少于 12 件的不合格产品,则判定该批产品可接受;反之,若不合格产品大于 12 件,则判定该批产品不合格,不予接受。

6.5.3 质量缺陷与等级判定

(1) 质量缺陷判定

服装成品质量缺陷判定,主要依据合同或协议的质量标准或自身工艺文件所规定的工艺技术要求,对服装质量中存在的缺陷程度进行判定,一般将缺陷分成三类。

① 轻缺陷。轻缺陷指不符合产品产品标准规定的质量要求,但对产品的使用性能和外观影响较小的缺陷。

② 重缺陷。重缺陷指较严重不符合产品标准规定的质量要求,但不严重减低产品的使用性,不严重影响产品外观的缺陷。

③ 严重缺陷。严重缺陷指严重不符合产品标准规定的质量要求,严重减低产品的使用性,严重影响产品外观的缺陷。

只有对服装缺陷程度进行判定,才能对产品的等级进行判定。

(2) 质量等级判定

服装成品质量等级的判定是依照各等级限定缺陷存在的严重程度和累计的缺陷数量划分的,具体的判定标准因服装的品种、档次、价格及其他特殊要求的不同而有所区别。批等级则以抽样样本中各单件成品的品级数量划分。

以某公司生产的男士休闲裤为例,其判定规则为:

① 单件(样本)判定:

a. 优等品:严重缺陷=0;重缺陷=0;轻缺陷≤2。

b. 一等品:严重缺陷=0;重缺陷=0;轻缺陷≤4。

c. 合格品:严重缺陷=0;重缺陷=0;轻缺陷≤5

或严重缺陷=0;重缺陷≤1;轻缺陷≤0。

② 批量等级判定:

a. 优等品批:外观样本中的优等品数≥90%,一等品数≤10%;理化性能测试达到优等品指标要求。

b. 一等品批:外观样本中的一等品以上的产品数≥90%,合格品数≤10%(不含不合格品);理化性能测试达到一等品指标要求。

c. 合格品批:外观样本中的合格品以上的产品数≥90%,不合格品数≤10%(不含严重缺陷的不合格品);理化性能测试达到合格品指标要求。

当外观缝制质量判定等级与理化性能判定等级不一致时,应执行低等级判定。第一次抽验中各批量判定数如果不符合标准规定,应进行第二次抽验,抽样数量增加一倍,如仍不符合规定,应全部整修或降等级。

表6-9　正常一次抽样检验方案

样本质量水平AQL

（注：每栏数值为 Ac Re；↓／↑ 表示使用箭头所指方案）

样本量字码	样本容量	0.010	0.015	0.025	0.040	0.065	0.10	0.15	0.25	0.40	0.65	1.0	1.5	2.5	4.0	6.5	10	15	25	40	65	100	150	250	400	650	1000
A	2	↓	↓	↓	↓	↓	↓	↓	↓	↓	↓	↓	↓	↓	↓	↓	↓	0 1	1 2	2 3	3 4	5 6	7 8	10 11	14 15	21 22	30 31
B	3	↓	↓	↓	↓	↓	↓	↓	↓	↓	↓	↓	↓	↓	↓	↓	0 1	1 2	2 3	3 4	5 6	7 8	10 11	14 15	21 22	30 31	44 45
C	5	↓	↓	↓	↓	↓	↓	↓	↓	↓	↓	↓	↓	↓	↓	0 1	1 2	2 3	3 4	5 6	7 8	10 11	14 15	21 22	30 31	44 45	↑
D	8	↓	↓	↓	↓	↓	↓	↓	↓	↓	↓	↓	↓	↓	0 1	1 2	2 3	3 4	5 6	7 8	10 11	14 15	21 22	30 31	44 45	↑	↑
E	13	↓	↓	↓	↓	↓	↓	↓	↓	↓	↓	↓	↓	0 1	1 2	2 3	3 4	5 6	7 8	10 11	14 15	21 22	30 31	44 45	↑	↑	↑
F	20	↓	↓	↓	↓	↓	↓	↓	↓	↓	↓	↓	0 1	1 2	2 3	3 4	5 6	7 8	10 11	14 15	21 22	30 31	44 45	↑	↑	↑	↑
G	32	↓	↓	↓	↓	↓	↓	↓	↓	↓	↓	0 1	1 2	2 3	3 4	5 6	7 8	10 11	14 15	21 22	30 31	44 45	↑	↑	↑	↑	↑
H	50	↓	↓	↓	↓	↓	↓	↓	↓	↓	0 1	1 2	2 3	3 4	5 6	7 8	10 11	14 15	21 22	30 31	44 45	↑	↑	↑	↑	↑	↑
J	80	↓	↓	↓	↓	↓	↓	↓	↓	0 1	1 2	2 3	3 4	5 6	7 8	10 11	14 15	21 22	30 31	44 45	↑	↑	↑	↑	↑	↑	↑
K	125	↓	↓	↓	↓	↓	↓	↓	0 1	1 2	2 3	3 4	5 6	7 8	10 11	14 15	21 22	30 31	44 45	↑	↑	↑	↑	↑	↑	↑	↑
L	200	↓	↓	↓	↓	↓	↓	0 1	1 2	2 3	3 4	5 6	7 8	10 11	14 15	21 22	30 31	44 45	↑	↑	↑	↑	↑	↑	↑	↑	↑
M	315	↓	↓	↓	↓	↓	0 1	1 2	2 3	3 4	5 6	7 8	10 11	14 15	21 22	30 31	44 45	↑	↑	↑	↑	↑	↑	↑	↑	↑	↑
N	500	↓	↓	↓	↓	0 1	1 2	2 3	3 4	5 6	7 8	10 11	14 15	21 22	30 31	44 45	↑	↑	↑	↑	↑	↑	↑	↑	↑	↑	↑
P	800	↓	↓	↓	0 1	1 2	2 3	3 4	5 6	7 8	10 11	14 15	21 22	30 31	44 45	↑	↑	↑	↑	↑	↑	↑	↑	↑	↑	↑	↑
Q	1250	↓	↓	0 1	1 2	2 3	3 4	5 6	7 8	10 11	14 15	21 22	30 31	44 45	↑	↑	↑	↑	↑	↑	↑	↑	↑	↑	↑	↑	↑
R	2000	↓	0 1	1 2	2 3	3 4	5 6	7 8	10 11	14 15	21 22	30 31	44 45	↑	↑	↑	↑	↑	↑	↑	↑	↑	↑	↑	↑	↑	↑

注：↓——用箭头下面的第一个抽查方案，如果样本容量等于或超过批量，则进行非百分之百的检查；↑——用箭头上面的第一个抽查方案；Ac——合格判定数；Re——不合格判定数。

服装生产管理学

表6-10　正常二次抽样检验方案

样本质量水平（AQL）　（各栏数字为 Ac　Re）

样本容量字码		样本容量	累计样本容量	0.010	0.015	0.025	0.040	0.065	0.10	0.15	0.25	0.40	0.65	1.0	1.5	2.5	4.0	6.5	10	15	25	40	65	100	150	250	400	650	1000
A	第一			↓	↓	↓	↓	↓	↓	↓	↓	↓	↓	↓	↓	↓	↓	↓	↓	↓	↓	↓	↓	↓	↓	↓	↓	↓	*
	第二																											
B	第一	2	2	↓	↓	↓	↓	↓	↓	↓	↓	↓	↓	↓	↓	↓	↓	↓	↓	*	0 2	0 3	1 4	2 5	3 6	5 9	7 11	11 16	17 22
	第二	2	4																		1 2	3 4	4 5	6 7	9 10	12 13	18 19	26 27	37 38
C	第一	3	3	↓	↓	↓	↓	↓	↓	↓	↓	↓	↓	↓	↓	↓	↓	↓	*	0 2	0 3	1 4	2 5	3 6	5 9	7 11	11 16	17 22	25 31
	第二	3	6																	1 2	3 4	4 5	6 7	9 10	12 13	18 19	26 27	37 38	56 57
D	第一	5	5	↓	↓	↓	↓	↓	↓	↓	↓	↓	↓	↓	↓	↓	↓	*	0 2	0 3	1 4	2 5	3 6	5 9	7 11	11 16	17 22	25 31	↑
	第二	5	10																1 2	3 4	4 5	6 7	9 10	12 13	18 19	26 27	37 38	56 57	
E	第一	8	8	↓	↓	↓	↓	↓	↓	↓	↓	↓	↓	↓	↓	↓	*	0 2	0 3	1 4	2 5	3 6	5 9	7 11	11 16	17 22	25 31	↑	↑
	第二	8	16															1 2	3 4	4 5	6 7	9 10	12 13	18 19	26 27	37 38	56 57		
F	第一	13	13	↓	↓	↓	↓	↓	↓	↓	↓	↓	↓	↓	↓	*	0 2	0 3	1 4	2 5	3 6	5 9	7 11	11 16	17 22	25 31	↑	↑	↑
	第二	13	26														1 2	3 4	4 5	6 7	9 10	12 13	18 19	26 27	37 38	56 57			
G	第一	20	20	↓	↓	↓	↓	↓	↓	↓	↓	↓	↓	↓	*	0 2	0 3	1 4	2 5	3 6	5 9	7 11	11 16	17 22	25 31	↑	↑	↑	↑
	第二	20	40													1 2	3 4	4 5	6 7	9 10	12 13	18 19	26 27	37 38	56 57				
H	第一	32	32	↓	↓	↓	↓	↓	↓	↓	↓	↓	↓	*	0 2	0 3	1 4	2 5	3 6	5 9	7 11	11 16	17 22	25 31	↑	↑	↑	↑	↑
	第二	32	64												1 2	3 4	4 5	6 7	9 10	12 13	18 19	26 27	37 38	56 57					
J	第一	50	50	↓	↓	↓	↓	↓	↓	↓	↓	↓	*	0 2	0 3	1 4	2 5	3 6	5 9	7 11	11 16	17 22	25 31	↑	↑	↑	↑	↑	↑
	第二	50	100											1 2	3 4	4 5	6 7	9 10	12 13	18 19	26 27	37 38	56 57						
K	第一	80	80	↓	↓	↓	↓	↓	↓	↓	↓	*	0 2	0 3	1 4	2 5	3 6	5 9	7 11	11 16	17 22	25 31	↑	↑	↑	↑	↑	↑	↑
	第二	80	160										1 2	3 4	4 5	6 7	9 10	12 13	18 19	26 27	37 38	56 57							
L	第一	125	125	↓	↓	↓	↓	↓	↓	↓	*	0 2	0 3	1 4	2 5	3 6	5 9	7 11	11 16	17 22	25 31	↑	↑	↑	↑	↑	↑	↑	↑
	第二	125	250									1 2	3 4	4 5	6 7	9 10	12 13	18 19	26 27	37 38	56 57								
M	第一	200	200	↓	↓	↓	↓	↓	↓	*	0 2	0 3	1 4	2 5	3 6	5 9	7 11	11 16	17 22	25 31	↑	↑	↑	↑	↑	↑	↑	↑	↑
	第二	200	400								1 2	3 4	4 5	6 7	9 10	12 13	18 19	26 27	37 38	56 57									
N	第一	315	315	↓	↓	↓	↓	↓	*	0 2	0 3	1 4	2 5	3 6	5 9	7 11	11 16	17 22	25 31	↑	↑	↑	↑	↑	↑	↑	↑	↑	↑
	第二	315	630							1 2	3 4	4 5	6 7	9 10	12 13	18 19	26 27	37 38	56 57										
P	第一	500	500	↓	↓	↓	↓	*	0 2	0 3	1 4	2 5	3 6	5 9	7 11	11 16	17 22	25 31	↑	↑	↑	↑	↑	↑	↑	↑	↑	↑	↑
	第二	500	1000						1 2	3 4	4 5	6 7	9 10	12 13	18 19	26 27	37 38	56 57											
Q	第一	800	800	↓	↓	↓	*	0 2	0 3	1 4	2 5	3 6	5 9	7 11	11 16	17 22	25 31	↑	↑	↑	↑	↑	↑	↑	↑	↑	↑	↑	↑
	第二	800	1600					1 2	3 4	4 5	6 7	9 10	12 13	18 19	26 27	37 38	56 57												
R	第一	1250	1250	↓	↓	*	0 2	0 3	1 4	2 5	3 6	5 9	7 11	11 16	17 22	25 31	↑	↑	↑	↑	↑	↑	↑	↑	↑	↑	↑	↑	↑
	第二	1250	2500				1 2	3 4	4 5	6 7	9 10	12 13	18 19	26 27	37 38	56 57													

注：↓ —用箭头下面的第一个抽样方案，如果样本容量等于或超过批量，则进行非百分之百的检查；↑ —用箭头上面的第一个抽样方案；▲ —用对应的一次抽样方案；Ac——合格判定数；Rc——不合格判定数；

* 用对应的一次抽样方案（或者用本栏下面的二次抽样方案）。

6.5.4 服装成品质量检验的内容与方法

以某公司生产的男式茄克为例,按 GB/T 5296.4 规定,将成衣质量检验的主要内容与方法介绍如下:

(1)适用范围

以纺织品为原料,成批生产的男式茄克、棉衣、派克、风衣的产品检验标准。

(2)检验方法和工具

抽样方法按 AQL 抽样检验方法或按批产品的比例抽取样本,分批、分色随机抽检,检验方法以目测、物理化学测试和送第三方测试为主。检验工具有卷尺、钢卷尺、各种测定仪器或测试仪器等。

(3)服装面辅料检验

① 面料:根据下单确认好的质地、手感、颜色、花纹、克重等要求进行检验,水洗方法按下单要求操作,不允许有差别或代用。

a. 经纬纱向规定。服装成衣面料经纬纱向严格按表 6-11 规定检验。

表 6-11　面料经纬纱向规定

序号	部位名称	外观质量规定
1	前身	经纬纱以领口宽线为准,允许程度不大于 0.2 cm,条格面料不允许倾斜
2	后身	经纱以胸围背中线为准,允许程度不大于 0.3 cm,条格面料不允许倾斜
3	袖子	经纱以前身袖缝为准,大袖倾斜不大于 0.3 cm,小袖不大于 0.6 cm
4	领面	纬纱倾斜不大于 0.2 cm,条格面料不允许倾斜
5	袋盖	袋、袋盖与大身纱向一致,斜料左右对称

注:特别设计不受此限制。

b. 对条对格。条格面料(有明显条格 0.5 cm 以上)及遇有阴阳条格面料时,服装成品不同部位的条格互差允许范围见表 6-12 规定。

表 6-12　成衣对条对格规定

序号	部位名称	对条对格规定	备注
1	左右前身	条料顺直、格料对横,互查不大于 0.2 cm	两前片条格基本一致,后片以两边对称一致
2	袋、袋盖与前身	条料对条,格料对格,互查不大于 0.1 cm,斜料贴袋左右对称,互查不大于 0.3 cm(阴阳条格除外)	—
3	领头	条格对称,不允许有互查	遇有阴阳条格时,以明显条格为主
4	袖子	条料顺直、格料对横,以袖山为准,左右袖对称,互查不大于 0.3 cm,袖缝对横,袖外缝互查不大于 0.2 cm,袖内缝不大于 0.3 cm	—
5	背缝	条料对条,格料对横,互查不大于 0.2 cm	遇有阴阳条格时,以明显条格为主
6	摆缝(前后片)	格料对横,袖窿 5 cm 以下,互查不大于 0.3 cm	—
7	领与后片	条料对条,格料对格	—
8	大领与小领	条料对条,格料对格,互查不大于 0.1 cm	—

注:特殊设计不受此限制。

c. 倒顺毛(绒)。遇有倒顺毛(绒)面料,成衣全身毛(绒)上下顺向一致。

d. 特殊图案。特殊图案面料以主图为主,全身图案向上一致。

e. 拼接。装饰性拼接除外,没有另外要求的不允许拼接。

f. 色差允许程度。测试色差时,被测部位必须纱向一致,北半球用北空光照射,南半球用南空光照射,或用 600 lx 及以上的等效光源。入射光与织物表面大约成 45°角,观察方向大致垂直于织物表面距离约 60 cm 处目测。评定成衣各部位允许色差的程度按 GB 250—1995《评定变色用灰色样卡》的 5 级标准。衣身整体无明显色差,里布、衬布、袖缝、摆缝色差不低于 4 级,覆黏合衬所造成的色差不低于 4 级,其他部位色差应高于 4~5 级。

② 里料:与所用面料性能、缩水率、色泽等相适宜(特殊设计除外)。

③ 辅料:拉链、腰头衬、纸衬、缝线、纽扣、四合扣、铆钉、袋布的质地、性能质量必须与确认样一致,不允许有替代。

a. 衬布、垫肩。采用与所用面料性能、缩水率、色泽等相适宜,其质量应符合相应的产品标准的规定。

b. 缝纫线。缝纫线适合所用面辅料质量,缩率要与面料相适应,钉扣线应与扣的色泽相适宜,钉商标线应与商标底色相适宜。

c. 纽扣、附件。采用适合所用面料的纽扣(除装饰扣)、拉链及金属附件,无残疵,纽扣、附件经洗涤、熨烫后不变形、不变色、不生锈。

(4) 成衣规格测定

① 成衣规格的测量部位如图 6-3 所示,测量方法按表 6-13 规定。

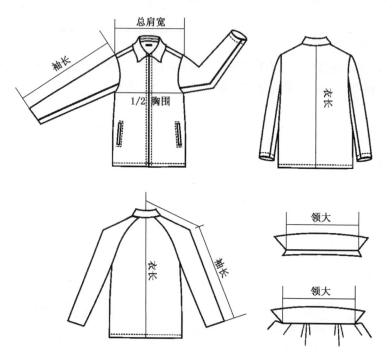

图 6-3 男士休闲茄克测量部位

服装生产管理学

表 6-13 男士休闲茄克的测量方法

序号	部位名称	测量方法
1	衣长	由前身肩缝最高点量至底边,或由后领缝正中垂直量至底边
2	胸围	扣好纽扣或拉好拉链,前后身摊平,沿袖窿底缝横量1/2胸围
3	领大	领子摊平横量,立领量上口,其他领量下口(特殊领除外)
4	袖长	圆袖由袖子最高点量至袖口边中间;连肩袖由后领中沿肩袖缝交叉点量至袖口边中间
5	总肩宽	由肩袖缝的交叉点摊平横量(连肩袖不量肩宽)

② 成衣主要部位尺寸允许公差和缺陷的判定按表 6-14 规定,对称部位基本一致。

表 6-14 主要部位尺寸允许公差和缺陷的判定　　　　　　单位:厘米

部位名称	领大(总围度)	衣长	胸围(总围度)	总肩宽	袖长
允许偏差	±0.5	±1	±1.5	±0.6	±0.8
轻缺陷	±0.6~0.7	±1.1~1.3	±1.6~2	±0.7~0.8	±0.9~1.1
重缺陷	±0.8~1	±1.3~1.8	±2.1~2.7	±0.8~1.1	±1.2~1.5
严重缺陷	±1.1以上	±1.9以上	±2.8以上	±1.2以上	±1.6以上

(5) 外观疵点

成衣各部位的疵点允许存在程度按表 6-15 规定。男士休闲茄克各部位的划分如图 6-4 所示。每个独立部位只允许疵点一处(优等品 1#、2# 部位不允许出现误差)。

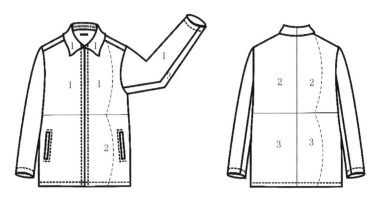

图 6-4 男士休闲茄克各部位的划分

表 6-15 成衣各部位的疵点允许存在程度

序号	疵点名称	各部位允许程度		
		1#部位	2#部位	3#部位
1	粗于一倍竹节纱	不允许	0.3~1.0 cm	1.0~2.0 cm
2	粗于二倍竹节纱	不允许	不允许	0.3~1.0 cm
3	粗径纱	不允许	0.5~1.0 cm	1.0~2.0 cm
4	经缩波纱	不允许	不允许	不宽于 0.5 cm
5	毛粒	不允许	2~4 个且不明显	5 个左右
6	条、痕(折痕)	不允许	1~2 处且不明显	2~4 处且不明显
7	浅油纱	不允许	0.3~1.0 cm	1.0~2.0 cm
8	斑疵(油、锈、色斑)	不允许	不允许	不大于 0.2 cm² 且不明显

注:浅油纱目测距 60 cm 测定。

（6）缝制质量检验

① 成衣各部位缝制针迹、线路顺直，针距密度一致，双明线间距相等，具体针距密度规定见表 6-16（特殊要求除外）。

服
装
生
产
管
理
学

表 6-16　针距密度要求

序号	项目名称		针距密度	备注
1	明暗线		3 cm 不少于 13 针	特殊要求除外
2	包缝线		3 cm 不少于 10 针	
3	贡针（珠边）		3 cm 不少于 9 针	
4	手工针		3 cm 不少于 8 针	肩缝、袖窿、领子不少于 10 针
5	三角针		3 cm 不少于 6 针	另要根据要求（以单面计算）
6	锁眼	平眼	1 cm 不少于 12 针	
		凤眼	1 cm 不少于 12 针	
7	钉扣	细线	每眼不少于 8 根线	缠脚高度与止口厚度相适宜
		粗线	每眼不少于 6 根线	

② 各部位的缝制平服，线路顺直、整齐、牢固，针迹均匀，上下线松紧适宜，细线起头结尾必须回针辑牢（回针长度不可超过 0.5 cm），粗线起头结尾线头必须拉至里层打结。所有缝份不小于 0.8 cm，所有外露缝份须全部包缝，对称部位基本一致。

③ 领平服、不反翘，领头左右对称、精致、美观，绱领圆顺、自然、左右肩点对称。

④ 口袋、袋盖平服、自然、左右对称，袋角、袋盖方正、圆顺、不反翘。

⑤ 绱袖圆顺、自然，两袖前后基本一致。

⑥ 领、门襟、拉链、肩缝明线部位不允许有接线，其余部位 30 cm 以内不得有两处或两处以上一个单跳针或连续跳针，链式线迹不允许浮线、跳针。

⑦ 绱拉链辑线平服、顺直，不露齿、不起浪、左右高低一致，拉链，拉链拉滑顺畅。

⑧ 锁眼定位准确，大小适宜，锁眼长度一般比扣子直径大 0.3 cm 即可（特殊扣除外），锁眼针迹美观、整齐、平服。

⑨ 钉扣牢固，扣子与扣眼位置准确，扣子不得钉在单层布上（装饰扣除外），绕线高度与对应扣眼厚度相适宜，缠绕三次以上（装饰扣不缠绕），收线结实完整，线接不外露。面扣要带底扣的必须上下扣同时钉。四合扣、五爪扣要钉牢固，吻合适度、松紧适宜，不变形、位置端正。

⑩ 商标位置端正，号型标志清晰、正确。水洗标志、洗涤标志、成分标识字迹清晰、位置端正。

（7）整烫要求

成衣各部位熨烫平服、整洁，无烫黄、水渍及亮光；敷黏合衬部位不允许有脱胶、渗胶及起皱；有明显倒顺绒（毛）织物的一定要顺绒（毛）方向熨烫，绒毛较长的面料款式，熨斗要用能透气的布包好，不可直接喷气熨烫。

（8）物理、化学性能检验

① 尺寸变化：

a. 成衣水洗后的尺寸变化率规定。成衣水洗后的尺寸变化率按表 6-17 规定，测试方法按 GB/T 8629—2001 规定(丝绸产品按 GB/T 18132 规定),并在批量中随机抽取三件成衣测试,结果取三件的平均值。

表 6-17 成衣水洗后的尺寸变化率规定(%)

序号	部位名称	优等品	一等品	合格品
1	领大	≤0.3	≤0.5	≤0.8
2	胸围	≤±0.5	≤±0.8	≤±1.5
4	衣长	≤±0.5	≤±0.8	≤±1
5	袖长	≤±0.3	≤±0.5	≤±0.8

b. 成衣干洗后的尺寸变化率规定。成衣干洗后的尺寸变化率按表 6-18 规定,测试方法按 FZ/T 80007.1 规定,并在批量中随机抽取三件成衣测试,结果取三件的平均值。

表 6-18 成衣干洗后的尺寸变化率规定(%)

序号	部位名称	干洗后的尺寸变化率
1	领大	≤0.5
2	胸围	≤±0.8
4	衣长	≤±0.8
5	袖长	≤±0.5

② 覆黏合衬剥离强度。覆黏合衬剥离强度不小于 8 N/(2.5 cm×10 cm)(复合、喷涂面料除外)。

③ 色牢度。评定成衣色牢度时,评定变色色牢度用灰色样卡(GB 250)、评定沾色色牢度用灰色样卡(GB 251)。

a. 里料色牢度。里料的耐磨色牢度不小于 4 级,耐洗沾色色牢度不小于 3~4 级,绣花线耐洗沾色色牢度不小于 3~4 级。

b. 面料色牢度。面料色牢度的允许程度按表 6-19 规定进行检验。面料色牢度指标包括耐干洗色牢度、耐水洗色牢度、耐干摩擦、耐湿色牢度、耐光色牢度等,测试方法分别按 GB/T 3921.3—1997(丝、黏纤、麻及其混纺织物按 GB/T3921.1—1997 规定)、GB/T 5711—1997、GB/T 3920—1997、GB/T 8427—1998 和 GB/T 3922—1995 规定测试。

表 6-19 面料色牢度的允许程度 单位:级

序号	项目		色牢度允许程度		
			优等品	一等品	合格品
1	耐干洗	变色	≥4~5	≥4	≥3~4
		沾色	≥4~5	≥4	≥3~4
2	耐洗	变色	≥4	≥3~4	≥3
		沾色	≥4	≥3~4	≥3
3	耐干摩擦	沾色	≥4	≥3~4	≥3
4	耐湿色牢度	沾色	≥4	≥3~4	≥3
5	耐光	变色	≥4	≥3~4	≥3

注:耐干洗色牢度只对使用说明中标注可干洗的产品。

c. 起毛起球。参考 GB/T 4802.1 精梳毛织品起球样照(绒面)、精梳毛织品起球样照(光面)、粗梳毛织品起球样照,成衣起毛起球允许程度见表 6-20。测试方法按 GB/T 4802.1—1997 规定,其中化纤织物的起毛起球测试数为 10 次,并与精梳毛织品起球样照(绒面、光面)、粗梳毛织品起球样照对比。

表 6-20　成衣起毛起球允许程度　　　　　　　　　　　　　　单位:级

等级	起毛起球允许程度
优等品、一等品	≥4～5
合格品	≥3～4

d. 纰裂。丝绸产品及平方米质量在 50 g 以下的产品缝子纰裂允许程度按 GB/T 18132 规定,其他成衣主要部位的缝子纰裂允许程度按表 6-21 规定。缝子纰裂测试取样部位按表 6-22 规定,测试方法按 FZ/T 20019—1999《毛织物缝口脱开程度实验方法》规定,需计算出成品三块试样缝口脱开的平均值。

表 6-21　成衣缝子纰裂允许程度　　　　　　　　　　　　　　单位:cm

等级	起毛起球允许程度
优等品、一等品	≤0.3
合格品	≤0.5

表 6-22　缝子纰裂测试取样部位

序号	取样部位名称	取样部位规定
1	后背缝	后领中向下 25 cm
2	袖隆缝	后袖隆弯处
3	袖缝	袖隆处向下 10 cm
4	摆缝(侧缝)	袖隆底向下 10 cm

e. 甲醛含量规定。成衣释放甲醛含量不大于 300 mg/kg,测试方法按 GB/T 2912.1—1998 规定。

f. pH 值限量。成衣的 pH 值限量为 4.0～9.0,测试方法按 GB/T 7573—2002 规定。

g. 原料的成分和含量。成衣的原料的成分和含量应符合 FZ/T 01053 的规定,测试方法按 FZ/T 01053—1999、GB/T 2910—1997、GB/T 2911—1997 等规定。

(9)成衣质量缺陷判定

成衣质量缺陷判定见表 6-23 规定。

表 6-23　成衣质量缺陷判定依据

项目	序号	轻缺陷	重缺陷	严重缺陷
外观及缝制质量	1	商标不端正,不明显歪斜,订商标线与商标底色的色泽不相适宜;电脑绣不明显歪斜,底线不明显浮透;压花标志有点模糊,不明显歪斜	使用说明内容不准确、模糊;商标、电脑绣、压花标志有明显歪斜;电脑绣有明显浮线和透底线;压花标志模糊	使用说明内容缺陷、错码、串号、损坏、少订、漏订
	2	—	—	使用黏合衬部位脱胶、渗胶、起皱

项目	序号	轻缺陷	重缺陷	严重缺陷
外观及缝制质量	3	熨烫不平服、轻微烫迹、发亮、极光	轻微烫黄、变色	严重烫伤、变色、影响外观
	4	表面有轻度污渍、表面有长于1.5 cm的死线头三根以上	表面有明显污渍,毛脱、漏面积大于或等于1 cm	有严重污渍,污渍面积大于10平方厘米
	5	各部位缝制不平服、松紧不适宜;底边不圆顺;包缝后缝份小于0.7 cm;毛脱、漏面积小于0.1 cm	有明显折痕;毛脱、漏面积大于或等于1 cm;表面部位布边针眼外露	毛脱、漏面积大于2 cm。
	6	30 cm内有两个单跳针	连续跳针或30 cm内有两个以上单跳针;四、五线包缝有跳针;锁眼缺线或断线0.5 cm以上	链式针迹跳针。
	7	缉明线宽窄不一致	—	—
	8	锁眼、钉扣、各个封结不牢固;眼位距离与板位互查大于0.3 cm;扣眼或四合扣上下扣互查大于0.3 cm	眼位距离与板位互查大于0.4 cm;扣眼或四合扣上下扣互查大于0.4 cm	
	9	领子面、里松紧不适宜,表面不平服;领头长短,驳头宽窄互查大于0.2 cm	领子面、里松紧明显不适宜	
	10	领窝不平服,起皱;缢领子与肩缝对比偏差大于0.3 cm	—	—
	11	缢袖不圆顺,前后不适宜,吃势不均匀;两袖前后不一致,互查大于0.8 cm	—	—
	12	袖缝不顺直,两袖长短互查大于0.5 cm,两袖口大小互查大于0.2 cm	—	—
	13	前身门襟长于里襟0.3 cm以上,里襟长于门襟;面、里襟止口处反吐;门襟不顺直	上衣里襟长于门襟0.6 cm以上	—
	14	肩缝不顺、不平服;两肩宽窄不一致,互查大于0.3 cm	—	—
	15	口袋、袋盖不方正、不圆顺;袋盖及贴袋大小不适宜;开袋豁口及嵌线款窄不一致;袋位前后互查大于0.3 cm	袋口封角不严,袋口严重毛出;袋口无袋垫布	—
	16	装拉链不平服、重叠、露齿不一致	—	—
规格允许偏差	17	规格超过本标准规定30%以内	规格超过本标准规定30%以上	规格超过本标准规定80%以内
辅料	18	线、衬等辅料的色泽与面料不相适应,钉扣线与扣的色泽不相适宜	缝纫线等辅料的性能与面料不相适宜	纽扣、金属扣(包括附件等)脱落,金属件锈蚀

项目	序号	轻缺陷	重缺陷	严重缺陷
纬斜	19	超过本标准规定的 30% 以内	超过本标准规定的 30% 以上	
对条对格	20	对条、对格超过本标准规定 30% 以内	对条、对格超过本标准规定 30% 以上	面料倒顺毛，全身顺向不一致；特殊图案顺向不一致
色差	21	表面部位色差不符合本标准规定半级；衬布影响色差低于 3 级	表面部位色差不符合本标准规定半级以上	—
疵点	22	3 号部位超过本标准规定	1、2 号部位超过本标准规定	—
针距	23	低于本标准规定 2 针以内（含 2 针）	低于本标准规定 2 针以上	—

注：1. 以上各缺陷按序号逐项累计计算。

2. 凡属丢工、少序、错序，均为重缺陷，缺件为严重缺陷。

3. 理化性能测试一项不合格，即为该抽验整批产品不合格。

（10）抽样规定

抽样分色、号、规格分别抽样，最少抽 2 个规格，每种色号都要求抽检。抽样方法可以按 AQL 抽样检验方法或按批产品的比例抽取样本，本例按产品批的 10% 抽取，略作调整。

① 100 件（含 100 件）以下，抽样 10 件。

② 100～200 件（含 200 件），抽样 15 件。

③ 200～300 件（含 300 件），抽样 20 件。

④ 300～500 件（含 500 件），抽样 40 件。

⑤ 500～800 件（含 800 件），抽样 50 件。

⑥ 800～1 000 件（含 1 000 件）以下，抽样 70 件。

⑦ 1 000 件以上，抽样 85 件。

（11）成衣质量等级判定

① 单件成衣外观等级判定：

a. 优等品：严重缺陷＝0；重缺陷＝0；轻缺陷≤3。

b. 一等品：严重缺陷＝0；重缺陷＝0；轻缺陷≤5。

c. 合格品：严重缺陷＝0；重缺陷＝0；轻缺陷≤6

  或严重缺陷＝0；重缺陷≤1；轻缺陷≤3。

② 批量等级判定：

a. 优等品批：外观样本中的优等品数≥90%，一等品数≤10%；理化性能测试达到优等品指标要求。

b. 一等品批：外观样本中的一等品以上的产品数≥90%，合格品数≤10%（不含不合格品）；理化性能测试达到一等品指标要求。

c. 合格品批：外观样本中的合格品以上的产品数≥90%，不合格品数≤10%（不含严重缺陷的不合格品）；理化性能测试达到合格品指标要求。

当外观缝制质量判定等级与理化性能判定等级不一致时，应执行低等级判定。抽样检验中各批量判定数符合等级品批，方可出厂，抽样检验中各批量判定数不符合标准规定时，应进行第二次抽验，抽验数量增加一倍，如仍不符合规定，应全部整修或降等级。

（12）成衣的标志、包装、运输和储存

成衣的标志、包装、运输和储存按 FZ/T 80002 执行。

思考题

1. 质量管理的概念。
2. 标准的概念是什么？标准的使用范围有哪些？
3. 服装质量指标有哪些？生产过程质量控制内容包括哪些？
4. 服装抽样检验的方式有哪些？AQL 抽样检验的内容和方法是什么？
5. 假定某企业生产服装 1 800 件，所要求的期末检验方案为普通检验 LEVEI Ⅱ，AQL 值为 2.5，则正常一次抽样检验步骤和正常二次抽样检验的步骤是什么？
6. 服装质量缺陷程度的判定标准是什么？如何进行服装质量等级的划分？
7. 服装成品质量检验的具体内容与方法有哪些？

知识拓展

婴幼儿服装的安全检测和选购

1. 不合格婴幼儿服装隐患多

由于婴幼儿身体的特殊性，因此国家对婴幼儿服装安全的检测标准比成人标准更为严格。检测项目包括：pH 值、甲醛含量、可分解芳香胺染料、耐水色牢度、耐汗渍色牢度、耐干摩擦色牢度、耐唾液色牢度、异味。因为很多婴幼儿喜欢啃咬衣服，所以在婴幼儿纺织用品中增加了耐唾液色牢度的测试，防止纺织染料通过唾液进入婴幼儿体内，对婴幼儿的生长发育带来不利影响。

➢ pH 值超范围伤害幼儿皮肤

人体皮肤正常 pH 值应在 5.5～7.0 之间，略呈酸性，可以保护人体免遭病菌感染。而婴幼儿皮肤偏碱性，随环境温度改变而调节皮肤的酸碱度的能力差，如果婴幼儿所穿的服装 pH 超过 4.0～7.5 的范围（即婴幼儿穿了 pH 值不合格的服装），皮肤的酸碱度就会被破坏，并引发皮肤炎症，对婴幼儿的汗腺系统以及神经系统都会造成损害。对一些敏感性皮肤的婴幼儿，很容易引起皮肤瘙痒等过敏症状。很多不合格的婴幼儿服装在生产过程中，酸碱作用不充分和染料控制不达标都会造成服装 pH 值超出安全范围。

➢ 游离甲醛超标危害大

有些小厂家，为了使婴幼儿服装达到防皱、防缩、阻燃、保持印花耐久的效果，在面料生产过程中，给助剂中添加甲醛。人体在穿着和使用甲醛超标的纺织用品过程中，游离甲醛会逐渐释出，通过呼吸道及皮肤接触引发人体皮肤炎症，伤害呼吸系统。如果长期摄入低浓度甲醛会引起食欲减退、衰弱失眠等症状。对婴幼儿的毒性则表现在气喘、气管炎、染色体异常、抵抗力下降等。

➢ 可分解芳香胺染料超标可致癌

婴幼儿器官没有发育完成，抵抗力差，长期穿着含可分解芳香胺染料的衣物，会导致芳香胺染料被分解，进入婴幼儿体内，并发生还原反应，生成致癌物——芳香胺化合物。芳香胺化合物会使婴幼儿出现头疼、恶心、疲倦、失眠、呕吐、咳嗽等不良症状,甚至会使细胞内DNA发生结构与功能的改变而诱发癌症。可分解芳香胺染料因色泽多样、制造简单、价格低廉而被许多中小纺织服装生产企业运用到婴幼儿服装面料制作上,其中的禁用偶氮染料是由24种可致癌芳香胺作为中间体合成的染料,危害极大。家长和教师喜欢给孩子购买色彩鲜艳、带有绣花、印制图案的可爱服装,殊不知,在不合格婴幼儿服装的装饰中,很可能含有可致癌的染料。

➤ 色牢度不合格可引发感染

因为婴幼儿经常将衣服等物咬在嘴里,当婴幼儿衣服色牢度达不到4级时,婴幼儿会将染色或有害残留物吸吮到体内而受伤害。而且衣服与皮肤贴得比较近,在摩擦过程中染料会刺激皮肤出现红斑和瘙痒,如果没有及时发现,随着摩擦时间的延长,可能会出现丘疹,大片的红斑,婴幼儿不断搔抓以后就会出现破溃、糜烂,甚至出现大的水泡,处理不当还可能引发细菌感染。

2. 安全的婴幼儿服装怎么选

选购婴幼儿服装时应充分考虑儿童的生理特点,除了要体现柔软、透气、舒适,还应注意以下选购常识:

➤ 注意婴幼儿服装上的相关标志

购买婴幼儿服装时,首先看产品上有无商标和中文厂名、厂址。如果没有,极有可能是非正规厂家生产的产品或假冒产品。其次是看是否有成份标志,主要是指服装的面料、里料的成份标志,各种纤维含量百分比应清晰、正确,有填充料的服装还应标明填充料的成份和含量。最为重要的是要有产品的合格证、产品执行标准编号、产品质量等级,婴幼儿服装的标牌上应标有符合国家纺织品强制性标准GB 18401—2003的A类产品的技术要求。

➤ 注意婴幼儿服装面料

婴幼儿皮肤面积相对较大,从皮孔蒸发的汗液是大人的2倍。在选择婴幼儿服装时,尽量选择纯棉服装,如普通纯棉或天然彩棉制品,手感柔软、吸汗透气,也可以选择蚕丝制品。不宜选用化纤类商品,易起静电、透气性差,会滋生细菌,进而引发皮肤炎。

➤ 注意主要部位的缝制线

仔细观察婴幼儿服装各主要部位的缝制线路是否顺直,拼缝是否有许多缝制线接头留在外面,在侧缝处拉一下,看一下缝口是否有"滑移"现象,并留意一下里料"滑移"情况。

➤ 注意婴幼儿服装的色彩

购买婴幼儿内衣等贴身衣服时应选浅色,避免红、黑、深蓝等容易掉色的衣服,选择用染料、涂料少的素色、印花图案小的童装,尽量不要买印花鲜艳的童装,如果购买了掉色的衣服就不要继续给婴幼儿穿。

➤ 注意婴幼儿服装的安全设计

注意婴幼儿服装上各种辅料、装饰物,如纽扣是否牢固、松紧是否适宜等,特别注意各种纽扣或装饰件的牢度,以免儿童轻易扯掉误服口中,造成气管异物。此外还应注意婴幼儿服装上的拉带,因为婴幼儿服装的衣帽和颈部的拉带等易夹住孩子,上下车时婴幼儿上衣腰部或下摆处的拉带等易被钩住而导致拖曳事故。

➤ 注意婴幼儿服装是否有异味

购买婴幼儿服装时,要把衣物贴在鼻子处,仔细闻一下气味,如果衣服有异味就不能购买,因为这些服装有可能发霉,或残留有高沸程石油、芳香烃等物质,会刺激婴幼儿的呼吸系统。

(引自生活家 www.022net.com)

第七章　服装生产管理的发展趋势

知识要点

1. 服装快速反应系统的概念、作用及策略；CIMS 的特点
2. 建立服装电子商务平台的原则；服装电子商务发展模式及存在问题
3. 服装 CAD 的特点及使用优势；FMS 的定义及采用技术
4. 服装吊挂系统的特点

近年来，随着科学技术的进步、全球一体化的加快及信息技术的飞速发展，企业的经营环境发生了根本性的变化：顾客需求多样化，技术创新、新材料层出不穷，服装产品的生产周期不断，市场竞争日趋激烈。服装生产管理的思想、手段和方法也需要不断更新和发展。

7.1　信息化管理与电子商务

随着网络技术的发展以及人们日益增长的信息化需求，电子商务与企业信息化也成为各个企业与消费者关注的热门话题。服装企业究竟该如何加强自身信息化建设，如何利用电子商务与企业信息化的关系，以更好地提高生产效率和自身市场竞争能力，并不断发展企业和进一步满足消费者的消费需求？

7.1.1　信息化管理

企业信息化是指企业利用计算机技术、网络技术等一系列现代化技术，通过对信息资源的深度开发和广泛利用，不断提高生产、经营、管理、决策的效率和水平，从而提高企业经济效益和企业竞争力的过程。其实质是将企业的生产过程、物料移动、事务处理、现金流动、客户交互等业务过程数字化，通过各种信息系统网络加工生成新的信息资源，提供给各层次的人们洞悉、观察各类动态业务中的一切信息，以做出有利于生产要素组合优化的决策，使企业资源合理配置，从而使企业能适应瞬息万变的市场经济竞争环境，求得最大的经济效益。

（1）快速反应系统

快速反应是一种运作方式。其主要目的是不断地以最短的筹备时间及最低的成本为顾客提供所需产品的数量、品种等要求。快速反应在美国的零售业、服装业、纺织业、家用装饰业、鞋业及纤维业已被重视和应用。

从 20 世纪 70 年代后期开始，美国纺织服装的进口急剧增加，到 80 年代初期，进口商品大约占到纺织服装行业总销售量的 40%。针对这种情况，美国织服装企业一方面要求政府和国会采取措施阻止纺织品的大量进口；另一方面进行设备投资来提高企业的生产率。但

是,即使这样,廉价进口纺织品的市场占有率仍在不断上升,而本地生产的纺织品市场占有率却在连续下降。为此,一些主要的经销商成立了"用国货为荣委员会"。一方面通过媒体宣传国产纺织品的优点,采取共同的销售促进活动;另一方面,委托零售业咨询公司 Kurt salmon 从事提高竞争力的调查。Kurt salmon 公司经过大量充分的调查后指出,纺织品产业供应链全体的效率并不高。为此,Kurt salmon 公司建议零售业者和纺织服装生产厂家合作,共享信息资源,建立一个快速反应系统(quick response)来实现销售额增长。

① 快速反应系统的概念。快速反应系统(QR)是指通过零售商和生产厂家建立良好的伙伴关系,利用 EDI 等信息技术,进行销售时点以及订货补充等经营信息的交换,用多频度、小数量配送方式连续补充商品。以此来实现销售额增长、客户服务的最佳化以及库存量、商品缺货、商品风险和减价最小化的目标的一个物流管理系统模式。

② 服装快速反应系统的构成。服装的时尚化和个性化越来越鲜明,以往那种按照季节性计划大量生产的传统方法已经不能满足顾客的需求,必须制定一套快速的反应系统来生产时尚的服装。这样才能促使服装生产由传统的少品种、大批量、长周期最终转向多品种、小批量、快交货。为了配合多样化的市场需求,通过电脑辅助设计的普及与应用,缩减了服装生产初期的时间,降低了管理成本费用。同时服装企业引入快速反应思想,以便于尽快与国际接轨,与流行合拍,增强市场反应能力。快速反应系统可以分为以下几大块:

a. 流行信息快速反应。服装的流行性涉及面料、色彩、款式、服饰心理以及新科技等各个方面。服装企业可通过先进的电子技术,利用先进的传播技术(包括网络技术),首先获得最新服装款式面料、色彩的流行信息,然后发布企业最新产品,以增进与顾客的交流。

b. 生产快速反应。即通过计算机技术对服装生产线实现科学编排和控制,将库存控制、服装的设计排料裁剪(CAD/ CAM)、衣片分拣归类、流水线柔性管理和循环(FMS/UPS)、加工工艺和工序设定(CAPP)、质检和标签条码悬挂(CAQ)等技术形成开放式模块,并借助企业内部互联网实现功能组合,通过远程数据传输实现与外围管理、销售和情报系统的互联,以使整个生产系统适应服装品种、规格、工艺的快速变化,提高产品的质量和市场适应性。

c. 管理快速反应。此块要求企业在营销过程中,对市场调查预测、经营决策、采购、生产、销售、财务、后勤、风险和绩效分析等项目快速反应,组织企业内各部门进行标准化的数据传输和反馈,从而保证快速反应系统的完整和协调。

d. 商务快速反应。实现这种快速反应更多地依赖于 Internet 和 EDI (Electronic Data Interchange)的使用。研究表明 EDI 可以使商贸文件传输速度提高 81%,文件处理成本下降 38%,错漏造成的损失减少 40%。美国和欧盟大部分国家的海关都明确提出:利用 EDI 提交的货物将受到优先办理。因此,以走向市场为目标的企业必须将 EDI 的实施纳入自己的营销之中。

③ 服装企业运行快速反应生产系统的作用。通过应用服装 CAD 系统在电脑上可以展示出各种款式、布料、颜色等的配合,使传统制板看效果的方法省去,大大地缩短了制作时间。采用电脑设计服装已经被许多企业所运用,同时电脑控制生产流水线的出现,使服装生产具备了更高品质、更实惠和更快的运输条件。如"秀奇(JUKI)"的"QRS"、"丰田(TOYO-TA)"的"TSS"和"兄弟(BROTHER)"的"Fit's"等,都是较新的车缝系统,可进行不同种类服装的少量生产,同时可以检查每个阶段的裁片和车缝工序,使操作人员和管理人员了解制

作的情况。

服装企业的设计人员，要掌握时装的新趋势等最新的资料，快速地设计出服装款式。为了配合市场的多样化需求，缩减服装生产初期的时间及降低成本，设计服装款式、材料的运用、纸样制作、系列样板制作、排料等都可采用电脑完成。同时把资料通过互联网在最短的时间内由总公司传送到所需的部门。这样就可以在生产的初步阶段达到较佳的效率，同时对确定生产起到很有效的指导作用。

生产最大的浪费是生产一些顾客不会购买或不能吸引其购买欲望的产品，前者浪费货品，后者浪费时间，快速反应系统能避免这些情况发生。同时还以人为出发点为操作者提供一个舒适的操作环境，如自动吊架系统，可把一件服装的裁片输送到所需的位置。其系统由一个工作站和一个吊架系统组成，每个工作站配备有衣车、锁边车及熨斗，操作人员可站或可坐着工作。

④ 服装企业运行快速反应的策略：

a. 生产中的快速反应策略。推介快速反应的策略必须对其有一个正确的认识，它并非只是将每件产品加快做完。而是一种运作方式，目的是以最短的筹备时间提供顾客所需的产品。对于服装这类季节性的产品，重要因素是时间，如不能在适当的时间提供相应的产品，损失是非常大的，在美国的服装市场每年因缺货、过时减价、存货要流失销售总额的四分之一，但如果采用快速反应系统可将上述损失减少一半。同时因为给顾客提供了所需的产品，使企业的信誉、市场占有率也大为提高。

为了在适当时间推出适合的产品，零售商、制造商及物料商之间要有很好的配合，同时要做到以下三项要求：

• 资料反馈。资料的来源包括来自流行信息资料和有关顾客的资料，如什么年纪的人喜欢买什么款式、种类的服装等等，也可利用盘点来搜集资料，统计哪种款式、颜色的服装销量大等资料。

• 产品适当。电脑辅助设计已越来越成为人们创作使用最快最好的方式，根据各种收集到的资料，各式各样的设计要求可以很快地从电脑上画出或从贮存系统中调出各式各样的款式。

• 及时补充。季节性服装销售的时间大体是 16～22 周，特别时髦的服装销售在 4～10 周。短循环补充的目的是在适当时间提供适当的产品，同时要减少缺货和存货。经过及时的补充能增加 30％的销量。服装作为季节性强的产品由于其危机较高，所以供应系统、再生产系统必须快速。较好的补充时间为 10～20 天。而对于时髦的服装，新的款式经常每四周便推出一次，所以要密切观察销售情况，做到及时性补充或再生产。

如"真维斯（Jeanswest）"连锁店休闲装经过快速反应试验计划，所得的结果是增加了 45％的销售量、减少了 20％的存货、增加 80％的存货收益，同时减少过季减价的情况。

b. 销售的快速反应。销售中的优质服务对"顾客满意"十分重要，美国波士顿论坛顾问公司指出"留住一位老顾客只花费吸引一位新顾客 1/5 的成本，而这完全得力于你良好的服务"。

• 售前服务。借鉴国外"个人购物服务"的经验，采用上门服务、邮件或电话方式与顾客直接沟通；提供一个轻松、舒适的购物环境；对店员进行服务培训：礼貌、操作标准、对服装（面料、款式、护理方法等）的熟悉；定期的新款展示、店面创新布置。

• 售中服务。采用随和而温馨的店员服务;对顾客一些基本情况和联络方式进行快捷的顾客登记服务,对经常性顾客授予"老顾客优惠卡",并记录顾客意见和愿望;店面CAD试衣系统提供网络在线定制服务等都是较为可行的售中服务方式。

• 售后服务。有效的售后服务主要包括内容、时间、费用等;根据"顾客记录",对经常性顾客进行特殊服务和定期的感情交流;质量投诉的良好处理。

快速反应不是一种时尚,它越来越受到各行业的重视,对于服装业来说,没有采用快速反应的公司会处于不利的竞争地位。它有许多优点:第一,为适合销路的产品提供短循环补充;第二,通过更大的合作及更有效率的资料沟通来加强供应商与顾客的联系;第三,使用灵活的器材及电脑辅助系统来缩短生产时间。

快速反应在国外的服装业、纺织业、零售业、家用装饰业、制鞋业的运用越来越广。快速反应是一种全面性的策略,并非只运用单一的新机器或系统那样简单,如要取得最大的效益、竞争的优势,每间公司必须研究自身的产品总循环时间以及供应商与顾客之间的协调关系,只有这样快速反应才能变成一种有效的策略。为了尽快与国际接轨,与流行合拍,增强市场反应能力,服装企业必须引入快速反应思想。

(2) CIMS

随着自动化技术、电子计算机技术、信息技术和人工智能等高科技的迅速发展,计算机集成(computer integrated manfacturing,简称CIM)制造被看作是未来企业发展的必由之路。服装行业对市场的变化反应最为强烈,服装流行周期越来越短,款式越来越多。因此,CIM思想很快被服装行业所接受,许多先进国家都在研究和实施服装CIM,相应的技术和设备也在不断推出,传统的服装企业面临着新的抉择。

① 服装CIMS的兴起:

CIMS是在CIM的基础上通过计算机硬件、软件、自动化技术和系统工程技术,将企业生产全过程中有关人、技术、经营管理、生产等要素及其信息流和物流有机地集成并优化运行的大系统。CIMS首先起源于机械制造业,但其基本思想和原理很快向其他行业传播、辐射。服装业以其对市场变化的特殊敏感性,首先接受了CIM思想。于是,从20世纪80年代末开始,许多先进国家的企业致力于服装CIMS的开发,不断推出集成化的产品和系统,把服装CIMS的发展推向前进,对传统服装业的改造和革新起到了很大的促进作用。

在服装CIMS的开发项目中,最有影响的是英国的CIMTEX。此外,日本、德国、法国、西班牙等也都推出了各自的CIM产品,新加坡、香港等地区也建立了服装制造示范中心。经过短短的几年时间,服装CIM与CIMS在世界范围内兴起,在服装业产生了很大的影响。

② 服装CIMS的特点:

a. 从系统结构看,服装CIMS以FMS(柔性制造系统)为核心,以管理信息系统268和计算机辅助工艺设计CAPP为FMS服务,与FMS紧密集成为一体;

b. 柔性装配线的编排、设计和重组技术是关键,是实现多品种混流式平衡生产的重要保证;

c. 物流系统的重点是实现多品种混流式生产中衣片和在制品的跟踪以及路径的管理与控制;

d. CAPP的装配以工艺设计为重点,同时解决各工序操作的标准时间的估算问题;

e. CMIS以库存管理、成本工资管理、计划统计管理与订单管理为主。

按照上述要点，去实现服装的 CIMS 才能体现出特色。

③ 我国服装 CIMS 的探索与应用：

为了提高我国服装工业的水平，适应新形势的需要，国家科委在八五科技重点攻关项目中设立了"服装设计与加工工艺示范中心"的课题，并纳入国家"863"计划，成为 CIMS 主题的 CIMS 应用工程之一。

该项目在 1993 年底初步建成了一条服装生产示范线，年产 2.5 万套高档西服，同时实现了服装 CAD、CAM 与 FMS 的初步集成，在服装 CIMS 的方向迈出了第一步，集成技术接近国际 20 世纪 90 年代初的水平。该服装 CIMS 的系统构成和功能设计，基本上体现了上述的特点和原则。整个系统由两部分构成：一部分为控制中心，包括服装信息网络系统，二维服装 CAD 系统和三维服装款式设计系统；另一部分为生产车间，车间内也由计算机相连，然后通过网络把两部分连通，进行数据的传输和生产情况的监控。现在，该系统还在进一步研究和开发，经过努力，我国定能在服装 CIMS 方面赶上国外的水平。

7.1.2 服装电子商务

电子商务有着巨大的生命力，无论社会、国家还是企业对其都有着广泛的需求，并有着直接的利益体现，在服装企业开展并推广电子商务。

所谓电子商务（Electronic Commerce）是利用计算机技术、网络技术和远程通信技术，实现整个商务（买卖）过程中的电子化、数字化和网络化。电子商务始于 1997 年（如果把 EDI 也作为电子商务来看待，则起始时间要追溯到 20 世纪 90 年代初），就整体而言，中国电子商务仍处于初级阶段，交易手段、范围、交易人数、安全认证等均处于初级探索过程。1998 年前人们主要集中于电子商务概念的推广和可行性的探讨。1999 年人们已将电子商务落实到了行动上，电子商务进入到实质性的发展阶段。到目前为止，证券公司、金融结算机构、民航订票中心、信用卡发放等领域均已成功进入电子商务领域。

服装行业是纺织业中的支柱子行业，在拉动整个纺织业的经济效益方面起到极其重要作用，也是国内消费市场中的热点，更是我国对外出口贸易获得外汇顺差的主要产业之一。

（1）服装行业电子商务的兴起

传统的服装行业的销售，无论是零售还是批发都是购买者亲临现场，以手、眼等直接感观接触面料，并提出修改意见，这对于零售的买家来说可能也没注意到其缺点。但对于批发的买家来说，要亲临现场了解这么一大批服装的款式、面料、车工等情况是一件费时费力的工作。

近几年来，电子商务迅速发展，越来越多的中小企业注重利用信息技术提高管理水平，利用信息网络获取市场信息、技术信息、人才信息和纺织品服装流行资讯。在沿海发达地区的产业集群有 50% 以上的企业应用信息网络技术获取信息，并有部分企业通过网络平台与客户交流、展示产品最终实现网上交易。网上交易不仅方便快捷，又无空间限制，是产品展销方式的创新性尝试，也是社会资源的一种节约。

服装行业也逐渐从传统的经营模式发展到现在的电子商务模式，利用当今日新月异的科技增强企业的竞争能力。当今服装产业的竞争已转变为以对市场的快速反应机制和技术创新能力的竞争，这种竞争的核心是对知识经济时代的理解和追赶，是内部执行能力的比拼。特别在 2005 年世界服装贸易自由化和全球优势资源配置时机的到来，使服装产业面临历史的机遇和挑战。各种政策的调整,贸易手段的调整,地区及国家利益的调整将相继出现,各种生产及交易成本的上升,使得服装产业再次面临着一场深刻的变革,变革的重点在于资源的重新整合。服装产业从生产、销售到市场份额的分配将会形成一个新的格局,我国纺织、印染、服装及商家之间的协作和联系应进一步加强,面料开发、产品设计、信息资讯、物流和分销等相关要素急需要进一步优化整合。

（2）中国服装行业电子商务发展现状

电子商务目前在我国才兴起不久,一些企业对其还不是很了解,也并未给予足够的重视。据调查,目前绝大多数企业的电子商务活动仅限于在网上发布和收集信息,网上支付和物流配送并未得到普及,甚至有些企业只是在赶时髦,并未使电子商务发挥出应有的作用。

目前,纺织服装行业在软件应用上,主要靠财务系统、进销存系统,或者是生产上工人工资的核算系统。随着中国国内自主品牌的不断成长,对于分销管理的要求必定越来越高。特别是对于那些从事外贸的 OEM 企业来说,只有发展新的核心竞争力,通过服务、质量、运营效率等才能产生不可替代的价值。

服装行业已普遍采用各种服装 CAD 系统、信息管理系统、物流管理系统。计算机技术的发展使服装设计系统从二维向三维发展,虚拟试衣系统的发展使服装行业的企业生产、经营、管理信息化、电子化。据统计,大约有 20%～30% 的服装生产、经营企业建立了不同程度的管理网络。许多著名的服装企业和地区服装协会、商会在互联网上建立了网站并开展了电子商务活动。

据统计,服装企业对财务软件和 CAD 设计软件的应用相对来说比较普遍,而 ERP 系统的应用比较少,且自行开发和购买的比例相当。也许它们有一套最基础的财务软件或一套进销存系统来管理企业的物流,但许多中型甚至大型服装企业的运作都没有使用 MRP(物料需求计划)或 MRPⅡ(制造资源计划)系统来集成预测、生产计划、采购管理,更提不上通过 ERP(企业资源计划)系统来集成业务与财务流程。

服装企业加强了企业的科技水平,使企业适应高科技时代的发展方式,增强企业的创新能力。利用高科技手段和创新意识在生产、管理、产品开发等各个环节不断革新,研究新技术、新产品及高效的经营过程,从而加强和巩固企业的竞争能力。

（3）建立服装行业电子商务平台的原则

① 推进先进的电子商务的思想为目的。因为网站只有包含先进的电子商务思想才会有生命力,网站的建设与发展应有长远目光,不应局限于某个企业的一些眼前利益。网站的功能应具诱导性,逐渐引导中小服装企业正确地走到电子商务轨道上来。

② 不宜一蹴而就,应逐步发展完善。网站的技术水平应与企业的应用能力和效率相配合,若网站一次实现设定的所有功能,其开发周期将会拖得较长,将会延误中小服装企业利用网站实现电子商务的进程。另外,我国的电子商务正处于探索阶段,不确定因素很多,因此基于对投资者负责的态度,应逐渐扩大网站规模,将创意逐渐实现,使网站独具特色,增加盈利。

③ 为企业提供良好服务。网站应该能够为企业提供先进的商务技术手段和服务,为企业带来实际利益。应充分考虑到中小型服装企业的计算机水平,做到操作简单。

④ 信息准确,更新快。网站上的信息应由用户自己提供,以保障网上信息的准确性,提高信息发布的效率。网上信息应是动态的,要采取手段使其及时更新,保持网站的活力。

⑤ 组织结构化。为了有利于网站信息的自动化分析和处理,网站上的信息应该具备严格的组织结构和管理方式。

(4) 服装企业发展电子商务要遵循的原则

① 要确立"商务为本"的思想。以商务为主,以技术为辅,将电子商务技术作为实现业务目标的手段。网络服务商和提供电子商务技术支持的 IT 厂商在努力推广电子商务技术的同时,企业要有针对性地进行商务选择和利益判断,避免过度技术化的倾向,避免追求表面的商务"电子化"而忽略了商务活动本身的需求;要认真研究企业的商务要求,以此确立其技术方案和服务方式。现在,一些三维实体造型、配色和展示技术被炒作得很火爆,但从用户带宽和该技术的成熟度等方面考虑,一定要慎重采用。

② 加速服装企业内部的信息化建设。服装生产企业电子商务建设和功能的充分实现,离不开企业内部的信息化建设。目前我国服装企业普遍存在信息化基础落后的现状,与网络和电子商务技术的现代化形成巨大的反差,已经不适应甚至阻碍了我国服装企业电子商务的应用与发展。应当从人员(特别是中高层管理人员)培训、技术建设、管理配套等多个方面加速企业信息化基础进程。服装企业不仅要有行业技术人员,而且要有一定量的电子商务人员、网络人员。以便提高企业的信息化、网络化,跟上时代步伐。

③ 服装行业中的大企业具有对上下游供应商和经销商等中小企业的巨大吸引力。国内不少名牌大企业拥有上百家原材料、小配件供应商、产品经销商,彼此之间以大企业为核心构成了庞大的供应链体系。因此,以大企业为核心,按照供应链关系建立企业电子商务体系,并带动中小企业电子商务应用与发展,是中国服装企业电子商务应用与发展的重要途径。

(5) 我国服装行业电子商务发展模式

① 单项业务信息技术到集成信息平台。服装企业信息化的过程必然从单项业务信息技术开始,如财务管理、人事管理、档案管理、合同管理、库存管理等,这些信息系统在某种程度上提高服装企业的工作效率,但随着应用水平的提高及单项信息系统数量的增多,信息孤岛的现象日益严重,影响了企业整体效率的提高。因而实施集成的信息平台成为必然。

② 单机本地的服装设计到网络化、异地的协同设计。完整的服装设计过程从款式设计、样板设计、推档、排料等过程,需要多种设计人员的协作,其中包括艺术创作及工程技术,从地域上往往分布在不同区域,传统的单机的服装设计 CAD 系统已不能满足企业发展需求,另外从企业的经营上看,跨地区甚至跨国经营已成为趋势,势必要求服装设计支持跨区域的数据共享及协同。

③ 支持服装大规模定制。对于服装行业而言,大规模定制方式的营销模式在国外已形成规模经营,通过 Internet 的大规模定制营销生产方式已经成熟,并且成为未来服装网络营销的典范,作为解决面向大规模定制的最有效手段,支持大规模定制的服装企业信息化平台将成为技术发展的重要趋势。

因此服装信息技术的发展涉及服装信息化的系列产品有服装 CAD(二维和三维)、服装 ERP、服装 PDM、服装 CAPP、服装 CRM、服装 DRP、电子商务和服装 CAM 等。通过服装信息系列产品的应用,实现了用信息技术改造服装的发展,同时也促进服装信息技术产业的发展。

(6) 中国服装行业电子商务发展存在的主要问题

当前我国服装行业电子商务发展中出现的问题主要集中在如下方面：

① 没有做到信息共享。在企业当中运用电子商务,很多公司瞎跟风,已经运用了很多管理软件,仅仅就安装一下就可以了,很可能这个软件来来回回就一个人操作,或者只在本部门操作,软件本身并没有起到应有的效果,在一个企业中其实最重要的是信息之间的沟通,销售最想知道的是什么,采购最想知道的是什么,车间主任最想知道的是什么,这些信息都应该在同一系统。按照不同身份看得到,老板最想知道的当然是这一天卖了多少服装;这一周、一月的利润有多少,或者一个年度的销售走势。这样信息之间有了沟通流动和共享才能有协同工作的效果,大家才能并肩战斗,打个胜仗。然而现在大多数企业所购买的软件都是为一个部门或者为一个局部而用的。"信息的孤立"使企业很多时候都重复着浪费,而很多信息本不应该"散播"却被传得"纷纷扬扬",企业对客户的信息、供应商的信息把握得不牢。信息之间应该得到一定程度的共享,这就是我们这几年来一直提出的"关联应用",企业才有良好的凝聚力,团队的力量才能发挥出来。什么事情都靠老板,那显然是不现实的。

② 网站真正完全实现电子商务存在诸多瓶颈。在以信息化带动工业化的今天,开展信息电子商务仅在部分企业中开始起步,难以在入世后适应国际竞争的要求。服装的电子商务网站已经能够为服装企业增加商家之间的交流、提供商机,成为服装企业不可忽略的商业手段。但现阶段,网站真正完全实现电子商务还存在很多瓶颈、有待发展。相关法律法规、政策等还不完善,如电子合同、电子代理人、格式许可合同等方面。当双方当事人之间发生争执时,没有适当的法律法规等作依据;电子支付问题,需要政府、银行的配合,现在还不能完全实现;信用问题也是阻止电子商务顺利进行的重要原因。

③ 诚信问题。电子商务最大的问题就在于诚信体系,服装行业的电子商务也不例外,而且由于中国 C2C 网站不需要验证信用卡账号就可以登录注册,也使支付体系成为目前中国电子商务面临的核心问题。

虽然采取"先款后货"的方式,交易时要先由买家把款汇出,但"不被信任"也常常会制约卖家的营业规模,对此网站会为买家提供一个"信用评价体系",就卖方是否诚实守信、货品是否货真价实问题,买方可以作出"好评""中评""差评",这可以作为网上店铺的"招牌"。

此外,也有网站采用了自己的支付体系,先由买家汇款到网站,由银行和网站共同保管,在确定买家收到货品之后,再由网站付款给卖家,但这种由网站进行仲裁与判断的支付体系也并非十全十美,更为完善的信用体系的建立需要社会各方的共同努力。

(7) 中国服装行业电子商务的发展方向

① 在整个服装行业当中发展电子商务。中国加入 WTO 之后,服装行业进入了一个更具挑战的发展时期,目前我国的服装产量和出口额均居世界首位,是当之无愧的服装大国。中国服装协会的报告指出,今后几年,国内消费需求和出口需求仍呈现稳定增长的态势,我国服装产业的发展前景可以说极为诱人。然而,在我们乐观地憧憬未来时,更要清醒地看到,置身于国际市场的中国服装企业需要用现代的管理模式来"武装"自己,提升综合竞争力,缩小与发达国家服装企业的差距。

各大企业可以共同建立服装行业的电子商务交易平台,整合行业内的信息系统,使得各家企业可以以最快的时间知道第一手信息。除此之外,应加快速度完善相关法律法规、政策,提高网上交易的安全性,解决产品质量、售后服务、企业信用等问题,尽快使电子商务技术应用到电子合同、电子代理人、格式许可合同等方面。在电子支付方面,政府和银行应给予充分的配合,解决现在很多银行规定的数额和地点上的问题。

服装行业的电子商务的交易除了涉及技术上的问题,还有关键的物流方面的问题,国家有关部门应鼓励组建大型流通企业,推进电子商务与已有配送系统如邮政投递网络的结合,协调相关部门并配合优惠政策,健全物流配送系统。

② 在服装行业企业应用当中发展电子商务。企业的信息化步骤应该是循序渐进的,逐步的,但在设立之初应具备一定的前瞻性,信息化框架在企业的内部应该具有可扩展性。

第一,良好的客户关系保障企业长期发展。客户满意=企业利润! 企业可以利用客户关系管理软件,进行客户关系管理能充分利用顾客资源,通过客户交流、建产客户档案和与客户合作等,可以从中获得大量针对性强、内容具体、有价值的市场信息,包括有关产品特性和性能、销售渠道、需求变动、潜在用户等,可以将其作为企业各种经营决策的重要依据。从企业的长远利益出发,企业应保持并发展与客户的长期关系。双方越是相互了解和信任,交易越容易实现,并可节约交易成本和时间,由过去逐次逐项的谈判交易发展成为例行的程序化交易。通过对市场、销售、售后服务的管理,使企业可以在第一时间了解顾客需求、并向顾客提供最优价值的产品以及服务,并使产品和服务的供应商获取最大的利润。

通过客户关系管理,企业不仅可以从直接客户获得收益,同时由于高质量的产品和服务,使供应商可以从客户的客户获得间接收益。使产品或服务在市场中的渗透能力得到加强,企业因而可以像一株扎根于肥沃土壤中的大树,根深叶茂,具有强大的生命力。

第二,有效的生产计划和管理带来有效的成本控制。在企业中实施 ERP 将会使得企业做到业务流程优化、信息实时可现,利于对企业的实时控制和保持业务的稳定发展。服装行业企业中,懂得选择适合企业的 ERP 模块,懂得如何实施 ERP 对整个企业起着关键性作用,它关系着企业资源的整合,对整个生产有着详尽的计划,使得"采购—生产—运输"整个过程都在掌握之中,可以减少库存量,增加企业的流动资产;减少制造成本,降低交货误期率,使销售部门信誉大大提高,从而增加企业的无形资产。

第三,客户与供应商及合作伙伴已形成紧密价值链。服装行业从生产到销售涉及到一整条的供应链,它涉及现代服装企业管理的每个层面,更重要的是它构造了一个可以信赖的企业管理信息系统架构,从而可靠地支持企业未来的更大发展。通过应用服装企业电子化管理与电子商务系统,服装企业既可以实现内部业务运作的电子化(e-Management),实现管理创新和业务优化,从而建立企业的竞争优势;也可以与供应商、加盟商等合作伙伴建立电子商务(e-Commerce)系统,实现电子贸易、电子交易,改善整个供应链并建立整个供应链的竞争优势。如果可以对整条供应链进行优化,可以使固定资产和流动资产得以有效的运用,增强企业得竞争力,降低成本,提高顾客的满意程度,实现销售即市场份额的增加。

7.2 服装生产管理软件的应用

7.2.1 服装 CAD

随着计算机技术的飞速发展,计算机辅助设计层出不穷,广泛应用在商业、工业、医疗、艺术设计、娱乐等各个领域中。目前,计算机在服装界的应用包括:服装计算机辅助制造(服装 CAM)，服装企业管理信息系统(MIS)，服装裁床技术系统(CAM)，还有服装销售系统、服装试衣系统、无接触服装量体系统等。

（1）服装 CAD 的概念

服装 CAD(Computeraided design)技术，即计算机辅助服装设计技术，是利用计算机的软、硬件技术对服装新产品、服装工艺过程，按照服装设计的基本要求，进行输入、设计及输出等的一项专门技术，是一项综合性的，集计算机图形学、数据库、网络通讯等计算机及其他领域知识于一体的高新技术，用以实现产品技术开发和工程设计。它被人们称为艺术和计算机科学交叉的边缘学科，是以尖端科学为基础的不同于以往任何一门艺术的全新的艺术流派。

服装 CAD 技术融合了设计师的思想、技术经验，通过计算机强大的计算功能，使服装设计更加科学化、高效化，为服装设计师提供了一种现代化的工具。它是未来服装设计的重要手段。

服装 CAD 系统主要包括款式设计系统(Fashion Design System)、结构设计系统(Pattern Design System)、推板设计系统(Grading System)、排料设计系统(Marking System)、试衣设计系统(Fitting Design System)、服装管理系统(Management System)等。

服装 CAD 是于 20 世纪 60 年代初在美国发展起来的，目前美国、日本等发达国家的服装 CAD 普及率已达到 90%以上。我国的服装 CAD 技术起步较晚，虽然发展的速度很快，但是和国外技术还是有很大差距。

服装 CAD 的普及、应用、推广是我国服装业技术改造的重要内容和长期的任务。服装 CAD 软件是现代服装行业的常用工具，也是服装企业的生产效率和产品质量。进入 WTO 后，我国的服装业必将会进一步飞速发展，因此，服装 CAD 软件的使用和推广是我国服装业进一步发展的必然趋势。

（2）国外服装 CAD 技术状况

20 世纪 70 年代，亚洲纺织服装产品冲击西方市场，西方国家的纺织服装工业为了摆脱危机，在计算机技术的高度发展下，促进了服装 CAD 的研制和开发。作为现代化高科技设计工具的 CAD 技术，便是计算机技术与传统的服装行业相结合的产物。美国研制出首套 MARCON 服装 CAD 系统，相继，美国 PGM/Gerber 公司又把服装 CAD 推向市场，这在 CAD 领域引起了不错的反响，并引发了其他为数不少的公司对服装 CAD 的研制。美国的格柏(GGT)公司、美国的匹吉姆(PGM)公司、法国的力克(Lectra)公司也相继推出了各自的服装 CAD 系统。这 3 家公司在国际服装 CAD/CAM 领域形成了三足鼎立之势。目前国外的服装 CAD/CAM 系统除了上述 3 家公司的产品外，主要还有美国的 SGI，日本的 Toray、Juki、Nissyo，瑞士的 Alexis 等。

当时的服装 CAD 对缓解工业化大批量服装制作过程中的瓶颈环节——服装工艺设计，即推档和排料的计算机操作问题，起了重要的作用，不仅生产效率得以显著提高，生产条件和环境也得到很大的改善。

① 美国 Gerber 公司。20 世纪 80 年代初期美国 Gerber 公司的 AM-5 服装 CAD 系统，以 HP 小型机为主机，以"定点"读图的方式输入放码规则后，将打板的几何开关及相关信息转换成计算机所能接受的数据，存入计算机数据库中进行管理，并在计算机屏幕上进行排料后，再经过计算机自动裁剪系统进行精确裁片。

服
装
生
产
管
理
学

② 美国 PMG 公司。这是唯一针对中国市场作针对性软件开发和升级的国外公司,其系统突出特点表现在应用人工智能和人性化等尖端技术方面。在软件方面的功能性强大,操作却非常简单。并全球首先推出全智能自动排版系统(自动排版的用布率可以和人工媲美)。PMG 系统从顾客选定款式、面料,对顾客进行体型测量,经过自动样片设计、放码、排料、自动单件裁片机、单元生产系统,到高速度、高质量地完成服装的制作,是一个高度自动化的面向顾客的服装制作系统,并开发了成本管理、缝制、仓库存储管理综合系统,即服装 CIM。在三维领域,PMG 已经研制成真正的从二维衣片到三维人体穿着修改软件,具有三维服装穿着、搭配设计并修改,能反映服装穿着运动舒适性的动画效果,模拟不同布料的三维悬垂效果,实时地生成服装穿着效果图,实现 360 度旋转,从不同侧面观察模特着装。

③ 法国力克公司。法国力克公司的 301＋/303＋系统,将服装的概念创作与打板设计、制板及排料连成一体。它最新推出的系统 OPEN CAD,该系统具有模块式和开放式的特点,它包含 5 种基本系统,即 M100,M200,X400,X400G＋以及 X600S 系统,用户可根据速度、容量、显示、存储器等要求进行选择。模块式包含了力克开发的功能模块以及 CAD/CAM 联机运行系统。最近,法国力克公司又推出了 OPEN CAD 开放式模块软件,不仅在公司内自成系统,而且它的系统可以与非力克系统兼容。

④ 其他 CAD/CAM 系统公司。基于计算机视觉的原理,研制出无接触式人体测量系统的美国 Technotailors 和 second Skin Swimmear 公司服装设计系统。

应用了大容量的光盘存储器,系统中采用了更加形象和易懂的图形菜单界面技术的日本 Shima Selkl 公司服装设计系统。

采用电子计算机基本信息的分散处理形式,是不同地点实现系统化及信息网络化的日本重机工业公司服装设计系统。

（3）国内服装 CAD 情况

我国在"六五"期间开始研究服装 CAD 应用技术,进入"七五"计划后,服装 CAD 产品有了一定的雏形,到"八五"后期才真正推出我国自己的服装 CAD 产品。截至 2004 年底行业统计,我国约有 5 万家服装企业,但只有 3000 家左右的企业使用服装 CAD,即只有 6％的服装企业在使用 CAD 系统。而根据"九五"计划目标,将服装 CAD 设备作为考核服装行业重点企业的必备条件,到 2005 年我国服装行业 CAD/CAM 的使用普及率要达到 30％;目前估计南通服装 CAD 普及率在 40％～50％之间。

国内服装 CAD 品牌主要有:度卡(台湾)、得卡(北京)、ET(深圳布易)、ECHO(杭州爱科)、丝绸之路(北京)、富怡(深圳盈瑞恒公司)、BILI(北京比力)、时高(北京)、日升天辰(北京)、至尊宝(北京)等。

据中国服装网的调查研究,目前长三角地区服装 CAD 品牌使用情况如图 7-1 所示。

（4）使用服装 CAD 的优势

① CAD 可代替手工制版。只要是平面的作图方法,电脑是可以代替手工的。立体裁剪目前还无法用电脑完成。

为什么有些已经购买了服装 CAD 的企业还要用手工做纸样呢?这有几个原因,一是有的服装 CAD 出纸样的功能较差,或者是过于复杂,或者是功能不齐;二是人员培训工作没有做好;三是企业本身不敢使用电脑。

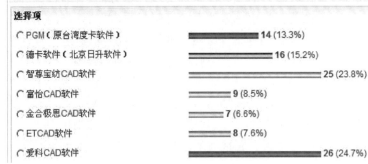

图 7-1　国内服装 CAD 软件使用情况

　　一个优秀的服装 CAD 在制版效率方面远比手工快,特别是在省褶变化比较多的女装制版方面。另外,使用电脑无须像手工那样每个版都要从头做起,我们可以利用电脑强大的复制、修改功能来直接对纸样进行修改,这样可以异常方便地由一个现成的纸样改为一个新的纸样。

　　服装 CAD 的高效性更多地体现在放码方面,根据调查,用手工一两天才能完成的放码工作,用电脑几十分钟就可以完成,而且精确度还要优于手工。

　　② 电脑排料可以节省用料。研究统计,利用 CAD 排料可节省面料费用的 2%～3%,效率提高很多倍。

　　现在的大部分 CAD 都能够像手工一样灵活,并且用电脑可以更方便衣片之间的相互调整,甚至有的 CAD 还可以学习和继承老师傅的排料经验,让新手也能成为排料高手。电脑排料还可以根据不同的面料自动加放缩水,另外排好的麦架存在电脑里面可以随时调出,方便重新修改和打印,从而最大限度地节省人力和时间。

　　③ 服装 CAD 的使用成本不高。可能还有的企业一直认为服装 CAD 的售价很高,使用成本很高,所以他们一直不敢使用。其实目前服装 CAD 的价格已经很平了,每家企业都买得起、用得起。笔式绘图仪使用普通圆珠笔和普通麦架纸,使用成本极低。一般数万元的投资在一年内就可以节省回来。经过有关统计使用服装 CAD 的企业通常设计成本降低了10%～30%。

　　④ 服装 CAD 其他优点:

　　其一,一般工厂都有纸样间用来保存纸样,多年来积存下来的纸样非常多,不但占用房间,而且查询非常麻烦。服装 CAD 让所有的纸样都成为数字,不管有多少纸样都可以保存在计算机里,每时每刻轻松查询。

　　其二,通过互联网,远程纸样传送几分钟就可以完成,再也无需焦急地等待快递公司的邮件了。

　　其三,服装 CAD 已经成为制衣厂的必备设备工具之一,没有服装 CAD 会影响工厂的形象。

7.2.2　服装柔性制造系统(FMS)

　　FMS(Flexible Manufacture System),是一组数控机床和其他自动化的工艺设备,由计算机信息控制系统和物料自动储运系统有机结合的整体。柔性制造系统由加工、物流、信息流三个子系统组成,在加工自动化的基础上实现物料流和信息流的自动化。

随着社会的进步和生活水平的提高,社会对产品多样化、低制造成本及短制造周期等需求日趋迫切,传统的制造技术已不能满足市场对多品种小批量、更具特色符合顾客个人要求样式和功能的产品的需求。20 世纪 90 年代后,由于微电子技术、计算机技术、通信技术、机械与控制设备的发展,制造业自动化进入一个崭新的时代,技术日臻成熟。柔性制造技术已成为各工业化国家机械制造自动化的研制发展重点。

(1) 基本概念

① 柔性定义及内涵。柔性可以表述为两个方面。第一方面是系统适应外部环境变化的能力,可用系统满足新产品要求的程度来衡量;第二方面是系统适应内部变化的能力,可用在有干扰(如机械出现故障)的情况下,系统的生产率与无干扰情况下的生产率期望值之比来衡量。"柔性"是相对于"刚性"而言的,传统的"刚性"自动化生产线主要实现单一品种的大批量生产。其优点是生产率很高,由于设备是固定的,所以设备的利用率也很高,单件产品的成本低。但价格相当昂贵,且只能加工一个或几个相类似的零件,难以应付多品种中小批量的生产。由于批量生产时代正逐渐被适应市场动态变化的生产所替代,一个制造自动化系统的生存能力和竞争能力在很大程度上取决于它是否能在很短的开发周期内,生产出较低成本、较高质量的不同品种产品的能力。柔性已占有相当重要的位置。柔性主要包括如下方面:

机器柔性。当生产一系列不同类型的产品时,机器随产品变化而加工不同零件的难易程度。

工艺柔性。一是工艺流程不变时自身适应产品或原材料变化的能力;二是制造系统内为适应产品或原材料变化而改变相应工艺的难易程度。

产品柔性。一是产品更新或完全转向后,系统能够非常经济和迅速地生产出新产品的能力;二是产品更新后,对老产品有用特性的继承能力和兼容能力。

维护柔性。采用多种方式查询、处理故障,保障生产正常进行的能力。

生产能力柔性。当生产量改变、系统也能经济地运行的能力。对于根据订货而组织生产的制造系统,这一点尤为重要。

扩展柔性。当生产需要的时候,可以很容易地扩展系统结构,增加模块,构成一个更大系统的能力。

运行柔性。利用不同的机器、材料、工艺流程来生产一系列产品的能力和同样的产品,换用不同工序加工的能力。

② 柔性制造技术。柔性制造技术是对各种不同形状加工对象实现程序化柔性制造加工的各种技术的总和。柔性制造技术是技术密集型的技术群,我们认为凡是侧重于柔性,适应于多品种、中小批量(包括单件产品)的加工技术都属于柔性制造技术。目前按规模大小划分为如下系统。

a. 柔性制造系统(FMS)。美国国家标准局把 FMS 定义为:"由一个传输系统联系起来的一些设备,传输装置把工件放在其他联结装置上送到各加工设备,使工件加工准确、迅速和自动化。中央计算机控制机床和传输系统,柔性制造系统有时可同时加工几种不同的零件"。国际生产工程研究协会指出"柔性制造系统是一个自动化的生产制造系统,在最少人

的干预下,能够生产任何范围的产品族,系统的柔性通常受到系统设计时所考虑的产品族的限制。"而我国国家军用标准则定义为"柔性制造系统是由数控加工设备、物料运储装置和计算机控制系统组成的自动化制造系统,它包括多个柔性制造单元,能根据制造任务或生产环境的变化迅速进行调整,适用于多品种、中小批量生产。"

简单地说,FMS是由若干数控设备、物料运贮装置和计算机控制系统组成的并能根据制造任务和生产品种变化而迅速进行调整的自动化制造系统。目前常见的组成通常包括4台或更多台全自动数控机床(加工中心与车削中心等),由集中的控制系统及物料搬运系统连接起来,可在不停机的情况下实现多品种、中小批量的加工及管理。目前反映工厂整体水平的FMS是第一代FMS,日本从1991年开始实施的"智能制造系统"(IMS)国际性开发项目,属于第二代FMS;而真正完善的第二代FMS预计2010年后才会实现。

b. 柔性制造单元(FMC)。FMC的问世并在生产中使用约比FMS晚6~8年,FMC可视为一个规模最小的FMS,是FMS向廉价化及小型化方向发展的一种产物,它是由1~2台加工中心、工业机器人、数控机床及物料运送存贮设备构成,其特点是实现单机柔性化及自动化,具有适应加工多品种产品的灵活性,迄今已进入普及应用阶段。

c. 柔性制造线(FML)。它是处于单一或少品种大批量非柔性自动线与中小批量多品种FMS之间的生产线。其加工设备可以是通用的加工中心、CNC机床;亦可采用专用机床或NC专用机床,对物料搬运系统柔性的要求低于FMS,但生产率更高。它是以离散型生产中的柔性制造系统和连续生过程中的分散型控制系统(DCS)为代表,其特点是实现生产线柔性化及自动化,其技术已日臻成熟,迄今已进入实用化阶段。

d. 柔性制造工厂(FMF)。FMF是将多条FMS连接起来,配以自动化立体仓库,用计算机系统进行联系,采用从订货、设计、加工、装配、检验、运送至发货的完整FMS。它包括了CAD/CAM,并使计算机集成制造系统(CIMS)投入实际,实现生产系统柔性化及自动化,进而实现全厂范围的生产管理、产品加工及物料贮运进程的全盘化。FMF是自动化生产的最高水平,反映出世界上最先进的自动化应用技术。它是将制造、产品开发及经营管理的自动化连成一个整体,以信息流控制物质流的智能制造系统(IMS)为代表,其特点是实现工厂柔性化及自动化。

② FMS所采用的主要技术:

a. 计算机辅助设计。未来CAD技术发展将会引入专家系统,使之具有智能化,可处理各种复杂的问题。当前设计技术最新的一个突破是光敏立体成形技术,该项新技术是直接利用CAD数据,通过计算机控制的激光扫描系统,将三维数字模型分成若干层二维片状图形,并按二维片状图形对池内的光敏树脂液面进行光学扫描,被扫描到的液面则变成固化塑料,如此循环操作,逐层扫描成形,并自动地将分层成形的各片状固化塑料黏合在一起,仅需确定数据,数小时内便可制出精确的原型。它有助于加快开发新产品和研制新结构的速度。

b. 模糊控制技术。模糊数学的实际应用是模糊控制器。最近开发出的高性能模糊控制器具有自学习功能,可在控制过程中不断获取新的信息并自动地对控制量作调整,使系统性能大为改善,其中尤其以基于人工神经网络的自学方法更引起人们极大的关注。

c. 人工智能、专家系统及智能传感器技术。迄今,柔性制造技术中所采用的人工智能

大多指基于规则的专家系统。专家系统利用专家知识和推理规则进行推理,求解各类问题(如解释、预测、诊断、查找故障、设计、计划、监视、修复、命令及控制等)。由于专家系统能简便地将各种事实及经验证过的理论与通过经验获得的知识相结合,因而专家系统为柔性制造的诸方面工作增强了柔性。

d. 人工神经网络技术。人工神经网络(ANN)是模拟智能生物的神经网络对信息进行并处理的一种方法。故人工神经网络也就是一种人工智能工具。在自动控制领域,神经网络不久将并列于专家系统和模糊控制系统,成为现代自动化系统中的一个组成部分。

③ 柔性制造技术的发展趋势:

a. FMC 将成为发展和应用的热门技术。这是因为 FMC 的投资比 FMS 少得多而经济效益相接近,更适用于财力有限的中小型企业。目前国外众多厂家将 FMC 列为发展之重。

b. 发展效率更高的 FML。多品种大批量的生产企业如汽车及拖拉机等工厂对 FML 的需求引起了 FMS 制造厂的极大关注。采用价格低廉的专用数控机床替代通用的加工中心将是 FML 的发展趋势。

c. 朝多功能方向发展。由单纯加工型 FMS 进一步开发以焊接、装配、检验及钣材加工乃至铸、锻等制造工序兼具的多种功能 FMS。

7.2.3 服装吊挂系统

服装生产属于劳动密集型行业,服装生产从原料布料开始到裁剪、打样、缝制、包烫等每个岗位都需要很多工人来作业,是流水式作业。其中尤其是缝制部门,每台缝纫机或其他设备都由一个工人来完成一道工序,比如前身、后身、袖子等,如何对生产过程进行控制、提高,提高生产效率和产品质量,解决劳动力是每个服装厂家面临的问题。服装吊挂系统很好地解决了上述存在的问题,图 7-2 为服装吊挂系统生产车间情况。

图 7-2 服装吊挂系统生产车间(圣瑞恩)

（1）服装吊挂系统的定义

服装吊挂系统是在数控机械、机器人、自动化仓库、自动输送等自动化设备和计算机技术项目之上发展起来的生产单元或系统。

按人机作业方式，服装吊挂系统由吊挂衣片传输装置与计算机控制缝制机械组成。由于各缝纫机位的人工化，在自动化流程上是断续的，所以服装 FMS 需人工参与。

FMS 按控制方法可分为机械控制和计算机控制，现代生产中多采用后者。每个工位按照生产节拍平衡进行规定工序的缝制加工，所以一个工位是组成 FMS 的基本单元。

整个服装吊挂系统的生产、管理由计算机控制。管理人员通过计算机上参数的设定实现衣片的按工位传送和各工位间的实时调节与控制。

FMS 的电脑控制将各工位自动化缝制的断流、缝制工段到整烫工段的断流、整烫工段各工位的断流、整烫工段到服装成品物流配送的断流，进行信息的直接联接。因此 FMS 是服装企业实现信息化制造不可缺少的设备。

（2）服装吊挂系统的基本原理

服装吊挂系统的基本理念是将整件衣服的裁片挂在衣架上，根据事先输入好的工序工段，自动送到下一道工序操作员手里，大幅度地减少搬运、绑扎、折叠等的非生产时间。当生产员工完成一个工序后，只需轻按控制钮，吊挂系统就自动地将衣架转送到下一个工序站。

以圣瑞恩服装吊挂系统为例，如图7-3所示。当衣架来到工作站时，它会先停在等候位置（1）上，直到您完成目前的衣架（2），并按压手控按钮把衣架送走，衣架会经过读卡器（3）。所有衣架在它们经过读卡器时，这些衣架的号码会被系统登记。系统需要记录这些衣架的路线资料，才能够正确地传送到下一工作站内，即软件设定的目标工作站。最终它会被送回主运输带——系统主轨（4）。

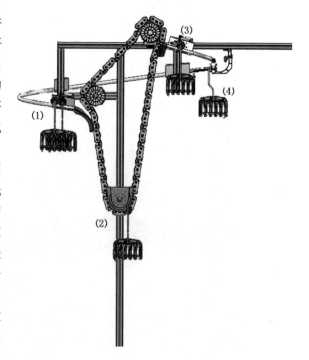

图7-3　服装吊挂系统工作原理（圣瑞恩）

（3）服装吊挂系统的特点

优点：

① 大大改善员工工作环境和车间生产环境。服装吊挂系统与传统捆包式生产相比，将衣片吊在空中，使员工不受在制品的包围，改善了员工的工作环境。另外车间环境也大大改善，完全符合 6S 的环境要求，使车间环境简单明了，车间管理人员可以迅速通过目视管理发现产品线问题及时改善，大大提高车间的管理能力。

② 自动平衡相同工序中不同员工的效率差异。吊挂系统可以解决同工序中不同员工的效率差异问题，在向下一工序输送在制品时，吊挂系统会自动送给在制品存货最少的那一站，这样就可以保证同一工序中不同工作站的平衡。即使出现某些员工短暂离开的突然情

服装生产管理学

况也能够将他的工作量平均地分配给其他员工,也可以避免因为不同效率而造成在制品积压现象。

③ 产品线管理实现透明化、可视化。吊挂系统借助RFID扫描系统和信息系统对产品线的每件衣服和每次输送都进行记录,然后对这些记录进行收集、整理、分析并将分析后的数据以图形化画面呈现给用户,让用户可以非常直观地看到目前产品线的整体状态,实现生产管理的透明化。

④ 缩短生产周期,提高生产效率。吊挂系统通过固定速率的产品线流转,一旦在制品加工完毕即刻送到下道工序,在制品的停留时间基本可以忽略不计。与传统服装生产模式相比,图7-4为圣瑞恩服装吊挂系统在服装生产各个环节所节约的时间比例图。

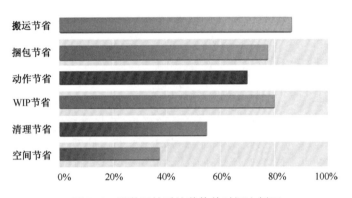

图7-4 服装吊挂系统节约的时间比例图

⑤ 提高员工管理和质量管理效率。吊挂系统通过对数据的收集,可以将每个员工的产量、返修数据做实时呈现。产品线管理人员就可以根据每个员工的数据分析,及时发现员工的效率异常,进而了解情况,提升员工管理的效率。另外通过对返修数的跟踪,可以及时发现质量问题,分析原因,及时处理;同时员工操作简单程度大大提高,如图7-5所示。

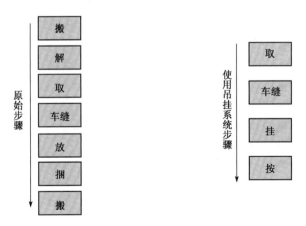

图7-5 传统的员工操作与吊挂系统(圣瑞恩 SUNRISE)比较

缺点:工人工作时间固定;管理人员的知识水平要求比较高。

吊挂生产管理系统作为现代化服装生产流水线的一种高效管理控制手段,已经表现出非凡的潜能。随着计算机工业的迅猛发展,电脑控制的吊挂系统将会进一步发展成为一种更先进、更完善的生产系统,从而推动国内服装业迅速发展。

思考题

1. 什么是快速反应系统、CIMS、电子商务?
2. 通过调查相关材料,写出一份关于国内成衣企业应用信息化管理、电子商务的生产技术状况。

知识拓展

服装电子商务案例分析

在国内服装业,佐丹奴做电子商务有口皆碑。与无店铺的直销类服装电子商务模式相比,佐丹奴的电子商务模式采用了与国内 770 家门店混合交互的策略,线上线下紧密互动。这个策略令佐丹奴得以低成本地借助传统渠道的优势,开拓全新的网上商业空间。

在其 4 000 万元的电子商务销售额背后,仅有 IT 部门的两个工作人员做专门维护,除此之外,佐丹奴没有为电子商务做过额外投入。佐丹奴轻松玩转电子商务的秘密,是基于其对 ERP、CRM(一种商业战略)和供应链的一步步整合。

一、ERP 整合

佐丹奴的电子商务从 2000 年就开始了,真正发力却是在整合完它的全球 ERP 之后,2003 年 12 月,全新的佐丹奴电子商务网站上线了。

与 2000 年相比,佐丹奴新版的电子商务网站在后端与 ERP 进行了无缝集成。当佐丹奴的全球 ERP 整合完成后,集团高层可以随时看到任何一家店铺的销售情况、任何一个仓库的库存状态,集团所有的业务流程在这个统一的 IT 平台上更加规范、流畅。这个统一的平台给电子商务带来的好处显而易见,佐丹奴的网上商店并没有自己的库存,而是与线下渠道共享仓库,当顾客在网上下单时,系统会自动通知仓库备货。网上顾客甚至比线下顾客更加幸运,他们在佐丹奴的网上商店里能够买到所有产品,而不像线下顾客一样受到当地气候、推广政策、主打产品的限制。如果广州的顾客在线上看上了哈尔滨的商品,整合完成的ERP 系统会自动通知哈尔滨的店铺给这位广州客户发货。

服装企业大都采用小批量、多品种的策略,这却使得服装企业的电子商务网站缺货现象比较普遍。佐丹奴在全球拥有近 1 800 家门店,庞大的销售网络可以令它迅速地把货品分发到世界各地。那么,如何令网上销售有充足的货源?这仍然得益于整合的 ERP 系统,因为它会自动计算某件商品的库存,只有达到一定量后,网上商店才会"挂出"这件产品。

二、CRM 推广

CRM 整合,使得电子商务与线下渠道的融合更加紧密,甚至能够实现一些传统店铺难以实现的功能,令佐丹奴对市场的反应也更加灵敏。

在新版网上商店推广初期,佐丹奴采用免费 EMS 快递的方式招徕顾客,至今它仍然是免费邮寄。另外,在网上注册的用户可免费获得佐丹奴的消费积分、享受到比零售店更优惠的价格。

诸多传统服装品牌在开展电子商务时，往往会心有顾忌：一方面，消费者总会认为网上的东西比线下便宜；另一方面，如果网上价格比线下低，势必会冲击线下渠道的价格体系。

购买服装是件体验性很强的行为，而网上商店无法解决顾客试穿、手感等体验，因此相比线下渠道，网上商店提供2％～5％的价格折扣，既可以弥补顾客缺失的体验，同时还会刺激一些对价格敏感的消费者购买。

为网上商店带来更大流量的，是佐丹奴从2004年开始推广的CRM——名为"没有陌生人的世界"的全球VIP计划。到2006年，这个计划已经在全球推广开来。在佐丹奴，任何一个城市的顾客消费达到一定金额，成为VIP会员后，其每次消费都可以享受折扣，并且可以积分。

佐丹奴的CRM计划推广也是全球性的，其VIP会员在全球任一店铺的消费都可以进行积分、享受折扣，当然也包括网上商店，在网上商店加盟的VIP会员甚至可以享受比线下更高的价格折扣。"网上商店提供了更低的途径给顾客积分，而积分到了一定程度，就可以折换成现金购买我们的衣服。"侯彤介绍，如果顾客在网上填写VIP资料，还可以获得一些小礼物。这些举措大幅提升了佐丹奴网上商店的人气，其中有60％～70％的回头客都来自它的VIP会员。

CRM并不仅帮佐丹奴提升了线上与线下渠道的人气，在这个全球统一的CRM平台上，200多万会员的所有数据都可以共享，以供佐丹奴相关部门进行分析与销售预测。另外，网上商店对传统渠道的补充在于，佐丹奴可以藉此获得更加准确的顾客资料，因为顾客在线下通常难有耐心填写客户资料。

在佐丹奴内部，每天都有反映各店铺顾客评价的报表。网上商店为客户关系管理开通了一个新的通道，习惯网络世界的顾客比较愿意在网上店铺发表评论，提出对某家店铺的改进意见或消费感受。

在CRM的推动下，佐丹奴线上与线下渠道的互动更加紧密。佐丹奴曾在一些店铺做过RFID试验，通过RFID统计到底有多少顾客拿起这件衣服走进试衣间，最终究竟有没有买。"普通的店铺系统只能看到服装销售量，却无法获知顾客是否试穿过，因此这些数据对我们非常宝贵。"不过，由于RFID成本过高，很难在佐丹奴全球进行大量推广。"网上商店却可以帮我们低成本地获取很多有意义的数据。"所有网上顾客的行为都可以被佐丹奴的系统记录下来，包括他浏览过哪些商品、点过哪些网页、是否将其和其他商品做过比较等等。

2007年下半年开始，佐丹奴的IT部门利用这些网上数据，不断调整他们的网页，以使网上商店更加符合顾客的购物心理。此外，他们还将这些数据反馈到销售部门，"如果有顾客在网上反复看某件衣服后却没有买，可能是他对网上购物信心不够，我们就会告诉店铺的同事，若销售人员对看这件衣服的顾客积极一些，售出的成功率会更高"。

佐丹奴认为，IT部门做网上商店不仅增加了企业的销售额，最重要的是为业务部门提供更好的数据支持，"数据产生的价值比网上商店的销售额更大"。

三、供应链整合

在整合完ERP与CRM后，佐丹奴基于统一IT平台的快速反应供应链加快了电子商务的配送速度，且令成本显著降低。

佐丹奴整个集团的存货天数是32天。由于佐丹奴是上市公司，每年的6月和12月，它都有两大目标——存货周转率与销售额，以向股东"交待"。佐丹奴董事局反对采用大仓库策略,因此其门店一般都没有仓库,只是在员工休息室堆放少量货品,这需要货品周转具有很高的效率。要能做到这一切,需要来自IT的强力支撑。

在佐丹奴的IT平台上,供应链的每个环节都有条不紊地高速运转着。当某件衣服设计好、选定加工厂后,工厂可以从系统里看到服装的样板,且根据实际打版情况修改图样,然后报价。此时,佐丹奴分布在全球的采购人员可以在系统里下单,工厂生产的每一个步骤也会录入系统。

货物出厂后,佐丹奴总部对全球每家店铺的每件货的分布情况,都一目了然。在中国国内,佐丹奴在广州、北京和上海有3个大的物流中心,当这3个地方及香港的物流中心的库存跌破安全值后,工厂会自动补货。

因IT而高效运转着供应链,看似与其网上商店没有什么关系,其实不然,因为佐丹奴的网上商店没有库存,所有的库存都在它的仓库或店铺里,因此高效的供应链系统可以使得网上商店的配送流程更加流畅。从今年开始,佐丹奴网上商店的货物配送一改从广州发货的模式,而是根据顾客所在的地理位置,就近发货,这样可以节省大笔的物流费用。据侯彤介绍,当顾客在网上下单后,系统会先寻找存货在哪里,一般先找仓库、再找店铺,找到后再看物理距离,然后根据就近原则,将货发送出去。

因为佐丹奴的核心业务流程都基于IT在运转,因此改变配送模式,只需要在后台修改一下程序,不会增加物流部门太多麻烦。

佐丹奴的网上商店,那些很酷的模特都是他们自己的员工,当电子商务步入正轨后,佐丹奴IT部门仅有两名员工在做常规维护,其他工作人员只是在需要时兼顾一下网上商店的工作。

一个世界性品牌过渡为一个以无缝方式使用当代消息与协作技术的组织是一项十分必要的战略决策,它使佐丹奴通过电子商务渠道改进销售、促进产品推向市场、提高资源利用效率及降低营业费用等一系列经营目标得以实现。

图易三维服装创样软件介绍

一、概况

图易三维服装创样软件是一个基于立体裁剪原理的三维服装CAD软件。我们知道,服装立体裁剪的方法是将布料覆盖到人体模型上直接进行造型,再按服装结构线形状将布料剪切,最后将剪切后的布料展开制成服装纸样。服装立体裁剪能直观地表达服装造型设计的构想,所获得的版型具有平面裁剪难以企及的准确和优美。

三维服装创样软件的工作原理与立体裁剪是一致的,具体流程为:首先读入三维人体模型,然后在三维人体身上生成三维服装模型,接着在三维服装模型表面绘制款式线,将服装表面分成多个区域,分别对应服装的各个纸样,再将每个三维曲面纸样自动展平为二维纸样,最后将设计好的纸样重新缝合成虚拟的三维服装进行悬垂模拟,检验服装设计的合身性。图7-6显示了系统的服装设计流程图。

图易三维服装创样软件采用电脑的方法实现了传统的立体裁剪方法,将人台实物和服装模型用虚拟的三维人体和服装表示。在软件中,除了预先设置好的一系列人体模型,用户可以输入尺寸,自己定义人体模型。因此,软件降低了立体裁剪对人体模型的依赖性。另外,软件结合了立体裁剪方法与平面设计方法,既实现了立体设计方法,又实现了对"量"的把握。

传统的服装纸样设计方法对纸样设计师的空间想象能力和实践经验有非常高的要求。一般来说，要熟练掌握手工设计纸样，需要长时间进行反复的练习。三维创样软件采用立体设计的方法，降低了对空间想象能力的要求了。采用三维创样方法设计纸样时，主要的工作是设计服装的形状，以及在三维服装曲面上绘制款式线，而二维纸样的形状是通过三维曲面展开方法自动计算出来。因此，对具有一些服装设计基础知识的初学者来说，可以在短短的几个小时内学会纸样设计。

除了简单易学外，相对于手工纸样设计与传统的二维 CAD 设计方法，图易三维服装创样软件还有其他的优势。第一，设计速度快。一般来说，对一个全新的设计，从设计三维服装形状至设计二维服装纸样，半小时之内就可以完成。每片纸样的展开可以在数秒内完成，纸样设计师的主要工作是设计服装的形状和款式线。第二，纸样精度高。由于纸样设计是基于立体裁剪的原理，在三维人体模型上设计出来的，设计的服装具有很高的合身性。这样，就可以减少服装样衣试做的次数并节省材料。第三，设计过程直观。与传统二维 CAD 的方法不同，软件先设计三维服装模型，再设计服装纸样，设计过程直观，实现了服装设计所见即所得的效果。最后，方便服装设计师与纸样设计师之间的交流。对于传统的手工设计方法和二维 CAD 方法，当纸样设计师拿到服装款式图后，根据自己的理解设计纸样，然后制作服装样品。只有当服装样品制作出来后，才能知道设计的纸样是否正确。图易三维服装创样软件具有所见即所得的功能，在设计过程中，就能清楚地知道设计的纸样是否正确，从而为设计师提供了一个方便的交流工具。

总之，图易三维服装创样软件采用立体裁剪原理，实现了服装设计"所见即所得"的效果，为服装设计师和纸样设计师提供了一个快速便利的设计工具。

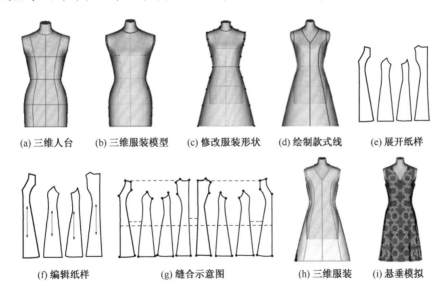

(a) 三维人台　(b) 三维服装模型　(c) 修改服装形状　(d) 绘制款式线　(e) 展开纸样

(f) 编辑纸样　　　(g) 缝合示意图　　　(h) 三维服装　(i) 悬垂模拟

图 7-6　服装设计流程图

二、主要功能

（1）三维人体造型

系统提供了一系列设计好的三维人台模型，包括上半身人台、2/3 身人台、孕妇人台和儿童人台,可以满足各种款式服装的设计需要。另外,可以修改人台的尺寸用于定义个性化的人体模型,进行服装的量身定制。

（2）三维服装造型

在三维人体模型上直接生成三维服装模型。通过修改服装轮廓线或横截面的形状改变服装的形状,实现服装的各种造型。系统可以实现各种上衣、裤子和裙子的造型。其中,上衣具有衣领和衣袖的造型功能。

（3）内衣设计

可以直接将三维人体模型转化为三维服装模型进行内衣设计。

（4）绘制款式线

在三维服装模型上绘制款式线,将三维服装表面分割为由多块三维曲面组成的区域。系统提供了一系列绘制和编辑款式线的工具,包括直线、曲线和延长线等。

（5）纸样设计

通过曲面展开的方式,自动将三维纸样展开为二维纸样,快速地获得高精度的纸样。纸样设计的合理性可以通过检查曲面变形量的方式检验。

（6）纸样编辑

系统提供了一系列的工具用于纸样编辑。这些工具包括缝份、边界长度调整、剪口、布纹线和文字等。

（7）褶裥编辑

系统提供了一个简单易操作的褶裥编辑功能,采用统一的方式绘制和编辑刀褶、工字褶和碎褶。

（8）尺寸测量

系统提供多种测量工具,包括长度、距离和角度等,另外提供了几个纸样边界长度调整的工具,以便获得精确的服装纸样。

（9）纸样模板库

系统提供了模板库的功能,将常用的纸样保存到模板库中,便于纸样的重用,从而提高设计效率。另外,提供了纸样匹配的功能,可以快速地从模板库中找到最匹配的纸样。

（10）款式模板

系统提供了款式模板的功能,即在不同尺寸的人体模型上设计同一款式的服装。款式模板的功能使得在不同人体模型上设计的同一款服装都是合体的,从而实现服装的量身定制。

（11）纹理编辑

可以在三维服装上显示纹理图案,从而使得在服装样品被制作出来前看到服装的模拟效果。纹理的信息可以编辑,包括缩放、移动、旋转和复制。

（12）缝合示意图

缝合示意图显示二维纸样是怎样被缝合成三维服装的。由于二维纸样是通过展开三维纸样得到的,系统能自动获得部分缝合信息。缝合信息可以被交互编辑。根据缝合示意图,可以得到完整的三维服装模型。

（13）悬垂模拟

获得完整的三维服装模型后,设置布料的物理属性,然后模拟服装的悬垂过程,得到服装真实感的悬垂模拟效果。

（14）三维放码

根据二维纸样与三维人体的对应关系，自动生成不同规格号型人体对应纸样的放码结果。三维放码既可以用于大规模的服装生产，也可以用于个性化的服装的量身定制。

（15）输出 DXF 文件

可以将设计的二维纸样输出为 DXF 文件，以便导入到其它 CAD 系统中，也可以将其他 CAD 系统设计的 DXF 文件导入到本系统中，进行纸样设计的重用。

（16）纸样打印与绘制

系统提供了打印和绘制的功能，可以将设计的纸样用打印机打印出来，也可以直接连接绘图仪将纸样绘制出来。

参考文献

［1］万志琴,宋惠景,等. 服装生产管理[M]. 北京:中国纺织出版社,2008.

［2］姜蕾. 服装生产管理[M]. 北京:化学工业出版社,2006.

［3］刘立户. 高效的物料与仓储管理[M]. 北京:北京大学出版社,2008.

［4］韩岗. 如何进行仓储物料管理[M]. 北京:中国纺织出版社,2003.

［5］唐连生,李滢棠. 库存控制与仓储管理[M]. 北京:化学工业出版社,2006.

［6］姜蕾. 服装生产管理[M]. 北京:中国物质出版社,2011.

［7］傅和彦. 现代物料管理[M]. 厦门:厦门大学出版社,2005.

［8］藤晓梅. OEM服装企业内部控制与案例[M]. 北京:中国纺织出版社,2012.

［9］陈东生,甘应进. 新编服装生产管理学[M]. 北京:中国轻工业出版社,2005.

［10］马芳,候东昱. 服装生产工艺流程与管理[M]. 北京:北京理工大学出版社,2010.

［11］刘红晓. 服装生产管理[M]. 上海:东华大学出版社,2009.

［12］李严锋,罗霞. 物料采购管理[M]. 北京:科学出版社,2011.

［13］彼得·贝利 大卫·法摩尔,巴里·克洛克 大卫·杰塞. 采购原理与管理[M]. 北京:电子工业出版社,
2009.

［14］蒋晓文. 服装品质控制与检验[M]. 上海:东华大学出版社,2011.

［15］许树文,李英琳,李敏. 服装厂设计[M]. 北京:中国纺织出版社,2008.

［16］徐哲,解建秀. 成本会计[M]. 北京:电子工业出版社,2007.

［17］刘广第. 质量管理学[M]. 北京:清华大学出版社,2010.

［18］王道平,谭跃雄. 生产运作管理[M]. 长沙:湖南大学出版社,2004.

［19］孙东风. 生产订单管理操作手册[M]. 北京:人民邮电出版社,2008.

［20］童晓晖. 服装生产工艺学[M]. 上海:东华大学出版社,2008.

［21］宁俊. 服装生产经营管理[M]. 北京:中国纺织出版社,2010.

［22］王世杰. 电子商务及其应用[M]. 广州:广东经济出版社,2004.

［23］齐从谦. 制造业企业信息化导论[M]. 北京:中国宇航出版社,2003.

［24］彭欣. 电子商务实用教程[M]. 北京:中国宇航出版社,2003.

［25］http://sina.cbiq.com/business/show_business.asp?artcle_id=56338.

［26］http://www.lw86.com/lunwen/business_manage/29/3653.html.

［27］http://www.charcoln.com/report_free_cloth2004.htm.

［28］http://www.ccw.com.cn/cio/research/qiye/htm2005/20050515_16PYG.asp.

［29］http://wenku.baidu.com/view/0658923131126edb6f1a1056.html.

［30］石吉勇,李先国. 服装生产管理[M]. 北京:化学工业出版社,2011.

服装生产管理学